무엇이 예술인가

• 이 도서의 국립중앙도서관 출판예정도서목록(CIP)은 서지정보유통지원시스템 홈페이지(http://seoji.nl.go.kr)와 국가자료공동목록시스템(http://www.nl.go.kr/kolisnet)에서 이용하실 수 있습니다.
(CIP제어번호 : CIP2015013624)

WHAT ART IS by Arthur C. Danto
Copyright © 2013 by Arthur Danto. All rights reserved.
This Korean edition was published by EunHaeng NaMu Publishing Co., Ltd. in 2015
by arrangement with The Estate of Arthur Danto c/o Georges Borchardt, Inc.
through KCC(Korea Copyright Center Inc.), Seoul.

이 책은 ㈜한국저작권센터(KCC)를 통한 저작권자와의 독점계약으로 ㈜은행나무출판사에서 출간되었습니다. 저작권법에 의해 한국 내에서 보호를 받는 저작물이므로 무단전재와 복제를 금합니다.

무엇이 예술인가
What Art Is

아서 단토 지음 | 김한영 옮김

by ARTHUR C. DANTO

은행나무

리디아 고르에게

일러두기
1 본문의 주는 모두 옮긴이의 것입니다.
2 원문의 이탤릭체가 강조의 의미일 경우 **굵은 고딕**으로, 원문의 고딕체는 **"따옴표를 곁들인 굵은 고딕"**으로 표기하였습니다.
3 본문에 등장하는 저작물 중 국역본이 있거나 통념적으로 널리 사용되는 명칭이 있는 경우 그에 따르며 원어명을 병기하지 않았습니다.
4 본문에 옮긴이가 이해를 돕기 위해 부연 설명을 넣은 것은 모두 대괄호로 묶었습니다.

목 차

서문 / 009

1장ㅣ깨어 있는 꿈 / 015
2장ㅣ복원과 의미 / 089
3장ㅣ철학과 예술에서의 몸 / 121
4장ㅣ경쟁의 끝 — 그림과 사진의 파라고네 / 147
5장ㅣ칸트와 예술작품 / 173
6장ㅣ미학의 미래 / 199

참고문헌 / 223
감사의 말 / 225
추천의 말ㅣ뒤샹과 워홀 이후의 예술 / 229
옮긴이의 말 / 233
찾아보기 / 238

서문

플라톤이 예술을 모방으로 정의한 것은 누구나 아는 사실이지만, 당대에 아테네에는 예술을 건드린 언급이 그 외에는 없었기 때문에 이 말이 이론인지 혹은 관찰에 불과한지를 말하기가 어렵다. 다만 플라톤의 모방이 의미상 영어의 모방과 대단히 비슷하다는 것만은 분명해 보인다. 즉, 모방은 진짜처럼 보이지만 진짜가 아님을 가리킨다. 하지만 예술에 대한 플라톤의 관심은 대체로 부정적이었다. 그는 이상적인 사회 — 공화국! — 를 설계하고 있었는데, 예술의 실용성이 극히 낮다는 이유로 예술가들을 가급적 추방하고 싶어 했다. 그는 이 목표를 이루기 위해 인간의 지식을 지도로 그리고 예술을 가장 낮은 곳에 놓았으며, 예술 옆에 반사된 상, 그림자, 꿈, 환영을 놓았다. 플라톤은 이들이 외양에 불과하다고 여겼고, 예술가가 만들 줄 아는 물건들의 종류도 같은 범주에 포함시켰다. 예술가가 테이블을 그릴 줄 안다면, 이는 테이블의 외양을 안다는 뜻이다. 그렇다면 예술가는 실제로 테이블을 만들 줄 아는가? 아마 아닐 것이다. 이때 테이블의 외양이 실질적으로 무슨 소용이 있는가? 사실 아테네에서는 아이들에게 예절 바른 행동을 가르칠 때 시인들의 글이 사용되고 있었으니, 예술과 철학이 다툼을 벌이고 있는 셈이었다. 플라톤은 철학자들이 도덕 교육을 맡아야 한다고 생각했다. 철학자들은 세상의 이치를 설명할 때 모방이 아닌 실재를 사용했다.

《국가》 제10권에서 플라톤의 주인공 — 소크라테스 — 은, 만일 모방을 하고 싶다면 거울보다 좋은 건 있을 수 없다고 말했다. 거울은 무엇을 비추어도 예술가가 성취할 수 있는 것보다 더 나은, 완벽한 상을 보여준다. 그러니 예술가를 추방하자. 그리스인들은 《일리아스》 같은 글들을 교육에, 즉 바른 행동을 가르치는 데에 사용했다. 그러나 철학자들은 플라톤이 이데아라 부른 가장 고귀한 것들을 알고 있다. 일단 예술가들이 사라지면 철학자들이 교육을 맡을 수 있고, 청렴한 통치를 할 수 있다.

어쨌든 당시에 행해지던 예술이 대부분 모방이었고, 현대의 미술사학자들의 표현으로 외양을 붙잡는 일이었음은 누구도 부인할 수 없다. 오늘날의 상황과 얼마나 다른가! 나의 친구인 화가 톰 로즈^{Tom Rose}는 개인적인 서한에 이렇게 썼다. "나는 그 주제, '예술이란 무엇인가'에 접근하는 방식에 관심이 많습니다. 모든 수업, 모든 맥락에서 튀어나오는 문제지요." 마치 모방이 사라지고 다른 어떤 것이 그 자리를 차지한 듯하다. 18세기에 미학이 발명 또는 발견되었을 때 그 기초에 놓인 생각은 예술은 미에 기여하고, 그러므로 심미안을 가진 사람에게 쾌를 준다는 것이었다. 미, 쾌, 심미안은 매력적인 3화음으로, 칸트는 자신의 걸작 《판단력 비판》의 초반부에서 이를 중요하게 다루었다. 칸트 — 그리고 그 이전의 흄 — 가 물러가자 헤겔, 니체, 하이데거, 메를로 퐁티, 존 듀이가 등장해 훌륭하지만 모순되는 이론들을 내놓았다. 그런 뒤 화가들이 직접 화랑, 미술 시장, 비엔날레에 팔 그림과 조각을 갖고 등장했다. '예술이란 무엇인가'라는 질문이 "모든 수업, 모든 맥락에서" 튀어나온 것은 별반 놀랍지 않다. 그렇다면 예술이란 무엇인가? 예술에 관한 논쟁의 불협화음으로부터 알 수 있는 것은, 우리가 단지 플라톤을 읽고서 그의 견해에 찬성하기에는 모방이 아닌 예술이 너무 많다는 사실이다. 플라톤은 첫걸음이었다. 여기에서 여러 걸음 더 나아간 사람이 아리스토텔레스였다. 그는 플라톤의 견해를 무대상연 — 비극과 희극 — 에 적용하여, 연극이란 행동의 모방이라고 주장했다. 안티고네는 아내의 모형이지만, 소크라테스는 [실제로 남편이지] 남편의 모형이 아니라는 식이었다.

나로 말하자면, 어떤 예술은 모방이고 어떤 예술은 모방이 아니라면, 모방인가 모방이 아닌가는 둘 다 철학적으로 이해할 수 있는 예술의 **정의**와 무관하다고 생각한다. 어떤 성질이 정의의 일부가 되려면 존재하는 모든 예술작품에 속해 있어야 한다. 모더니즘의 도래와 함께 예술은 거울상에서 후퇴했는데, 보다 정확히 말하자면 사진이 사실성fidelity의 표준으로 부상한 것이다. 사진이 거울상보다 유리한 점은, 물론 시간이 지나면 흐릿해지는 경향이 있긴 하지만, 이미지를 계속 담아둘 수 있다는 데 있다.

모방에는 여러 단계의 사실성이 포함될 수 있으므로 플라톤의 정의는 언쟁의 소지가 거의 없이 존속했고, 그러던 중 한계점에 이르러 예술의 본질처럼 보이는 것을 다루지 못하게 되었다. 하지만 그 한계점은 어떻게 발생했을까? 역사적으로 그 사건은 모더니즘의 도래와 함께 일어났고, 그래서 이 책은 프랑스, 그중에서도 주로 파리에서 일어난 몇몇 혁명적인 변화들로 이야기를 시작하려 한다. 플라톤은 기원전 6세기부터 1905~1907년, 이른바 야수파와 입체파가 등장할 때까지 수월한 길을 걸었다. 내가 보기에 플라톤보다 더 나은 정의를 얻으려면 입체파 이후의 예술가들을 봐야 한다. 그 이전까지 예술의 본질이라 생각했던, 가령 미 같은 성질들을 자신의 이론에서 제외하는 경향은 주로 그 이후의 예술가들에게서 나타났기 때문이다. 마르셀 뒤샹은 1915년에 미를 완전히 배제시키는 방법을 찾아냈고, 비록 1960년대의 위대한 운동들 — 플럭서스[1], 팝아트[2], 미니멀리즘[3], 개념미술[4] — 은 결코 모방이 아닌 예술을 만들어냈지만, 1964년에 앤디 워홀은 [한 걸음 더 나아가] 예술작품이 실생활의 물건과 완전히 똑같을 수 있음을 발견했다. 특이하게도 1970년대에 들어 조각과 사진이 예술의 자기 인식에 결정적인 변화를 일으켰다. 이때부터 모든 것이 가능했다. 어떤 것도 예술이 아니었다.

가장 길기도 한 이 책의 첫 장은 예술사처럼 느껴질 수도 있지만, 실은 그렇지 않다. 예술은 가장 우선적인 특징이 없기 때문에 정의할 수 없다는 생각은 기본적으로 주요 미학자들이 결정한 개념이다. 그렇게 본다면 예술은 아무리 잘 보아도 열린 개념에 불과하다. 나의 견해로 보자면 예술은 닫힌 개념이 되어야 한다. 이런저런 형식의 예술이 왜 보편적인지를 설명할 수 있는 가장 우선적인 성질들이 예술에는 분명히 존재한다.

오늘날 예술이 다원주의多元主義적인 것은 사실이다. 루드비히 비트겐

---

1   Fluxus. '흐름', '끊임없는 변화', '움직임'을 뜻하는 라틴어로 1960년대와 1970년대에 걸쳐 독일에서 시작해 국제적으로 퍼져나간 전위예술 운동을 말한다.
2   1960년대 초기에 일상생활에 범람하는 대중적 이미지에서 제재를 취했던 미술의 경향.
3   미니멀리즘은 단순하고 반복적인 기하학적인 형태를 그 특징으로 하는 1960년대의 미술 사조이다. 대표 작가로는 도널드 저드(Donald Judd), 로버트 모리스(Robert Morris), 칼 안드레(Carl Andre) 등이 있다.
4   개념미술은 종래의 예술에 대한 이념을 무시하고 완성된 작품 자체보다 아이디어나 과정 같은 '비물질적인 특성'을 부각시켰으며, 대표적인 작가로 조셉 코수스(Joseph Kosuth)가 있다.

슈타인의 일부 추종자들은 다윈주의에 특별히 주목했다. 그러나 노래와 이야기에서 볼 수 있듯이 예술을 그토록 강력하게 만드는 힘은 애초에 그것을 예술로 만드는 요인에서 나온다. 인간의 마음을 그렇게 깊이 감동시키는 것은 예술이 유일무이하다.

    나는 예술에 대한 나의 정의에 도달하기 위해 뒤샹과 워홀을 이용할 생각이고, 그와 마찬가지로 그 정의가 항상 같았음을 보여주기 위해 예술사에서 선택한 여러 예를 들 것이다. 나는 또한 자크 루이 다비드, 피에로 델라 프란체스카, 미켈란젤로의 시스티나성당의 거대한 천장화 등도 같은 목적으로 이용할 것이다. 만일 예술이 단일하다고 믿는다면, 예술을 그렇게 만드는 것이 예술사 전반에 걸쳐 있음을 입증해야 한다.

1장

깨어 있는 꿈

시각예술은 20세기 초 프랑스에서 혁명을 맞이했다. 그 이전까지 그것 — 이후로 다른 지시가 없으면 '그것'은 **예술**을 가리킨다 — 은 시각적 외양을 다양한 방법으로 모사하는 일에 전념했다. 이미 밝혀진 대로 이 예술적 모사에는 이탈리아의 조토와 치마부에의 시대에서 시작해 빅토리아시대에 정점에 이른 점진적인 역사가 있었다. 빅토리아시대에 시각예술가들은 이상적인 재현 양식에 도달했는데, 르네상스 화가 레온 바티스타 알베르티는《회화론》이란 책에서 그 표현 방식을 다음과 같이 정의했다. 그림을 바라보든 그림이 나타내고 있는 대상을 유리창을 통해 바라보든 시각적으로 차이가 없어야 한다. 따라서 잘 그린 초상화라면, 우리가 초상화 속의 인물과 창문을 사이에 두고 마주보고 있는 상황과 구분할 수 없어야 한다.

    이것이 처음부터 가능하진 않았다. 당대의 사람들은 조토의 그림을 보고 감탄했지만, 미술사가 에른스트 곰브리치가《예술과 환영》에 소개한 예를 인용하자면, 조토의 그림들은 오늘날의 상업미술가가 에어브러시로 그린 콘플레이크 그릇의 이미지와 비교할 때 조잡해 보일 수 있다.

두 재현 사이에는 몇 가지 발견이 놓여 있다. 원근법, 명암법(빛과 그림자에 관한 연구), 인상학이 그것이다. 인상학은 감정을 표현할 때 그에 어울리는 배경을 사용함으로써 인간의 얼굴을 자연의 모습 그대로 재현하는 방법을 연구한다. 19세기 프랑스의 사진작가 나다르의 작품 전시회에 방문한 신디 셔먼은 제각기 다른 감정을 표현하고 있는 인물 사진들을 보고 이렇게 말했다. 모두 똑같아 보이네.[1] 사람의 감정이 어떤지는 종종 배경이 말해준다. 전투 장면에서의 공포는 폴리베르제르[2]에서의 떠들썩한 유쾌함을 표현할 수도 있다.

    미술 — 초상화, 풍경화, 정물화, 역사화(역사화에 관해서는 왕립 미술원들이 최고라는 평가를 받았다) 등 — 이 동작을 보여주기 위해 할 수 있는 일에는 한계가 있었다. 관람자는 사람이 움직인다는 것을 **알** 수는 있었지만 사람의 움직임을 실제로 볼 수는 없었다. 1830년대에 사진술이 발명되었을 때 그 발명가 중 한 사람인 영국인 윌리엄 헨리 폭스 탤벗William Henry Fox Talbot은 "자연의 연필"이라는 함축적인 표현을 사용함으로써 사진을 미술의 한 장르로 간주했다. 자연은 사실 [연필이 아니라] 감광성感光性 표면과 상호작용하는 빛을 사용해 그림을 그렸지만 말이다. 빛은 탤벗보다 훨씬 더 훌륭한 화가였고, 탤벗은 눈에 보이는 자연의 그림을 사진기로 찍어 집으로 갖고 갔을 뿐이다. 캘리포니아에 거주하던 영국인 이드워드 머이브리지는 여러 대의 카메라를 철선에 일렬로 묶어놓고 그 앞으로 달려가는 말을 찍어 말의 동작을 단계별로 보여주는 일련의 스틸 사진을 만들어냈고, 그럼으로써 달리는 말이 네 발굽을 동시에 지면에 대는 순간이 있는가

1 특별한 배경이 없이 스크린 앞에서 찍은 사진들이라 그러했다는 뜻이다.
2 파리의 유명한 음악홀.

이드위어드 머이브리지,
〈움직이는 말(Horse in Motion)〉(1878)

라는 문제를 해결했다. 그는 움직이는 동물과 인간을 그와 비슷한 방식으로 찍어《동물의 운동Animal Locomotion》이라는 책으로 출간했다. 카메라는 육안으로 보이지 않는 것을 드러낼 수 있었기 때문에, 우리의 시각계보다 자연을 더 충실히 볼 수 있다고 여겨졌다. 또한 이런 이유로 많은 화가들이 사진술은 우리의 눈이 더 예리하다면 포착할 수 있을 사물의 실제 모습을 보여준다고 생각했다. 그러나 밀착인화[3]에서 종종 볼 수 있듯이 머이브리지의 이미지들은 피사체가 자신의 특징들을 하나의 익숙한 표현으로 구성할 시간을 갖지 못한 탓에, 동작을 알아볼 수 없는 경우가 많다. 길고 가느다란 필름을 기계로 일정한 속도로 돌리는 영화 카메라가 등장한 후에야 필름을 영사하면 움직임 같은 것이 보였다. 뤼미에르 형제는 이 발명품을 이용해 정말로 움직이는 사진을 만들고, 1895년에 그것을 상영했다. 새로운 기술은 움직이는 사람과 동물을 표현했는데, 관람객이 동작을 추론하지 않아도 알아볼 수 있을 만큼 실제의 모습과 거의 유사했다. 말할 필요도 없이 사람들은 뤼미에르 형제가 찍은 장면들 — 가령 뤼미에르 공장에서 노동자들이 빠져 나가는 장면들[4] — 이 지루하다고 느꼈을 테고 아마 이 때문에 형제 중 한 명이 활동사진에 미래가 없다고 결론지은 것으로 보인다. 물론 유성영화가 등장하여 결코 그렇지 않음을 입증했지만 말이다.

어쨌든 활동사진은 문학예술을 접목시키고 소리를 이용하기 시작했다. 동작에 소리를 더함으로써 영화는 그림이 대적할 수 없는 두 가지 특

---

3 현상된 필름과 같은 크기로 인화하는 것. 필름 유제면과 인화지 유제면을 마주 대고 밀착인화용 유리로 누른 상태에서 노출을 주어 인화를 한다. 대개 여러 장의 사진이 영화 필름처럼 연속적으로 나열되어 있다.
4 〈리옹의 뤼미에르 공장을 나서는 노동자들〉(1895)의 장면들.

뤼미에르 형제 감독,
〈리옹의 뤼미에르 공장을 나서는 노동자들(La Sortie des Usines Lumière à Lyon)〉(1895) 중에서

징을 갖게 되었고, 그렇게 해서 회화와 조각의 역사로 대변되는 시각예술의 전진은 중단되었으며, 회화의 발전을 이끌고자 소망하던 화가들은 갈 곳을 잃게 되었다. 이로써 1895년 이전까지 사람들이 이해하던 미술은 끝이 났다. 그러나 사실상 뤼미에르의 활동사진 쇼로부터 10년이 지난 후 회화는 영광스러운 시기를 맞이했다. 마침내 알베르티의 기준은 권좌에서 물러났는데, 철학자들에게 이는 다소 '혁명'의 정치적 의미를 연상시키는 사건이었다.

이제 혁명적인 회화의 한 전형적인 예로 이동해보자. 피카소의 〈아비뇽의 처녀들〉은 1907년에 완성되었지만 그 후 20년 동안 그의 작업실을 벗어나지 못했다. 지금에야 매우 친숙한 작품이지만 1907년에는 마치 예술이 완전히 새로 태어난 것 같았다. 그 그림은 결코 알베르티의 기준을 충족시키기 위해 한 걸음 더 나아가는 것을 목표로 삼지 않았다. 사람들은 당연히 예술이 아니라고 말했지만, 이는 대개 조토가 출범시킨 역사에 속하지 않는다는 뜻이었다. 과거의 미술사는 위대한 미술 전통들을 미술에서 제외시켰다. 중국과 일본의 회화의 경우에는 원근법이 시각적으로 잘못된 것처럼 보이는 등 서양의 발전사와 정확히 맞아떨어지지 않음에도 예외적으로 미술사에 포함되었다. 하지만 폴리네시아와 아프리카 회화를 비롯한 많은 미술 형식들은 울타리 안으로 들어오지 못했고, 그 결과 오늘날 '백과사전식 박물관'이라 불리는 메트로폴리탄박물관이나 워싱턴의 국립미술관 같은 곳에서만 볼 수 있게 되었다. 빅토리아시대에 이 다양한 전통의 작품들은 시에나 화파[5] 같은 아주 이른 유럽 미술의 수준에 해당한

---

5 르네상스 이전에 이탈리아의 중부 도시인 시에나를 중심으로 발전한 화파.

다는 뜻에서 '원시적'으로 분류되었다. 그 이면에는 창조자가 작품을 창조하는 동안 대상을 생생하게 떠올릴 줄 알았다는 전제하에, 그 능력에 기초하여 시각적 대상을 정밀하게 모사해냈을 때 작품은 예술이 될 수 있다는 생각이 놓여 있었다. 19세기에 다양한 전통에 속한 많은 작품이 뉴욕, 빈, 베를린 등에 있는 자연사박물관에 전시되었고, 예술사가보다는 인류학자들의 연구 대상이 되었다.

그럼에도 그것은 예술이었고, 그러므로 예술로서 이 책에서 큰 중요성을 지닌다. 이 책은 내가 처음에 사용했던 예술이란 용어보다 훨씬 더 넓은 의미로 예술의 개념을 분석하고자 한다. 알베르티의 역사라 불릴 만한 흐름에 속한 예술과, 시각적 진실에 대한 추구는 예술의 **정의**에 포함되지 않는다고 말하는 대부분의 예술 사이에는 엄청난 차이가 있다. 예술은 아마 **서양** 문명의 위대한 업적 중 하나일 테지만 이는 이탈리아에서 시작해 독일, 프랑스, 네덜란드 그리고 아메리카 등지로 발전해나간 예술을 규정하는 특징일 뿐, 예술의 **본질**을 규정하는 특징은 아니다. 단지 모든 예술에 속한 것만이 예술로서의 예술에 속한다. 당혹스러운 작품을 볼 때 사람들은 "저것도 예술인가?"라고 묻는다. 여기에서 나는 어떤 것이 **예술로서 존재한다**는 것과 어떤 것이 **예술임**을 안다는 것은 다르다고 말해야겠다. 존재론은 어떤 것으로서 존재한다는 것이 무슨 뜻인지를 연구한다. 그러나 어떤 것이 예술인지 아닌지를 안다는 것은, 비록 예술학에서는 감식안이라고 하지만, 인식론 — 앎에 대한 이론 — 에 해당한다. 이 책은 주로 예술에 대한 존재론에 기여할 의도로 전개될 것이다. 다시 말해, 나는 예술이란 말을 광범위하게, 즉 예술계의 사람들이 거대한 백과사전식 박물관에 진열하여 보여주고 연구할 가치가 있다고 간주하는 것들까지 포괄하는 용어로 사용할 것이다.

　미술사 개론의 권위자들은 대부분 피카소의 〈아비뇽의 아가씨들〉을 입체파의 선구적 그림으로 소개한다. 그림의 대상은 프랑스 도시의 이름을 따 아비뇽이라 불리는 바르셀로나의 한 매춘굴에 있는 다섯 명의 매춘부다. 그림의 크기 — 244×234제곱센티미터 — 는 전쟁화 수준으로, 이 장대한 크기에는 그림의 메시지를 강조하는 혁명적 선언이 함축되어 있다. 다섯 여자가 피카소가 그린 모습처럼 생겼다고는 아무도 생각하지 않을 것이다. 일반적인 5인의 인물 사진과 비교해보면 피카소가 시각적 외양을 모사하는 데에는 관심이 없었음을 분명히 알 수 있다. 하지만 그림 속에는 나름대로 사실주의적인 측면들이 있다. 배경은 매춘굴의 응접실이고, 두 여자는 손님들에게 매력을 뽐내기 위해 팔을 들고 있다. 테이블 위에 놓인 과일 그릇은 배경이 실내임을 상징적으로 보여준다.

　그림은 세 유형의 여자를 각기 다른 양식으로 보여준다. 그림에 나타난 것들을 하나의 창으로 들여다보기는 불가능하다. 팔을 들고 있는 두 여자는 야수파 화가들이 개발한 양식으로 그려졌는데, 야수파에 대해서는 나중에 자세히 설명할 것이다. 두 여자는 얼굴에 검은색 윤곽과 과장된 눈을 갖고 있다. 관람자의 시선을 기준으로 그 오른쪽에 다른 두 여자가 있는데, 한 명은 얼굴에 아프리카 가면을 쓰고 있고 다른 한 명은 머리가 마치 아프리카의 여신상 같다. 그중 한 명은 쪼그리고 앉아 있다. 캔버스의 왼쪽에는 실내로 막 들어오고 있는 매력적인 여자가 있다. 설령 중앙의 두 여자가 매력적이지 않다 해도, 이 여자는 분명히 매력적이다. 피카소는 오른쪽에서 왼쪽으로, 야만인에서 출발해 야수파 특유의 도발적인 여자와 그가 장밋빛 시대[6]에 그렸던 유의 매혹적인 여자에 이르기까지 여성의 어떤 진화 과정을 그렸다. 손님을 유혹하는 두 여자는 마치 조명 아래에 서 있는 것처럼 온몸에 빛을 받고 있는데, 이 빛은 그림을 수직의 세 구역으로 분할한다. 오른쪽 구역은 입체파의 파편들로 일종의 커튼을 이루고 있고, 왼쪽 구역은 무대의 윙처럼 수직으로 분리되어 있어 극장 같은 느낌을 준다. 여자들의 몸 — 특히 머리! — 의 배열은 이드, 자아, 초자아로 이루어진 프로이트의 구도와 일치한다. 실제로는 여자들이 그림의 모습과 다르다는 비판에 어쩔 수 없이 답을 해야 했다면, 피카소는 외양이 아니라 진실에 관심이 있다고 말했을 것이다. 아프리카적인 두 여자는 야만적이고, 사납고, 공격적이다. 중간의 두 여자는 유혹에 능하고 나긋나긋한 창녀들이다. 무대로 들어서고 있는 왼쪽의 여인은 균형 잡힌 얼굴을 한 파리 여자다.

전통적인 회화의 관점에서 보면 양식의 부조화가 존재한다. 피카소는 심리의 세 층 또는 여성의 육체가 진화해온 세 단계를 표현하기 위해 세 부류의 여자가 빚어내는 이 부조화가 필요했다. 심리의 삼중 구조와 진화의 삼중 구조는 둘 다 매춘굴을 배경으로 한다. 만일 어떤 사람이 이 그림의 주제가 무엇이냐고 묻는다면, 올바른 대답은 아마도 '피카소가 이해하고 있는 바로서의 여자'일 것이다. 여자는 운명적으로 섹스를 할 몸이다. 피카소의 예술은 외양에 대한 투쟁이었고, 따라서 조토로부터 시작된 점진적인 미술사에 대한 투쟁이었다. 〈아비뇽의 아가씨들〉은 피카소가 알고 있는 여자의 진실이 드러날 수 있도록 새로운 방식으로 그려졌다.

6 청색 위주의 채색으로 음울한 분위기를 자아낸 청색 시대(1901~1904) 이후, 몽마르트에서 시작된 따뜻한 색감의 밝고 온화한 시대(1904~1906).

파블로 피카소,
〈아비뇽의 아가씨들(Les Demoiselles d'Avignon)〉(1907)

또 다른 혁명의 조짐이 드러난 곳은 1905년, 파리의 그랑 팔레[7]에서 열린 살롱도톤Salon d'Automne(가을 살롱전)이었다. 특히 한 전시실이 적대감을 불러일으켰는데, 피카소가 왜 자신의 걸작을 공개하지 않았는지를 이해할 수 있을 정도로 전시실의 분위기는 험악했다. 그림의 대상은 돛배, 꽃다발, 풍경, 초상, 소풍 등 일상의 세계에서 흔히 볼 수 있는 것들이었지만, **일상에서 볼 수 있는 모습**이 아니었다. 당대의 한 평론가는 이 전시실의 작품들을 가리켜 "도나텔로가 **야수들**에게 둘러싸여 있는 꼴"이라고 묘사했다.[8] 그 평론가 루이 보셀Louis Vauxcelles은 피카소와 조르주 브라크를 당대의 사전에 없던 '입체파cubism'라고 묘사할 때[9]와 마찬가지로, 이 용어도 풍자적으로 사용했다. '야수'라는 명칭은 살롱도톤의 그림들을 점진적인 역사의 후반에 그린 그림들과 연결시킨다. 그러나 그때의 그림들은 예를 들어 레이디 제인 그레이[10]가 눈이 가려진 채 자신의 목이 베어질 처형장의 받침나무를 손으로 더듬고 있는 장면을 묘사한 폴 들라로슈의 그림처럼 소재가 끔찍했다. '야수'는 화가들이 그린 것이 아니라 화가들이었다. 야수파가 그린 것은 충분히 부드러웠다.

---

7 파리의 중심부에 있는 미술관.
8 야수파의 그림들과 함께 전시실 중앙에 이탈리아 조각가인 마르케가 출품한 르네상스풍의 소녀상이 서 있었다. 이 장면을 보고 평론가 보셀은 조야해 보이는 그림들과 마르케의 소녀상을 대비하기 위해 15세기풍의 양식을 대표하는 르네상스 시대의 위대한 조각가 도나텔로를 끌어들였다
9 몇 년 후 루이 보셀은 피카소의 그림을 보고, "이게 뭐야, 아무것도 아니잖아, 작은 큐브들로 가득 찼을 뿐"이라고 혹평했다 한다.
10 영국 헨리 7세의 증손녀로, 당시 최고 권력을 갖고 있던 노섬버랜드 공작의 아들과 정략결혼한 후 에드워드 6세가 죽자 16세의 나이로 왕위에 옹립되었으나, 9일 만에 대립 관계이던 메리 1세에 의해 폐위되어 처형된다.

우리는 이 놀라운 병치를 생각해낸 큐레이터를 칭찬하지 않을 수 없다. 르네상스 시대의 거장인 도나텔로는 그 전시실의 한복판에서, 대중이 생각하기에 그림을 그리거나 조각하는 방법을 도통 모르는 무식한 화가들의 작품에 둘러싸여 있었다. 그 화가들은 밝은 색을 사용했고, 튜브에서 물감을 직접 짜서 칠을 한 흔적이 역력했으며, 종종 굵고 검은 선으로 테두리를 표현했다. 사실 얼굴의 윤곽이 검은색으로 그려져 있고 초기 스페인 조각처럼 눈을 부릅뜨고 있는 피카소의 두 백인 아가씨는 야수파의 화풍을 보여준다. 이 야수들 중에는 앙리 마티스와 앙드레 드랭이라는 두 거장이 있었다. 그리고 당시에 그 화가들이 인정을 하건 말건 간에, 그렇게 과장된 방식을 특징으로 하는 작품들을 보여주겠다는 전략 — 거칠수록 좋다는 전략 — 은 미술계에 새로운 바람이 불어닥치고 있음을 암시했다. 관람객들이 비웃고 야유한다면 그 예술이 정말로 혁명적이라는 뜻이기에 금상첨화였다. 이미 그런 전통이 있었다. 1863년 살롱전에서 유난히 혹독했던 심사위원들이 수많은 작품을 제외시키자, 당시 황제였던 나폴레옹 3세는 주 전시에서 배제된 화가들이 원한다면 자신의 작품을 전시할 수 있도록 〈낙선전Salon des refusés〉을 열라고 제안했다. 시민들은 파리지앵답게 그 그림들을 비웃으면서 어리석음을 보여주었는데, 거기엔 마네의 〈올랭피아〉가 포함돼 있었던 것이다. 유명한 매춘부 빅토린 뫼랑Victorine Meurant이 아름다운 나신으로 더러운 발을 드러내고 목에 리본을 맨 채, 분명 어느 단골이 보낸 듯한 꽃다발을 들고 서 있는 흑인 하인을 기다리게 하고서, 말하자면 [그림 앞에서] 흥겹게 떠드는 사람들을 노려보고 있는 그림이었다. 후에 클로드 모네는 예찬자들을 모아 〈올랭피아〉를 구입하는 운동을 벌였고, 그 덕에 마네의 걸작은 [해외로 팔리지 않고 루브르박물관에 들어가] 프랑스의 국

보가 되었다.

    1905년의 전시회에서 팔린 중요한 작품 하나는 마티스의 〈모자를 쓴 여인〉으로, 처음에는 마티스가 그림을 그릴 줄 모른다고 생각했던 사람들 중 하나였을 미국인 수집가 리오 스타인Leo Stein — 거트루드가 아니었다(!)[11] — 에게 들어갔다. 리오는 〈모자를 쓴 여인〉을 보았을 때의 첫인상을 다음과 같이 기록했다. "화려하고 강렬하지만, 물감을 그렇게 추하게 문질러 놓은 그림은 난생 처음 보았다." 존 코먼John Cauman의 글에 따르면 그것은 미국인이 마티스의 작품을 구입한 최초의 사례였다고 한다. 그림 속의 모델은 마티스의 아내였으니, 분명 그는 유난히 강하고 독립적인 그녀의 성격을 드러내고 싶었을 것이다. 이번에도 화가는 그녀를 사진처럼 똑같이 그리기보다는 그녀의 내적인 모습을 그려, 그림 속의 상황에 대한 해석의 여지를 제공했다. 마티스는 시각적 특성보다는 몇몇 성격적 특성으로 그녀를 그렸다. 따라서 그 그림은 아내에 대한 그의 경의를 표현해야 하는데, 그가 어떤 의도로 무엇을 보여주었는지를 이해하는 것은 우리의 몫으로 남는다. 내가 느끼기에는 범상치 않은 모자가 그녀의 성격을 잘 보여준다. 그런 모자를 쓴 여자는 이목을 끌기 마련인데, 당시의 부르주아 여성들이 흔히 입는 검은색 드레스와 완전히 다른 드레스의 화려한 색채가 그 점을 더욱 강조한다. 또한 배경에는 드레스와 똑같은 색들이 거칠게 조각 조각 이어져 있다. 마티스는 실내나 정원이 아니라 세잔에게서 빌려온 논란 많던 물감 조각들을 배경으로 썼다. 프랑스 대중은 알베르티의 기준에서 일탈한 모든 예술에 대해 그랬던 것처럼 마티스가 아내를 묘사한 방식

---

11 소설가이기도 한 거트루드 스타인은 리오 스타인의 여동생이다. 그들을 비롯한 스타인 가족은 특별히 부유하지 않았지만 젊고 가난한 피카소와 마티스를 여러모로 후원했다.

에두아르 마네, 〈올랭피아(Olympia)〉(1863)

앙리 마티스, 〈모자를 쓴 여인(La Femme au Chapeau)〉(1905)

에 대해서도 배를 움켜쥐고 웃었다. 그러다 보니 그도 결국 사람인 탓에 자신의 재능을 의심하기 시작했다. 스타인 가족의 인정은 그의 자신감을 회복시켰다. 전람회에서 그림이 팔린다는 것은 결코 예술과 현금의 단순한 교환이 아니었다. 대중의 비웃음에는 그 작품에게 패배를 안겨줄 의도가 깔려 있었지만, 특히 모더니즘 초기에 돈은 비웃음에 대한 예술의 승리를 상징했다.

여기에서 잠시 이야기를 멈추고 미국 시인 월러스 스티븐스의 〈푸른 기타를 든 남자 The Man with the Blue Guitar〉를 인용해보자. 시인은 지금까지 우리가 분석한 그림들을 명확히 이해하고 있다.

> 사람들이 말했다, "당신에겐 푸른 기타가 있는데,
> 당신은 세상의 진정한 모습을 연주하지 않는군요."
>
> 남자가 대답했다, "세상의 진정한 모습은
> 푸른 기타 위에서 변합니다."
>
> 그러자 그들이 말했다, "하지만 연주해요, 해야 합니다,
> 우리를 넘어, 우리 자신을 뛰어넘어
>
> 푸른 기타로
> 세상의 진정한 모습을 올바로 들려주는 곡을."

그 일을 모더니즘 초기의 화가들이 하고 있었다.

1910년에 미국인 아서 도브$^{Arthur\ Dove}$가 추상화를 그리기 시작하고 이에 절대주의의 창안자 말레비치 — 1915년에 〈검은 사각형〉을 그렸다 — 가 함께하면서, 추상주의는 모더니즘 초기의 아방가르드 화가들뿐 아니라 1940년대와 1950년대의 뉴욕화파 — 추상표현주의라고도 알려져 있다 — 에 속한 하이모더니즘$^{High\ Modernism}$[12] 화가들에게도 호소력을 발했다.

추상화가 출현하기 전까지 그림^{painting}은 픽처^{picture}[13]이기도 했다. 오랫동안 둘은 바꿔 쓸 수 있는 단어였다. 예를 들어 평론가 클레멘트 그린버그는 마치 그림은 아무리 추상적이더라도 꼭 닮은 것이어야만 한다는 듯 추상표현주의 작품들에 대해서도 '픽처'라 불렀다. 물론 이 견해는 추상화 속의 대상은 대체 무엇인가라는 의문을 불러일으켰다. 추상화의 대상은 그 어떤 알아볼 수 있는 사물과도 완전히 달랐기 때문이다. 이에 대해 사람들은 대개 화가는 눈에 보이는 어떤 것이 아니라 자신의 느낌을 그린다고 말했다. 그린버그와 경쟁하던 평론가 해럴드 로젠버그$^{Harold\ Rosenberg}$는 투우사가 투우장에서 행동을 보여주듯 추상화가는 캔버스 위에서 행동을 보여준다고 주장했다. 어떤 면에서 이 주장은 막대기나 붓으로 물감을 뿌리는 잭슨 폴락의 액션페인팅 화법이나, 1953년의 유명한 〈여인〉 연작에서처럼 특이하고 굵은 붓 자국들로 하나의 형상을 만들어내는 빌럼 데 쿠닝의 화법에 왜 사람들이 흥분하는지를 설명해주었다. 그러나 당시에 비판의 수위는 대단히 높았고, 로젠버그의 이론은 "누가 행동을 벽에 건단 말인가?"와 같은 수많은 빈정거림에 찍혀 넘어가고 말았다. 로젠버그가 염두에 둔 화가들의 화법은, 스키드마크가 미끄러짐의 흔적인

12   사회적 의제보다는 예술적 의제에 본격적으로 치중한 예술, 혹은 모더니즘의 정점.
13   그림, 사진의 의미도 있지만 이 문맥에서는 '꼭 닮은 것'을 말한다.

카지미르 말레비치, 〈검은 사각형(Black Square)〉(1915)

上 잭슨 폴락,
〈가을 리듬(Autumn Rhythm, No. 30)〉(1950)

下 빌럼 데 쿠닝,
〈여인 Ⅰ(Woman Ⅰ)〉(1950~1952)

것처럼 행동이 남긴 자취를 의미했다.

1940년대 뉴욕에는 추상주의의 두 개념이 존재했다. 유럽식 의미의 추상은 다음과 같다. 화가는 시각적 실재로부터 상을 추출한다. 따라서 그림의 표면에서 현실 세계에 도달하는 경로가 존재한다. 이 경로는 그림의 표면이 이른바 실재의 표면과 '일치'하는 전통적인 경로와 다르다. 전통적인 경로는 앞에서 언급했듯이 그림을 본다는 것은 창을 통해 세계를 바라보는 것과 같다고 생각한 르네상스의 전통에서 유래했다. 화가는 투명한 표면을 통해 그림의 대상을 보아서 눈에 들어온 시각적 자극을 화판이나 캔버스 위에 똑같은 배열로 재생산하는 셈이었다. 추상주의는 이 연결을 깨뜨렸다. 그림의 표면은 그림의 대상이 보여주는 것과 단지 추상적으로만 비슷했다. 하지만 단지 추상적으로 비슷하다 해도 대상에서 그림에 이르는 경로가 존재했고, 이런 이유로 모든 사람이 계속 추상화를 '픽처'로 칭했다.

테오 반 두스뷔르흐Theo van Doesburg의 강렬한 인상의 유명 연작 그림은 암소를 정직하게 표현한 그림에서 시작해 같은 대상이 전혀 암소처럼 보이지 않는 추상화에 이르기까지 입체파가 어떤 단계들을 거치는지를 보여준다. 그리스신화에서 파시파에는 황소에게 욕정을 품고 아름다운 암소로 위장했지만, 만일 반 두스뷔르흐의 마지막 그림 같은 모습으로 위장했다면 세상의 어떤 황소도 그녀를 어리고 섹시한 암소로 보지 않았을 것이다. 암소와 그림은 외관상 닮은 점이 전혀 없고, 이와 마찬가지로 연작의 첫 번째 그림과 마지막 그림도 닮은 점이 전혀 없었다. 그러나 반 두스뷔르흐의 요점은, 추상미술은 자연에서 — 즉 눈에 보이는 객관적인 실재에서 — 출발해야 한다는 것이었다. 당시에 추상의 경로는 이런저런 방식의 기하학적 도형화였으며, 이 방식은 거의 모던함을 의미했다. 자연 추상주의를 주창한 주요 인물은 화가이자 교육자인 한스 호프만Hans Hofmann이었다. 호프만은 그리니치빌리지에 있는 학교와, 여름에는 케이프코드의 프로빈스타운에 있는 학교를 성공적으로 운영하기도 했다. 호프만이 잭슨 폴락에게 추상은 자연에서 나온다고 말하자, 폴락은 "내가 자연이다"라고 응답했다. 이 대화의 기초에는 초현실주의자들이 사용하던 자동기술법autonomism[14]에 대한 견해가 깔려 있었다. 마음은 무의식적인 부분까지도 자연의 일부였다.

호프만은 **초현실**sur-reality을 강조하는 초현실주의를 회의적으로 보았다. 초현실은 의식과 떨어진 곳에 **숨어 있지만** 그래도 현실에 기초한 심리 상태였으며, 초현실주의자들이 진정한 예술의 궁극적 기초라 여기고 있는 것도 사실은 이 심리적 현실이었다. 초현실은 자연에 기초해 있기에 자연을 통찰하면 진정한 예술의 심리적 기초를 밝힐 수 있다. 개인의 경우, 심적 현실은 프로이트 학파의 용어로 '무의식계'다. 무의식계에 이르는 주된 통로 중 하나는 꿈인데, 프로이트에 따르면 꿈은 "무의식에 이르는 왕도"다. 무의식에 이르는 다른 길은 자동 기술automatic writing 또는 자동 묘사automatic drawing로, 로버트 마더웰이 '두들링doodling[15]'이라는 이름으로 이 기법을 습관화하여 사용하기도 했다. 유럽 추상주의와 대조적으로 미국 추상주의의 경우에 그 경로는 기하학이 아니라 자연 발생성이었고, 그곳에서는 의식의 통제가 유예되었다. 자동 묘사 또는 기술은 예술가를 그의

---

[14] 의식적인 사고를 피하고 생각이 흘러가는 대로 그림을 그리는 화법으로, 오토마티즘(automatism)이라고도 한다.
[15] 낙서 또는 낙서하듯 그리기.

테오 반 두스뷔르흐, 〈구성(소)(Composition(Cow))〉(1917) 연작

내적 자아에 접속시켰다.

제2차 세계대전 동안에 초현실주의자들은 뉴욕에서 망명 생활을 하면서 뉴욕의 화가들에게 지대한 영향을 끼쳤다. 뉴욕의 화가들은 앙드레 브르통에게 감탄했으며, 살바도르 달리 같은 대단히 유명한 화가들을 직접 만날 수 있었다.

1924년의 제1차 《초현실주의 선언》에서 브르통은 초현실주의를 방법론적으로 규정했다. 초현실주의는 "말로든, 글로든, 다른 매개로든 마음의 진정한 작동을 표현하고자 할 때 수단이 될 수 있는 순수한 심적 자동기술법이고, 이성이 행사하는 어떤 통제도 없고 그 어떤 미적 또는 도덕적 선입견도 멀리한 상태에서 생각나는 대로 적어 내려가는 것"이었다. 나는 브르통이 무의식을 인식론적 관점에서 보았다는 점이 중요하다고 생각한다. 자동기술법은 우리와 접촉이 끊긴 어떤 세계 — 꿈속에서 나타나고, 자동 기술 및 묘사를 통해 접근할 수 있는 어떤 경이로운 세계 — 를 드러내는 인지 기관과도 같다. 즉 자동기술법은 우리를 단지 무의식으로 인도하는 것이 아니라, 무의식을 통해 현실을 지나 초현실과 접촉할 수 있는 세계로 인도한다. 다시 말해, 그 세계는 무의식의 중재를 받고서 자동 기술을 통해 말을 하는 것이다. 자동기술법을 실행한다는 것은 추리와 계산은 물론이고, 유용한 표현을 인용하자면, "고도의 대뇌 중추들"에 속하는 모든 기능을 중지한다는 것을 의미한다.

또한 브르통은 자동기술법을 예술과 동일시하는 것이 피할 수 없는 일이라 생각했으므로 그가 선호하는 예술은 사전에 의도되거나 통제, 안내나 검열이 없는 상태에서 발생하는 언어의 쏟아짐이었고, 심령술의 대변자라면 필시 성령의 페르소나라고 할 법한 일종의 '방언 말하기'였다. 초현실주의의 내용까지는 아니어도 그 논조로부터 깊은 영향을 받은 초기의 추상표현주의 화가들이 스스로를 객관 세계의 힘을 받아들였다가 쏟아내는 샤먼이라 자칭한 것도 그리 놀라운 일이 아니다.

그러나 뉴요커들과 가장 가까운 초현실주의자는 자동 묘사 수업을 진행하던 칠레 출신의 건축가 겸 화가, 로베르토 마타Roberto Matta였다. 수업에 참가한 사람 중에는 로버트 마더웰과 아실 고르키Arshile Gorky가 있었고 심지어 잭슨 폴락도 있었다. 마더웰은 마타를 화가로서 크게 존경하지 않았고, "내가 보기에 (그의 그림은) 연극적이고 번들번들하며, 너무 환각적이라 내 취향에는 맞지 않는다"라고 말했지만, 그의 색연필 드로잉은 높이 평가하여 "그의 그림은 그의 드로잉에 절대 못 미친다"라고 말하기도 했다. 그리고 그림보다는 드로잉이 '두들링'을 적용하기가 더 수월하다. 다른 표현으로 말하자면, 회화적인 두들링이 인정받기 위해서는 회화 자체가 재발명되어야 할 것이다. (살바도르 달리라면 두들링으로 화려한 그림을 그릴 수도 있었겠지만, 그가 회화로서 두들링을 하는 것은 상상하기 어렵다.) 마더웰은 1978년에 에드워드 헤닝Edward Henning에게 다음과 같은 편지를 보냈다. "그와 내가 그의 친위 쿠데타를 위해 그리고 독창적인 창조 원리를 찾는 나의 탐구를 위해 계속 논의해온 기본적인 원리, 즉 초현실주의자들이 말하는 심리적 자동기술법, 프로이트 학파에서 말하는 자유 연상에 해당하는 것, 특별한 두들링 형식……"

마더웰이 여러 번 언급한 "독창적인 창조 원리"는 "미국의 모더니즘에는 없는" 것이었다. 일단 그 원리를 발견하면 미국 화가들은 독창적인 모더니즘 작품을 창조할 수 있었는데, 이는 모더니즘적이라 규정된 유럽의 작품들을 열심히 흉내 내어 모더니스트가 되려 하던 당시의 관행과 대조를 이룰 수 있었다. 또한 마더웰의 철학적 단련과 감수성도 이 원리를 명확히 하는 과정에서 완성되었다. 그는 바버랠리 다이애몬스타인^{Barbaralee} ^{Diamonstein}과 대담하던 중에, "미국의 문제는 지금까지 하나의 양식이 아니었고, 양식적이지도 않았으며, 강제로 부과된 미적 개념도 아니었던, 어떤 창조적 원리를 발견하는 것"이라고 강조했다. 그는 특별히 고르키를 염두에 두고서 적어도 두 차례 이것을 문제로 적시했다. 그는 다이애몬스타인과의 대담에서 이렇게 말했다. "엄청난 재능을 지닌 고르키는 세잔 시기를 지나 1940년대에는 한물간 피카소 시기를 거치고 있었지만, 그보다 훨씬 못한 유럽의 인재들은 말하자면 자신의 '목소리'에 더 충실했다. 말하자면 그들은 국제적인 모더니즘의 살아 있는 뿌리에 더 가까이 있었던 셈이다(사실 그 직후에 고르키가 로켓처럼 비상할 수 있었던 것은 초현실주의자들을 통해서, 그리고 무엇보다 마타와의 직접적인 만남을 통해서였다)."

마더웰은, 마타 덕분에 "고르키는《카이에 다르$^{Cahiers\ d'art}$》— 오늘날의《아트포럼^{Artforum}》과 비슷한 유럽의 미술 잡지 — 의 그림들을 모사하는 수준에서 벗어나, 완전히 성숙한 자신만의 세계로 이동했다"라고 말했다. 그렇게 해서 고르키는 독창적인 창조 원리가 무엇을 할 수 있는가를 보여준 모범이 되었다. 마더웰은 헤닝에게 "그런 창조 원리만 있다면, 미국의 모더니즘 화가들이 매너리즘에 사로잡혀 있을 필요가 없다"라고 말했다. 그 원리 덕분에 고르키는 자신의 타고난 재능을 깨닫고서 틀에 박힌 모더니즘 화풍을 답습하던 매너리즘에서 벗어나 독창적인 화가로 변신했다(슬프게도 그 대신 아내를 마타에게 빼앗기고는 자살했다). 심리적 자동기술법은 화가가 즉시 자신의 참된 자아를 예술적으로 진실하게 표현할 수 있는 거의 마법 같은 장치였고, 동시에 현대적이었다. "그리고," 마더웰은 이렇게 지적했다. "그 즉시 '미국적인' 것이 자립을 할 수 있었다."

고르키는 애그니스 매그루더Agnes Magruder라는 이름의 미국인 여자와 결혼하고 얼마 후인 1946년에 그녀와 아이들을 데리고 버지니아에 있는 처가의 여름 별장을 방문했다. 그곳에서 그는 집을 둘러싼 초원 위에 피어 있는 꽃들과, 종교적인 이유로 어머니와 함께 탈출해야 했던 고향, 터키에서 보았던 꽃들이 닮았다는 사실에 감동했다. 처음 화가가 되었을 때 그는 파리화파, 특히 피카소를 맹목적으로 따랐다. "피카소가 (물감을) 떨어뜨리면, 나도 떨어뜨렸다." 그러나 이제 그는 고향의 꽃들과 똑같은 꽃들이 피어 있어 그토록 감동적이었던 그 들판을 그리고 칠했다. 어떤 면에서 그의 "독창적인 창조 원리"는 마더웰이 말한 것처럼 터키와 미국의 결합이었다. 고르키는 뉴욕화파의 초창기 멤버가 되었다.

1912년에 입체파가 찬양하는 기하학을 진지하게 받아들인 그룹에 속해 있던 마르셀 뒤샹의 형제들은 파리의 한 입체파 전시회에서 그림 한 점을 회수하라고 뒤샹을 압박했다. 그 전시회에 어울리지 않는다는 이유에서였다. 그 그림, 〈계단을 내려가는 누드 No. 2〉는 1913년 뉴욕에서 열린 아머리Armory 쇼에 출품되어 미국에서 그를 유명하게 만들었다. 문제는 뒤샹이 입체파의 기법을 이용해 계단을 내려오는 나부의 '운동'을 표현함으로써 입체파의 순수성을 오염시킨 데 있었다. 겹쳐 있는 입체파적인 면들이 그림 속으로 운동을 끌어들이고 있었다. 그런데 운동, 특히 속도는 미래파의 중심적인 특징이었고, 그래서 교조주의자들은 입체파 화가들에게 운동과의 경계선을 열심히 수호하라고 강조하고 있었다. 미국의 평론가들은 그 겹쳐진 면들에 환호하며, "지붕널을 만드는 공장에서 폭발이

마르셀 뒤샹, 〈계단을 내려가는 누드 No. 2(Nude Descending a Staircase, No. 2)〉(1912)

일어났다"라고 재치 있게 묘사했다. 이 작품은 브랑쿠시의 〈마드무아젤 포가니〉와 함께, 미국 사람들에게 처음으로 모더니즘을 힐끗 보여주었다. 미국의 웃음은 장난기가 섞여 있었지만 그래도 프랑스의 웃음과는 사뭇 달랐다. 후자의 주요 화력은 항상 예술적 혁신을 공격했다.

입체파와 야수파를 기점으로 수년간 많은 예술 운동이 일어났고, 각각의 운동은 저마다 독특한 양식을 선보였으며, 자신이 지지하는 사회적·정치적 이념에 도움이 되고자 선언문을 발표했다. 미래파는 그림과 건축으로 파시즘을 지지했고, 사회주의적 사실주의는 당연히 산업과 농업의 노동자 계급을 망치와 낫으로 찬양했다. 러시아 일각에서는 입체-미래주의 Cubo-Futurism를 예술의 미래로 보고 지지하는 목소리가 나오기도 했지만 말이다. 알베르티의 기준은 예술을 판가름하는 절대적 지위에서 물러나 다른 운동들과 동등한 사실주의라는 하나의 유파로 규정되었는데, 사실주의가 자랑하는 거장들 중 한 명인 에드워드 호퍼는 휘트니 미술관의 큐레이터들이 추상주의를 편애한다고 생각하여 그 앞에서 피켓을 들고 시위를 벌이기도 했다. 또한 1930년대에 뉴욕에는 공산주의 예술가 또는 적어도 마르크스주의 예술가라 할 수 있는 화가들이 많이 있었는데, 그들의 예술에 대해 고르키가 "가난한 민중을 위한 가난한 그림"이라고 비난하기도 했다.

학자들은 500건이 넘는 유파들의 선언을 확인했지만, 모든 운동이 선언을 하지는 않았을 것이다. 야수파가 대표적인 예다. 입체파와 야수파의 뒤를 이어 초현실주의, 다다이즘, 절대주의, 기하추상주의, 추상표현주의, 일본의 구타이그룹, 색면 회화(그린버그의 지지를 받았다), 팝아트, 미니멀리즘이, 그리고 1960년대에 개념미술이 출현하고, 슬로베니아에서

IRWIN그룹,[16] 소호^{SoHo}[17]에서 차용미술이 출현했다. 그 후에는 영국에서 데미언 허스트가 이끄는 영국의 젊은 작가들$^{Young\ British\ Artists}$이 출현했으며, 이후에도 많고 많은 운동이 등장했다.

대부분의 운동은 그림이 유리창을 통해 보는 것처럼 대상의 실제 모습과 일치해야 한다는 엄밀한 알베르티식 포맷을 포기함으로써 19세기에는 당연시되었던 역사의 진전을 잇는 일에 관심을 두지 않았지만, 매체 — 유화물감, 수채화 물감, 아크릴(발명된 후), 파스텔 — 의 연속성은 유지되었고, 모형에 점토, 거푸집에 회반죽, 주조에 청동, 조각에 나무가 계속 사용되었다. 목판, 동판, 석판 같은 다양한 판화 매체도 있었다.

1970년대의 특징이었고 현재까지도 지속되고 있는 하나의 큰 변화는 많은 화가들이 전통적인 '화가의 재료'를 외면하고 무엇이든 사용하기 시작한 것인데, 특히 현상학자들이 말하는 **생활세계**^{Lebenswelt} — 우리가 살고 있는 보통의 일상적 세계 — 에 속한 물체와 물질을 사용하기 시작했다는 것이다. 그러자 현대 예술철학의 중요한 문제, 즉 예술과, 예술은 아니지만 예술작품으로 충분히 이용될 수 있는 실물을 어떻게 구분하는가의 문제가 부상했다.

버클리에서 비공식 세미나를 주관하기 위해 미대 학생들 — 어쩌면 철학과 학생들이었는지 모른다 — 을 만나기로 한 날 갑자기 어떤 생각이 떠올랐다. 건물에 들어가 페인트칠을 하고 있는 큰 강의실을 지나칠 때였다. 강의실 안에는 사다리들, 가구 보호용 천들, 페인트와 테레빈유가 담긴 통들, 붓, 롤러 등등이 있었다. 갑자기 이런 생각이 들었다. 만일 이것이

---

16 익명의 5인 예술가 그룹.
17 뉴욕 맨해튼의 남쪽, 휴스턴가와 커널가 사이의 화랑 밀집 지대.

"페인트 작업Paint Job"이라는 제목의 설치미술이라면 어떨까? 실제로 스위스에서 2인조 미술가 피슐리와 바이스Fischli and Weiss는 한 도시 — 아마 취리히였을 것이다 — 의 중심가에 있는 상점의 유리 장식장 안에 사다리들, 페인트 통들, 페인트가 튄 천들, 기타 등등으로 설치미술을 만들었다. 피슐리와 바이스에 대해 아는 사람들은 그것을 문화적 대상으로 보기 위해 찾아왔다. 그러나 만일 그것이 예술이 아니라 단순한 페인트 작업paint job(대문자가 아니다)이라면, 예술 애호가들에게 과연 관심을 불러일으킬 수 있을까?

1970년대에 독일 태생의 거장 요제프 보이스 — 뒤셀도르프에서 학생들을 가르쳤다 — 는 어떤 것도 예술이 될 수 있다고 선언했다. 지방으로 만든 그의 작품이 이 주장을 뒷받침했다. 구겐하임미술관에서 그의 전람회가 열렸을 때 작은 빙산만 한 비곗덩어리가 아트리움에 전시되었다. 그가 사용한 또 다른 대표적인 재료는 펠트 담요였다. 이 두 재료가 그에게 어떤 의미가 있는지에 대한 설명 — 또는 전설[18] — 은 제2차 세계대전 당시 전투기를 몰던 중 크림반도에서 겪은 추락 사고로 거슬러 올라간다. 그를 발견한 원주민 부족은 그의 몸에 동물의 지방을 두껍게 바르고 펠트 담요로 몸을 감싸 그를 회복시켰다. 그렇게 해서 두 재료는 의미를 내포한 상징물이 되었다. 바로 인간의 보편적 필수품인 따뜻함으로, 그 의미는 유화 물감이 지닐 수 있는 것과는 비교할 수 없었다.

로버트 라우셴버그Robert Rauchenberg는 1955년에 뉴욕 현대미술관에서 기획한 전시 〈16인의 미국인Sixteen American〉의 카탈로그에 다음과 같이 썼

---

18 사실인지 지어낸 이야기인지가 불분명하기 때문이다.

다. "나무, 못, 테레빈유, 유화물감, 천 못지않게 양말 한 켤레도 그림을 구성하기에 충분히 적합한 적합한 재료다." 그는 누비이불, 코카콜라 병, 자동차 타이어, 동물의 박제 등을 작품에 사용했다. 아직은 현실이 예술적 재현의 대상이던 시절에, 현실을 예술 속으로 끌어들이려는 이 특별한 노력은 예술에 대한 사람들의 사고방식을 변화시켰다. 그로 인해 오늘날 "무엇이 예술인가"라는 질문의 요지가 명확해졌다. 그러나 이 질문에 철학적으로 도전하기 전에 먼저 다뤄야 할 문제들이 있다.

우리가 가장 먼저 다뤄야 할 예술가는 작곡가 존 케이지다. 그는 왜 음악의 소리는 인습적인 음계의 음들로 제한되어야 하는가라는 문제를 제기했다. 청각의 세계는 작곡에 전혀 쓰이지 않는 소리들로 가득하다. 그는 1952년 8월 29일 뉴욕 교외의 우드스탁에서 피아니스트 데이비드 튜더가 연주한 곡을 통해 이 질문을 제기했다.

곡의 제목인 〈4분 33초〉는 케이지가 정한 연주 시간을 의미했다. 이 곡은 길이가 다른 세 악장으로 이루어져 있었다. 튜더는 건반 위에 건반 덮개를 덮는 것으로 시작을 알린 뒤, 스톱워치로 악장의 길이를 쟀다. 첫 번째 악장이 끝나자 그는 건반 덮개를 걷었다. 그런 뒤 두 번째에도, 세 번째에도 똑같이 했다. 그는 한 음도 연주하지 않았지만, 끝난 뒤에는 고개를 숙여 인사를 했다. 케이지는 필요하다고 생각한 만큼의 여러 장의 악보를 사용했다. 사람들은 종종 케이지가 관객들에게 침묵에 귀 기울이는 법을 가르치려 했다고 주장하지만, 이는 그의 의도가 아니었다. 그보다 그는 관객들에게 실생활의 소리들 — 개 짖는 소리, 아기 우는 소리, 천둥과 번개 소리, 나뭇가지를 스치는 바람 소리, 자동차의 역화(逆火) 소리와 통통거리는 소음 — 에 귀 기울이는 법을 일러주고 싶었다. 이 소리들이 음악이 못 될 이유는 없지 않을까? 우드스탁은 파리가 아니었지만 관객은 파리 사람들이었던 것 같다. 그들은 떼를 지어 걸어 나가면서 "케이지는 도를 넘었어"라고 중얼거리며 불평했다.

케이지는 학생들을 가르치던 블랙마운틴 칼리지에서 위대한 무용수 머스 커닝햄과 라우센버그를 만났다. 세 사람은 초기의 아방가르드 작품인 〈연극 작품Theater Piece〉에 참여하면서부터 서로 깊은 영향을 주고받았다. 라우센버그가 불빛과 관객의 그림자 — 또는 집파리 — 가 그림의 일부를 이루는 온통 새하얗게 칠한 캔버스를 내놓았을 때, 케이지는 그것을 "비행장"이라 묘사했다. 사실, 일상의 소음이 곡의 일부가 되는 소리 없는 곡이란 개념은 그 하얀 그림에서 영감을 받아 탄생했다.

1950년대 초에 라우센버그가 작품으로 끌어들인 것과 같은 물건들이 사용되고부터 현실은 예술의 일부가 되었다. 물론 라우센버그가 〈침대Bed〉에 쓴 것과 같은 떡칠한 페인트도 빼놓을 수 없는데, 이 페인팅은 그의 작품과 뉴욕화파의 연결점을 보여준다.[19] 재스퍼 존스Jasper Johns는 표적, 숫자, 깃발을 사용했는데, 이는 깃발의 그림은 깃발이고, 숫자의 그림은 숫자이고, 표적의 그림은 표적이기 때문에 그 사물이 예술인지 현실인지가 애매함을 보이려 한 것 같다. 또한 사이 톰블리Cy Twombly는 적어도 초기에는 휘갈겨 쓴 낙서를 그림의 제재로 삼았다.

1970년대에 들어 예술계의 사회적 지형에 변화가 일어났다. 수많은

---

19 초기에는 추상표현주의의 영향 아래에서 작품들을 발표했다.

단체들이 생겨나 신인 화가를 발굴하기 위해 노력했고, 주요 화랑들은 그들에게 개인전의 기회를 주었으며, 수집가들은 그들의 작품을 투자 목적으로 사들였다. 예술 운동들은 대부분 미래의 물결로 끝나고, 신인 화가의 발굴이 그 자리를 대신했다. 그 결과 1970년대 말에 가정 안의 공간과 물건들을 작품으로 재현한 화가 로버트 로웨이 자카니치$^{Robert\ Rahway\ Zakanitch}$는 당시에 유행하던 미니멀리즘 미학에 반대하는 운동을 시작하려 했을 때 운동을 어떻게 시작해야 하는지를 몰라 사람들에게 물어봐야 했다. 그의 생각에 공감하는 충분히 많은 수의 화가들이 모여 패턴과 장식$^{Pattern\ and\ Decoration,\ P\&D}$을 결성했다. 내 견해로 P&D는 적어도 미국에서 일어난 유의미한 예술 운동으로서는 마지막이었다.

나는 휘트니 비엔날레가 뉴욕 사람들에게 예술이 나아가고 있는 방향을 어떻게 보여주었는지를 기억한다. 이에 대해서는 오랫동안 그린버그가 권위자였다. 그러나 1984년 무렵 그린버그의 치세는 거의 막을 내렸다. 이제 예술 운동들 대신에 페미니즘 같은 정치 운동들이 전시 공간을 요구하기 시작했다. 다문화주의는 운동이라기보다는 흑인, 아시안, 아메리카 원주민, 동성애자의 예술을 다루려는 큐레이터의 결정에 더 가까웠다. 1983년 ― 내가 미술평론가가 된 해 ― 의 비엔날레를 보았을 때, 나는 전시된 작품들이, 미술계의 표현을 인용하자면 앞으로 일어날 일을 보여주지 않는다고 느꼈고, 그렇다면 앞으로 어떤 일이 일어날지에 대한 의문이 들었다. '앞으로의 큰 일'은 갑자기 미궁에 빠진 듯 보였다. 예술 집단은 떠오르고 있거나 이미 떠오른 재능 있는 개인들을 모아놓은 커다란 풀장으로 변했고, 점점 더 강력한 권한을 행사하는 큐레이터들이 그들을 굽어보고 그들의 취향과 노력을 홍보했다.

오늘날 '무엇이 예술인가'라는 질문은 지난 역사의 그 어느 순간에서보다도 특별한 질문이 되었다. 이는 특히 20세기 말에 예술이 자신의 내적 진실을 본격적으로 드러내기 시작했기 때문이다. 마치 수 세기 동안 점진적으로 발전하던 예술이 마침내 그 본질을 드러내기 시작한 것 같았다. 헤겔의 명저《정신현상학》에서, '정신Spirit'은 탐구를 끝내고 마침내 자신이 무엇인지를 발견한다. 예술은 그의 철학에서 철학 및 종교와 함께 정신의 구성 요소다. 어떤 면에서 지금까지의 나의 분석은 그 독일어 제목인 "Phänomenologie des Geistes"와 통하는 면이 있다.[20] 지금까지 나는 스스로 문제를 제기할 수 있는 지점에 도달하기까지 큰 보폭으로 현대 예술의 역사를 되짚어보았다. 그리고 예술에 대한 사고에는 예술이란 무엇인가에 답을 해주는 어떤 것이 있음을 확인했다.

나는 이 문제에 어느 정도 가장 큰 기여를 했다고 생각하는 두 명의 중요한 예술가를 분석하고자 한다. 1915년의 마르셀 뒤샹과 1964년의 앤디 워홀이 그들이다. 두 사람 모두 예술 운동과 관련이 있었다, 뒤샹은 다다이즘과, 워홀은 팝아트와 관계가 있다. 두 운동은 저마다 어느 정도 철학적이었는데, 사람들이 예술의 본질과 분리할 수 없는 부분이라 생각했던 조건들을 예술의 개념에서 제거했기 때문이다. 다다이스트였던 뒤샹은 다다이즘의 원리에 입각하여 더 이상 아름다운 예술을 생산하지 않으려 했다. 거기엔 정치적 이유가 있었다. 그건 부르주아에 대한 일종의 공격이었다. 다다이스트들은 부르주아가 세계대전의 원흉이라 생각했기 때

---

20 'Geistes'란 말에는 정신이 변증법을 통해 예술, 종교, 철학을 거쳐 절대정신에 이른다는 헤겔 철학이 반영되어 있다.

문이다. 다다이즘의 많은 멤버들이 취리히에서 전쟁이 끝날 때까지 활동했으며, 뒤샹의 경우에는 1915년부터 미국이 참전한 1917년까지 뉴욕에서 다다이즘을 추구했다. 그가 〈모나리자〉의 엽서에 그린 콧수염은 아름다운 여인의 그 유명한 초상화를 '추하게 변질시켰다'. 1912년 — 그가 입체파 전시회에서 〈계단을 내려오는 누드 No. 2〉를 내리라는 압력을 받은 그해 — 에 뒤샹은 화가 페르낭 레제와 조각가 콘스탄틴 브랑쿠시와 함께 파리 근교에서 열린 에어쇼에 참석했다. 여러 사료들 중 하나인《마르셀 뒤샹: 세기의 예술가 Marcel Duchamp: Artist of the Century》에 따르면, 세 예술가는 문득 나무로 만든 커다란 비행기 프로펠러가 있는 곳에 이르렀다고 한다. 뒤샹은 "회화는 볼 장 다 봤어"라고 말한 후 프로펠러를 가리키며 이렇게 덧붙였다. "누가 저 프로펠러보다 더 나은 일을 할 수 있을까? 말해보게, 자네들이 할 수 있나?" 어쩌면 그 프로펠러는 속도를 상징했는지 모른다. 미래파 화가들 — 그리고 뒤샹 본인 — 은 속도를 근대성의 특징으로 여겼으니 말이다. 혹은 어쩌면 비행을 의미했는지 모른다. 비행은 아주 신기한 일이었다. 혹은 어쩌면 힘을 의미했는지 모른다. 일화는 거기에서 끝났다. 그러나 이는 예술작품을 기계와 비교하거나 대조한 최초의 언급이었다.

어쨌든 그 프로펠러는 뒤샹이 '레디메이드 readymade'라 부른 것의 예는 아니었고 그럴 수도 없었다. 뒤샹은 어느 옷가게 창문에서 '레디메이드'라는 표현이 '맞춤복'과 대조를 이루고 있는 것을 보고 따왔다. 이는 1915년, 즉 〈계단을 내려오는 누드 No. 2〉 덕분에 유명인이 되어 뉴욕항에 도착한 해였다. 그는 언론과의 인터뷰에서 회화는 유럽의 것이라, 유럽 미술은 대체로 "볼 장 다 봤다"라는 식으로 말했다. 그는 기자들에게 이렇게 말했다. "미국이 유럽의 전통에 기초하여 모든 것을 하려고 애쓰는 대신 유럽의 예술이 끝장났다는 것, 죽었다는 것을 깨닫는다면, 그리고 이곳이 미래의 예술을 주도할 나라라는 것을 깨닫는다면 얼마나 좋겠는가······ 저 마천루들을 보라!" 그는 나중에 다리도 보태고, 또 그 악명 높은 미국의 배관 설비도 포함시켰다.

또한 1915년에 뒤샹은 콜럼버스 애비뉴의 철물점에서 눈삽을 구입하고는 고객인 월터 아렌스버그Walter Arensberg의 아파트까지 어깨에 메고 갔다. 그는 그 삽에 "팔이 부러지기 전에in advance of the broken arm"라는 제목을 붙이고[21] 손잡이에 세심하게 그 글귀를 써 넣었다. 여러 해가 지난 후 그는 〈'레디메이드'에 대하여〉 — 뉴욕 현대미술관에서 행한 연설 — 에서 다음과 같이 말했다. "내가 진심으로 밝히고 싶은 요점은, 이 '레디메이드'들의 선택이 심미적 즐거움에 따른 것이 아니라는 점이다. 나는 좋거나 나쁜 취미가 완전히 부재한 상태에서 (······) 사실 완전히 마취된 상태에서, 시각적으로 무관심한 반응에 기초하여 그것들을 선택했다." 뒤샹은 자신이 '망막의 미술'이라 명명한 것, 즉 눈을 만족시키는 미술을 깊이 혐오했다. 그는 쿠르베Courbet 이래로 대부분의 미술은 망막적이라고 생각했다. 그러나 눈을 만족시키기보다는 우리의 사고방식을 심화시키는 일에 훨씬 더 관심이 많은 다른 종류의 예술 — 종교적 예술, 철학적 예술 — 도 분명 존재했다.

연도에 주목하라. 1915년은 제1차 세계대전 — "모든 전쟁을 끝내기 위한 전쟁" — 이 일어난 이듬해였고, 뒤샹은 미를 욕보임으로써 다다이스트로서의 의무를 수행하고 있었다. 그런데 '취미'를 공격할 때 그는 임

---

[21] 뒤샹은 종종 그의 레디메이드에 유머러스한 제목을 붙였는데, 위의 제목은 눈을 치울 삽이 없다면 사람이 넘어져 팔이 부러질 수도 있음을 암시한다.

마누엘 칸트, 데이비드 흄, 화가 윌리엄 호가스 같은 철학적인 저자들이 미학 이론의 중심으로 삼았던 개념에 이의를 제기하고 있었다. 게다가 뒤샹이 창조한 20점의 레디메이드는 모두 생활세계에서 사물을 가져와 예술작품으로 내놓은 것들이었기 때문에, 예술의 개념에서 기술, 솜씨, 그리고 무엇보다 예술가의 눈과 관련된 모든 것이 배제되고 있었다. 결국 다다이즘이 미를 욕보인 것은, 단지 부르주아가 전쟁을 일으켜 유럽을 전쟁터로 만들고 수백만의 젊은이를 죽게 만들었으니 그들을 응징해야겠다고 내린 결정이 아니었다. 레디메이드는 말장난이 아니라 그보다 훨씬 더 큰 의미를 지니고 있었다. 뒤샹이 "나는 레디메이드란 개념이 내 작품에서 나올 수 있는 단 하나의 가장 중요한 개념이 아니라고는 결코 생각할 수 없다"라고 말한 것도 그리 놀랍지 않다. 분명 그 개념은 예술을 정의하는 일에 관심을 쏟는 나 같은 철학자들에게 몇 가지 문제를 던져주었다. 예술의 경계는 어디인가? 어떤 것이나 예술이 될 수 있다면, 무엇이 예술과 예술이 아닌 것을 구분하는가? 무엇이든 예술이 **될 수 있다**고 해서 모든 것이 **예술이라**고 결론지을 수는 없다고 간단히 생각하고 넘어갈 수도 있지만, 썩 위로가 되지 않는다. 뒤샹은 플라톤에서부터 현재까지, 미학의 역사 전체를 다시 써야 한다고 선언했다.

가장 유명한 레디메이드는 소변기로, 변기의 등이 바닥에 눕혀져 있고 테두리에 "R. Mutt 1917"이라는 가짜 서명[22]이 휘갈겨 써져 있다. 1917년은 미국이 전쟁에 참가하고 알프레드 스티글리츠의 291화랑(뉴욕 5번가 291번지에 위치해 붙은 이름이다)이 문을 닫은 해였다. 뒤샹은 이 소변기를 독

---

22 뒤샹이 직접 써넣은 것이다.

립미술가협회가 후원하는 전시회에 출품했는데, 이는 그 단체에 압력을 가하겠다는 의도가 크게 작용한 듯하다. 그 단체의 방침은 화가가 참가비를 내면 무엇이든 전시할 수 있는 대신 상 같은 건 전혀 주지 않는다는 것이었다. 이는 사실 프랑스 독립미술가협회의 방침과 같았다. 이들의 방침에 따르면 그 회원들은 미술아카데미의 회원일 필요가 없었다. 그러나 오늘날 많은 사람이 알고 있듯이, 독립미술가협회는 뒤샹이 **샘**이라는 반어적인 이름을 붙인 그 작품을 거부했다. 협회장은 어떤 예술작품이라도 받아줄 수 있지만 소변기는 배관 설비지, 예술작품이 아니라는 말로 거부를 정당화했다.

291화랑은 현대 미술에 헌신한 선구적인 화랑으로, 존 마린John Marin, 마스던 하틀리Marsden Hartley, 찰스 데무스Charles Demuth, 스티글리츠의 아내인 조지아 오키프Georgia O'Keeffe 등의 작품들을 전시했다. 스티글리츠 본인도 예술가였다. 사진도 예술이라면 그의 사진도 예술작품이기 때문이다. 그러나 당시에 사진을 예술로 보는 견해는 심한 논란을 불러일으켰고, 어쩌면 바로 그런 이유에서 뒤샹의 후원자들은 그 레디메이드를 291화랑으로 가져가 스티글리츠에게 사진을 찍게 했는지 모른다.[23] 스티글리츠는 풍부한 세피아 색으로 사진을 찍어 변기를 예술작품으로 격상시키고, 마스던 하틀리의 그림 바로 밑에 그 사진을 붙였다. 사진에 찍힌 것은 누가 봐도 등이 평평한 남성용 소변기였고, 뒤샹이 배관설비 가게의 진열장에서 우연히 보고 구입했다고 전해온다. 모트철공소Mott Iron Works에서 제작되었

---

23 사진 자체가 예술작품으로 인정받기 어려우므로, 피사체가 명확히 예술작품으로 인식될 수 있었다는 뜻이다.

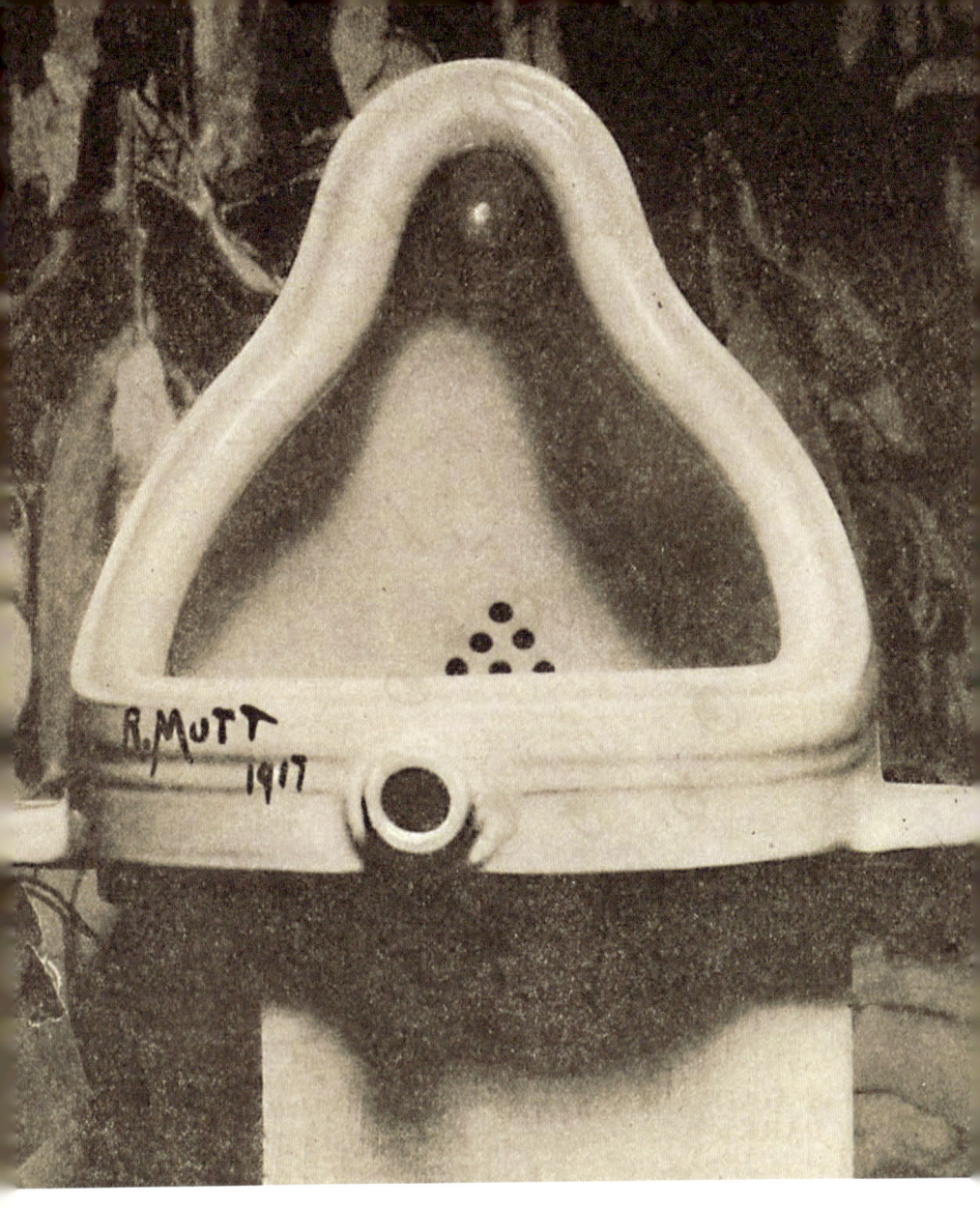

마르셀 뒤샹, 〈샘(fountain)〉(1917), 알프레드 스티글리츠 촬영

다고 알려진 이 모델은[24] 불가사의하게도 지구상에서 완전히 사라진 듯하다. 뉴욕 현대미술관조차도 뒤샹의 중요한 전시회에 쓸 소변기 하나를 찾아내지 못했다. 하지만 적어도 어떻게 생겼는지는 알려져 있다. 등이 좌대 위에 눕혀져 있고 바닥면에 배수 구멍이 나 있어 비록 남성의 편의를 위해 설계된 것이지만 정상위를 할 때 누운 자세를 취한 여자의 모습과 매우 흡사하다. 뒤샹은 떠오르기만 하면 성적인 암시를 거침없이 구사했다. 그의 작품 세계는 철학적으로 의미가 있고, 특히 수백 년 동안 예술의 개념에 본질로 간주되던 미에 대해 깊이 있는 철학적 태도를 보여준다. 17세기부터 화가를 배출한 기관들은 대부분 **보 자르**beaux arts, **벨라스 아르테스**bellas artes 등과 같이 그 명칭에 '아름다운'[25]을 뜻하는 단어가 들어 있었다. 어떤 것이 아름답지 않아도 예술일 수 있다는 생각은 20세기의 위대한 철학적 성과 중 하나다.

'머트 씨'의 소변기를 받아들이지 않기로 결정한 독립미술가협회의 회의에서 아렌스버그는 뒤샹을 옹호하고자 노력했다. "기능상의 목적이 제거된, 멋진 형상이 나타났다. 그러니 어떤 사람이 심미적인 기여를 한 게 분명하다." 사실 뒤샹의 기여는 심미적 기준을 배제하고 예술작품을 만든 데에 있었다. 뒤샹은 〈블라인드맨의 무도회The Blind Man's Ball〉[26]와 연계하여 창간됐다가 곧 사라진 미술 잡지, 《블라인드 맨The Blind Man》에 "리처

---

24 'mutt'가 '잡종 개'란 뜻으로, 뒤샹이 의도적으로 'Mott'를 'Mutt'로 바꾸었으리라 짐작할 수 있다.
25 'beaux', 'bellas'는 각각 '아름답다'는 의미의 프랑스어와 스페인어다.
26 1917년 5월 25일 맨해튼의 웹스터홀에서 열린 댄스 행사로, 잡지를 구입한 사람에게 할인권이 제공되었다.

드 머트 사건"이라는 제목의 글을 기고했다. 그 내용은 이러했다. 머트 씨가 그 샘을 손으로 직접 만들었는지 아닌지는 조금도 중요하지 않다. 그는 그것을 **"선택"**했다. 그는 실생활에서 어떤 물품을 취한 뒤, 새로운 제목과 관점을 부여하여 그 물품의 실용적 의미가 완전히 사라질 수 있는 장소에 그것을 놓았고, 그럼으로써 그 사물에 대한 새로운 생각을 창조했다. 그는 다음과 같이 자신의 글을 마무리했다. "배관으로 말하자면 (……) 미국이 제공해온 유일한 예술작품은 미국의 배관 설비와 다리이다." 마천루처럼 이 둘도 훌륭하고 실용적인 물건이다. 아렌스버그의 표현을 빌리자면, 이것들은 심미적인 기여를 하는 물건이 아니다. 등이 바닥에 눕혀져 있다는 것은 "그 실용적 의미가 사라졌음"을 확실히 보여준다.

예술의 정의에 대한 앤디 워홀의 기여는 한 편의 글이 아니라, 일련의 조각품을 통해 이루어졌다. 그 조각들은 1963년 실버팩토리에 입주한 직후에 시작한 첫 번째 프로젝트의 결과였고, 이듬해 봄, 현재 휘트니미술관의 74번가 쪽 입구 자리에 위치한 스테이블화랑에 전시되었다. 〈브릴로 상자Brillo Box〉는 우리로 하여금 두 언어 — 예술의 언어와 현실의 언어 — 를 다룰 수 있게 해주었다는 점에서 일종의 로제타석이다. 내가 《일상적인 것의 변용》에서 전개한 예술의 부분적인 정의는 이 주목할 만한 오브제가 불러일으킨 문제들을 깊이 숙고한 결과였다.

워홀의 시대라 불러도 좋을 법한 시대 이전까지 미국의 주요 미학자들은 루드비히 비트겐슈타인이 《철학적 탐구》에 제시한 유명한 분석에서 큰 영향을 받고 있었다. 비트겐슈타인은 철학적 정의를 찾는 데에 대해 강력한 반격과도 같은 것을 만들어냈는데, 이는 적어도 플라톤의 《대화편》

에 묘사되어 있듯이 소크라테스가 철학에 공헌한 방식이었다. 《대화편》에 수록된 대화들은 대개 소크라테스가 다양한 아테네 시민들과 나눈 토론이며, 예술 — 그리스에는 이에 해당하는 단어가 없었다[27] — 을 비롯하여 그 문화에 속한 모든 사람이 단어의 용법을 알고 있는 정의, 지식, 용기 등의 개념을 다루고 있다. 만일 고대 그리스에 사전이 있었다면 그 정의들이 등재되어 있었을 테지만, 소크라테스가 다루고 있는 그 항목들은 모든 사람이 일상의 대화에서 사용하고 있었기 때문에 아무도 사전을 들춰보진 않았을 것이다. 그중 하나인 《국가》는 일종의 이상 사회를 다룬 대화로, 그 주제는 정의다. 소크라테스는 케팔로스^{Cephalus}라는 이름의 나이 많은 상인에게 정의란 무엇이라고 생각하는지를 묻는다. 케팔로스는 정의란 빚을 갚는 것이고 약속을 지키는 것 — 분명 정직한 상인의 규약이다 — 이라고 대답한다. 그러자 소크라테스는 반례를 제시한다. 미친 사람에게 무기를 돌려주는 것은 정당한가? 사실 무기는 그의 것이고, 그는 그것을 소유할 권리가 있다. 그러나 무기는 위험하고, 우리는 무기의 주인이 그것을 언제 사용해야 하는지를 안다고 장담할 수 없다. 대화의 형식은 명제, 반反명제, 그리고 반명제에 비추어 수정된 명제로 이루어지면서, 대화가 더 이상 나아갈 데가 없을 때까지 계속된다. 《테아이테토스》에서 소크라테스와 재능 있는 젊은 수학자는 지식을 참된 믿음으로 정의하지만, 그것으로는 부족하다는 것을 깨닫는다. 근래에 인식론자들은 몇 가지 조건을 추가했지만, 문제가 해결되었다고는 아무도 생각하지 않는다. 소크라테스는 《국가》 제10편에서 예술을 모방으로 정의하는데, 분명 그리스의

---

27 '예술'이란 말의 기원은 기술을 가리키는 그리스어 'techne'로 거슬러 올라가며, 라틴어에는 'ars'가 있다.

조각상을 염두에 두었을 것이다. 당연히 소크라테스는 반례를 수색하고 재빨리 하나를 발견한다. 거울은 쉽게 상을 제공하고, 그 상은 어떤 사람이 그린 것보다 더 훌륭하다.

일반적으로 사람들은 정의가 무엇인지 또는 지식이 무엇인지를 안다. 《테아이테토스》에서 지식의 정의는 두 조건으로 이루어져 있지만, 인식론은 그 이외의 조건들을 찾는 것을 대단히 중요한 과제로 생각한다. 예술에 대한 소크라테스의 정의는 20세기에 추상주의와 그 뒤를 이어 레디메이드가 당도하자 완전히 붕괴되었다. 의심의 여지없이 서양의 예술작품은 대부분 모방적이었고(그리스어에서 파생한 단어를 사용하자면, 미메시스 mimesis[28]적이었고), 서양의 예술가들은 갈수록 모방에 정통해졌다. 카메라가 발명되고 불과 수십 년 후에 사람의 얼굴이 실물처럼 표현되었지만, 그렇다고 해서 조토나 치마부에의 작품 같은 초기의 모방이 예술로서의 지위를 잃진 않았다. 그럼에도 이제 모방은 더 이상 예술의 정의에 포함되지 않는다. '모던'하고 현대적인 미술에는 반례들이 가득하기 때문이다. 그러나 2,000년 후에 예술이 어떻게 변해 있을지는 아무도 예상하지 못한다! 예술이 이쯤에서 종말을 맞이하지 않는 한 그런 예상은 불가능하다. 소크라테스는 그토록 명민했지만 예술의 미래에 대해서는 거의 말을 하지 않았다. 그는 예술에 관한 한 기본적으로 당시의 상황이 그대로 유지되리라고 상상한 듯하다. 추상주의와 레디메이드는 예술의 정의를 갈수록 어렵게 만든다. 그 때문에 '예술이란 무엇인가'라는 질문이 더 자주, 그리고 종종 더 뜨겁게 제기되어왔다. 모방의 좋은 점은, 일반적으로 사람들이 문화 속에

---

[28] '모방'이란 뜻의 그리스어로 지금도 여러 언어에서 쓰이고 있다.

서 예술을 확인할 수 있다는 데에 있으며, 소크라테스도 그런 문화적 환경 안에서 예술의 정의를 제시했다. 하지만 정의란 과연 얼마나 유용한가? 비트겐슈타인은 정의가 없어도 우리에게 아무 문제가 없기 때문에 정의가 무용하다고 여겨지는 예를 제시한다. 바로 **게임**이라는 개념이다.

우리는 대개 어떤 활동이 게임인지를 어렵지 않게 나열할 수 있다. 그러나 게임들 — 돌차기, 포커, 강강술래, 나무 블록 빼기, 병 돌리기, 숨바꼭질, 사이먼 가라사대, 기타 헤아릴 수 없이 많은 게임들 — 을 나열해놓고 찬찬히 생각해보면, 무엇이 공통점인지를 알아내기가 어렵다. 그에 따라, 비록 아이들은 다양한 게임을 선택하고 노는 데에 거의 어려움을 느끼지 않지만, 우리는 어떻게 해야 게임의 정의를 내릴지 도통 알 수 없다. 혹자는 게임은 놀이이고 그래서 진지하지 않다고 말할지 모른다. 하지만 그것은 정의의 일부가 될 수 없다. 응원하는 팀이 졌을 때 폭동을 일으키는 사람들을 보면 말이다. "그건 게임일 뿐이야"라고 말해준다고 해서 그만두지도 않는다. 그래서 우리는 정의를 알지 못하고, 비트겐슈타인이 주장하듯 정의를 안다고 해서 더 현명해지지도 않는다. 우리가 할 수 있는 일은 기껏해야 **가족 유사성**family resemblance을 찾는 것이다. 자식은 아버지를 닮은 코, 어머니를 닮은 눈을 가질 수 있다.[29] 또는 일련의 것들 — a, b, c, d — 을 상상할 수도 있다. 하지만 a가 b와 비슷하고, b가 c와 비슷하고, c가 d와 비슷해도, a는 d와 비슷하지 않다. 그러므로 정의의 기초가 되는 가장 우선적인 특성은 존재하지 않는다. 비트겐슈타인의 추종자들은 이렇게 생각했다. 게임에 공통적인 특성이 없다니 얼마나 흥미로운가! 심지어 철

---

29 외형적 유사성을 말하고 있다.

학자들도 그 이상을 보지 못했다.

    1956년에 게임의 패러다임을 예술품의 패러다임으로 교체하려는 노력이 출현했다. 모리스 와이츠Morris Weitz는 〈미학에서의 이론의 역할〉이라는 그의 중요한 논문에서 '예술'이 **열린 개념**이라 주장했는데, 백과사전식 박물관에 진열된 물건들의 무한한 다양성을 생각하면 이 주장은 직관적으로 옳게 들린다. 와이츠는 미술보다 훨씬 설득력이 낮은 소설을 예로 들었다. 제인 오스틴의 소설과 제임스 조이스 사이에 매우 큰 차이가 있는 것은 사실이지만, 만일 마네에서 시작해 예를 들어 피카소의 〈아비뇽의 아가씨들〉에 이르는 변화들을 추적해본다면 우리는 시각예술의 역사가 훨씬 더 열려 있다는 것을 알 수 있다. 게다가 시각예술의 경우, 다양한 문화에서 점점 더 많은 예술적 전통들이 내가 예술계Art World라 부르는, 전 세계의 모든 예술품으로 이루어진 세계에 진입할 권리를 획득해왔다. 박물관들의 소장품에 일어난 변화에 비추어 볼 때, 한 사물이 예술품이 되려면 무엇이 필요한가? 한 사물은 어떻게 예술계의 일원이 될 권리를 획득하는가? 미국에서 흑인과 여성은 오랫동안 투표가 금지되어 있었고, 시민으로서의 권리로부터 소외되어 있었다. 의심할 여지 없이 이는 그들이 열등하다는 널리 퍼진 믿음에 기초해 있었다. 그러나 사실 그들이 열등하다는 믿음은 인종차별과 성차별 때문이었다. 백인들의 동조도 있었지만 결국 흑인들이 하나로 단결하여 공민권을 획득했다. 전 세계로 송출된 잔학상 덕분에 결국 남부의 백인 우월주의 운동은 거의 종료되었다. 2008년에 민주당의 대통령 후보 경선은 흑인과 여성의 대결로 치러졌다. 인종차별과 성차별은 오래전에 불법화되었다.

    1960년대에 철학자 조지 디키는 예술 제도론을 전개했다. 그의 이론은 와이츠의 예술론보다 다소 설득력이 높았다.[30] 비판에 대응하여 디키는 다양한 형태의 제도론을 발전시켰는데, 그의 기본 요지는 무엇이 예술인가에 대한 판정은 전적으로 그가 예술계라 칭하는 세계에서 결정할 문제라는 것이다. 디키는 예술계를 나와 다르게 정의한다.[31] 디키의 예술계는 큐레이터, 수집가, 미술평론가, 예술가(당연히 포함되어야 한다), 그리고 이런저런 방식으로 삶이 예술과 관련되어 있는 사람들로 이루어진 일종의 소셜 네트워크다. 따라서 예술계가 어떤 것을 예술작품으로 선포하면 그것은 예술작품이 된다. 머트 씨가 소변기를 눕혀 놓기로 선택했다는 뒤샹의 아이디어는, 소변기를 배관 시설에서 하나의 예술품으로 변형시켰다. 그러나 예술계의 일원들이 어떤 것을 예술로 판정한다면 여기에도 어떤 이유가 있어야 한다. 예를 들어, 아렌스버그는 뒤샹이 소변기의 미를 부각시키려 했다고 생각했다. 혹자는 뒤샹이 소변기를 눕혀놓고 배수 구멍을 여성의 배뇨 구멍으로 보이게 하여 에로티시즘을 부각시키고자 했다고 말하기도 했다. 디키의 생각은 결국 기사 작위와 같다. 누구나 부여할 수 있는 게 아니라 왕이나 여왕만이 부여할 수 있다. 작위를 받기 위해 무릎을 꿇고, 작위를 수여받으면 일어난다. 그러나 그때에도 용을 베었다거나 아가씨를 구했다는 등, 작위를 내리는 이유가 명시된다. 미친 왕은 말에게 기사 작위를 내릴 수도 있다. 그에겐 그럴 힘이 있기 때문이지만,

---

30 모리스 와이츠는 비트겐슈타인의 언어 이론을 예술론에 도입했다. 예술의 본질에 대한 문제를 게임의 본질에 대한 문제와 유사하다고 보았으며, 우리가 예술을 실제로 찾아본다면 어떤 공통적인 성질도 찾지 못하고, 오직 유사성들의 경향만을 보게 될 것이라고 말했다.
31 단토의 '예술계'와 디키의 '예술계'는 근본적으로 다르다. 디키의 예술계는 사회제도 내에서 작동하는 '승인(fiat)'과 관련된 것인 반면, 단토의 예술계는 '승인'이 아니라 왜 하나의 대상이 예술작품이 될 수 있는지를 밝혀내는 '이유(reason)'와 관련된 것이기 때문이다.

그래도 왕은 그 말이 주인을 위험에서 구했다는 등의 이유로 기사 작위를 정당화할 것이다.

플라톤의 대화편 《에우튀프론》에서 소크라테스는 어느 사제의 말에 강한 반론을 제기한다. 사제는 신들이 인간을 사랑한다는 지식에 의거하여 자신은 어떤 행동이 옳은지를 안다고 주장한다. 그러자 소크라테스는 그 행동이 옳기 때문에 신들이 그것을 사랑하는지, 아니면 신들이 그 행동을 사랑하기 때문에 그것이 옳은지를 묻는다. 만일 그 사람들이 옳기 때문이라면, 우리는 무엇이 옳은지를 신들만큼 잘 알 수 있다. 그러나 신들이 그들을 사랑하기 때문에 그들이 옳은 것이라면, 그들이 사실 옳다고 인정해야 할 이유가 어디 있는가? 캐나다의 세관 직원들은 국립미술관장에게 레디메이드가 조각품인지 아닌지를 문의했다. 국립미술관장이라면 누구나 인정하는 전문가이기 때문이었다. 그는 레디메이드는 조각이 아니라고 딱 잘라 말했다. 예술계의 일원이라고 해서 자동적으로 판단이 정당해지는 것은 아니다. 그러므로 예술 제도론이 받아들여지려면 최소한 이런 어려움들이 해결되어야 한다.

그렇다면 와이즈의 이론으로 돌아가보자. 1956년은 예술 이론을 정립하기에 좋은 해가 아니었다. 그해에 추상표현주의가 최고조에 달했다. 그러나 그 후 10년 동안 모든 것이 변했다. 팝아트, 미니멀리즘, 개념미술의 이름으로 과거의 어느 것과도 다른 예술작품들이 출현한 것이다. 화가 바넷 뉴먼은 조각이란 그림을 더 잘 보기 위해 뒤로 물러날 때 부딪히는 물건이라고 정의한 바 있다. 그러던 조각이 1970년대 초에 놀라운 약진을 보였는데, 그 시초는 에바 헤세Eva Hesse였다. 다음으로 로버트 스미슨, 고든 마타 클락Gordon Matta-Clark, 리처드 세라, 솔 르윗, 찰스 시몬즈Charles

Simonds가 등장했다. 마타 클락은 집을 자르고, 스미스슨은 〈나선형의 방파제Spiral Jetty〉를 만들고, 세라는 레오 카스텔리Leo Castelli의 화랑 창고의 벽과 바닥을 주형틀로 사용했으며[32], 르윗은 콘크리트 블록으로 기념비적인 조각을 만들고, 시몬즈는 후에 소호SoHo라 불릴 지역[33]에서 낡은 건물의 벽 틈에다 작은 흙집을 만들어, 거기에 '소인들'이 산다고 주장했다.

　와이츠와 그의 지지자들은 1960년대와 1970년대가 예술이 열린 개념이라는 와이츠의 견해를 더욱 강하게 입증해줄 뿐이라고 말할 텐데, 사실 그의 견해는 때때로 '반反본질주의'로 분류되었다. 반면에 나는 본질주의자다. 실은 예술사의 논리 때문에 예술이 열린 개념인 것처럼 보일 뿐이라고 나는 생각한다. 그리스 예술은 모방적이었지만, 로마네스크 예술은 거의 그렇지 않았다. 추상은 모방이 예술의 본질에 포함되지 않음을 입증한다. 물론 추상도 포함되지 않는다. 사실 우리는 무엇이 포함되고 무엇이 포함되지 않는지를 알지 못한다. 그러나 내가 볼 때, 워홀은 예술이 만들어지는 한 무엇이 예술의 본질에 포함될 수 있는지를 볼 수 있게 해주었다고 생각한다. 문제는 하고많은 사람들 중에서 하필 철학자들이 공통의 시각적 특성을 찾다가 포기하고 예술이 열린 개념이라고 결론 짓는다는 데에 있다. 이제 그들은 더 이상 찾기를 포기한 듯하다. 하지만 나는 예술품에 고유한, 최소한 두 개의 특성을 알고 있고, 바로 이 특성들이 예술의 정의에 속한다고 생각한다. 그러니 우리는 주위를 조금 더 둘러보고 예술작

32　세라는 카스텔리의 화랑 창고에서 첫 번째 개인전을 열었다. 그는 "흩뿌리기(Splashing)"라는 제목으로 액화된 납을 벽과 바닥에 뿌려서 재료의 물질성을 드러내는 과정 미술(Process Art)을 선보임으로써, 전시장을 작업장이자 작품의 일부로 만들었다.
33　맨해튼의 그리니치빌리지를 말한다.

품에 공통된 특성을 찾을 필요가 있다. 비트겐슈타인의 시대에 철학자들은 어떤 창작물이 예술품인지를 아주 자신 있게 판별했다. 예술품을 가려내는 일은 사실 예술품에 크게 달려 있지 않다. 우리가 그것을 예술작품으로 대해야 한다. 우리가 그것을 **미술평론가**처럼 다뤄야 하는 것이다. 우리는 열린 개념보다는 열린 마음을 가질 필요가 있다.

스테이블화랑은 입구에 흑백의 대리석 타일이 깔려 있고, 곡선형의 계단에 반짝이는 황동 난간이 달려 있는, 우아한 화이트스톤 공동주택 1층에 있었다. 건물의 왼쪽에 위치한 화랑은 남작의 저택에나 있을 법한 니스가 곱게 입혀진 마호가니 문 너머에 있었다. 이름은 그대로 물려받았지만 과거에 실제로 그 자리에 있었던 마구간^{stable}과는 완전히 달랐다. 사실 그곳은 뉴욕의 화랑 중에서도 아름답기로 손꼽혔다. 화랑에 들어서면 잘못 들어온 것 같은 느낌이 들었다. 마치 슈퍼마켓의 창고 같아서였다. 가구는 전부 치워져 있었고, 단 두 줄의 판지 상자[34]와 함께 브릴로, 켈로그, 델몬트, 하인츠 등의 상자들[35]이 가지런히 쌓여 있었다. 화랑에서 상자를 구입한 손님들은 매우 기뻐했고, 비닐로 포장된 작품을 들고 거리를 걸으며 사람들의 주목을 끌었다.

각각의 상자는 앤디 워홀과 그의 협력자들이 최대한 노력한 만큼 실제의 포장 상자와 매우 흡사했다. 상자는 목공소에서 워홀의 상세한 주문에 따라 제작되었다. 그들은 실제의 상자를 사진으로 찍은 후, 나무로 제작한 상자 위에 상표를 스텐실하여, 워홀을 도왔던 제라드 말랑가^{Gerard}

---

34 판지로 된 실제의 포장 상자로, 워홀이 전시장에 의도적으로 갖다 놓은 듯하다.
35 워홀이 합판으로 제작한 상자(작품)를 말한다.

Malanga가 말했듯이 그야말로 삼차원의 사진을 만들어냈다. 가끔 보이는 작은 잉크 자국을 제외하면 워홀의 상자들은 실제의 상자와 아주 똑같았다. 실제로 원래의 브릴로 상자의 경우 2세대 추상표현주의 화가인 제임스 하비James Harvey가 디자인한 것이었다. 작품의 요점은 예술과 실생활의 지각적 차이를 배제하는 데에 있었다. 프레드 맥다라Fred McDarrah가 찍은 경이로운 사진에서 워홀은 창고에서 재고 정리를 하는 직원처럼 상자들 사이에 서서 창백한 얼굴로 우리를 바라보고 있다. 잉크 자국이 보인다고 해도 거기에 눈길을 주는 사람은 아무도 없을 것이다.

그렇다면 다음과 같은 의문이 발생한다. 앤디 워홀의 팩토리제 상자Factory-made boxes36는 실제 상자와 어떤 면에서 다른가? 다시 말해, 어떤 눈에 보이는 특성의 차이가 둘을 가르는가? 팩토리제 상자는 나무인 반면에, 실제 상자는 골판지였다. 그러나 그 차이는 얼마든지 뒤바뀔 수 있었다. 팩토리제 상자는 흰색 칠이 되어 있고 네 옆면과 윗면에 디자인이 스텐실 되어 있었는데, 실제로 많은 포장 상자들이 그런 모습이었고, 아니면 평범한 갈색 골판지에 로고만 찍혀 있었다. 실제 포장 상자에는 수세미37가 담겨 있는 반면에 앤디 워홀의 상자에는 아무것도 들어 있지 않았다. 하지만 그는 자신의 상자에 수세미를 가득 채울 수도 있었고, 그렇게 해도 그것은 여전히 예술이었다. 예술계의 일원들이 워홀의 상자를 예술로 구분 지을 수 있었을까? 만일 그들이 그랬다 해도, 그건 단지 추정이었을 것이다. 외적으로 두 상자는 똑같았다.

내 생각을 말하자면, 만일 눈에 보이는 차이가 없다면 **눈에 보이지 않**

36 팩토리(Factory)는 워홀의 작업실 이름이었다.
37 브릴로는 세제가 함유된 철수세미 제품이다.

는 차이가 있어야 하는데, 브릴로 상자 안의 브릴로 수세미처럼 상자에 가로막혀 안 보이는 것이 아니라, **항상** 안 보이는 특성이 있어야 한다. 나는 본질상 눈에 보이지 않는 그런 두 가지 특성을 제시한 바 있다. 나는 예술철학에 관한 첫 번째 저작에서 예술작품은 어떤 것에 **관한** 것이라 생각했고,[38] 그러므로 예술작품은 의미를 갖고 있다고 결론지었다. 우리는 의미를 추론하거나 파악하지만, 의미는 전혀 물질적이지 않다. 그래서 주어와 술어로 구성되는 문장과 다르게, 의미는 그것을 담고 있는 사물로 **구현된다**embodied고 생각했다. 그러므로 나는 예술작품은 **구현된 의미**라고 선언했다. 대부분의 언어철학자들은 의미론에 사로잡혀서, 주어는 술어의 범위 안에 들어와야 한다는 식으로 문장을 분석한다. 비트겐슈타인은 예외다. 그는 젊은 시절에 쓴 위대한 저작《논리철학논고》에서 문장은 그림이고 세계는 그림으로서의 문장들과 일치하는 사실들로 이루어져 있다는 테제를 제시하고, 그 둘이 일치하지 않을 때 어떻게 되는가라는 질문을 남겼다.《논리철학논고》의 첫 문장은 다음과 같다. "세계는 사물들이 아니라

---

[38] 관계함(aboutness)은 단토의 예술철학에서 중요한 개념이다. 예컨대, 수퍼마켓에 있는 브릴로 상자는 관계함이 발생하지 않기 때문에 예술작품일 수 없다. 반면 갤러리에 전시된 워홀의 〈브릴로 상자〉는 관람자와 다양한 방식으로 어떤 관계함이 일어나기에 예술작품일 수 있다. 이러한 관계함은 지각적으로 식별이 불가능하다. 여기서 해석이 요청된다. 단토는 "대상은 오직 해석 아래서만 예술작품이다"라고 말한다. 이러한 관계함과 해석은 이론의 문제이기도 하다. 더불어 단토는 "이론이 없다면 검정 물감은 그저 검정 물감일 뿐 다른 어떤 것도 아니다"라고 주장한다. 관계함, 해석, 이론은 결국 철학의 문제와 관련된다. 예술이 스스로 예술이라고 말할 수 없게 된 상황에서 철학이 그 설명을 하는 셈이다. 물론 조심해야 할 것은 단토가 예술이 철학에 의해 대체된다고는 말하지 않는다는 점이다. 그는 예술의 메타포(은유)가 결코 철학적 설명으로 대체될 수 없다고 강조한다.

사실들의 총합이다." 의미론은 '외연denotation 또는 extension39' 같은 외적 관계를 사용한다. 그러나 예술이 의존하는 관계는 내적이다. 예술작품은 의미를 **구현**하거나, 부분적으로 구현한다. 화가가 중요한 과학 법칙을 기리는 어떤 벽화를 그리기 시작한다고 가정해보라. 그는 한 벽에 똑바로 수평선을 하나 그리고, 맞은편 벽에 점을 하나 그린다. 두 벽은 함께 뉴턴의 운동 제1법칙을 묘사한다. "가해지는 힘이 없다면, 정지해 있는 모든 물체는 계속 정지해 있고, 운동하는 모든 물체는 계속 운동한다."

나는 지금까지 내가 상대적으로 구현에 대해서는 거의 분석하지 않았음을 인정하지만, 나의 직관적으로 이렇게 생각한다. 예술품은 물질로 된 사물인데, 이 사물의 어떤 특성들은 의미와 관련이 있고 어떤 것들은 그렇지 않다. 관람자가 해야 할 일은 의미를 지닌 특성들을 해석하여, 그 속에 어떤 의도된 의미가 구현되어 있는지를 파악하는 것이다. 이에 대해 내가 자주 사용하는 예는 프랑스 혁명이 한창일 때의 한 장면을 묘사한 자크 루이 다비드의 1793년 작품, 〈마라의 죽음〉이다. 마라는 요즘으로 치면 선동적인 블로거로, 자신이 만든 신문 《민중의 친구L'Ami du Peuple》에 글을 실었다. 그는 오빠를 위해 이 권력자에게 청원을 한다며 온 샤를로트 코르데라는 귀족 여성에게 칼에 찔려 숨졌다.[40] 코르데가 그를 칼로 찌를 때 그는 그녀의 오빠를 위한 통행증에 막 서명을 하던 참이었다고 한다. 마라는 혁명을 대표하는 인물이었기 때문에 혁명의 편에 섰던 다비드가 그 사건을 그림으로 남겨야 한다는 인식이 지배적이었고, 그래서 민중이 "다비드여, 붓을 들어라"라고 외칠 때 그에겐 선택의 여지가 없었다.

---

39 '외연'은 영어로 언어학적으로는 'denotation', 논리학적으로는 'extension'으로 표기된다.
40 일설에 의하면 마라에게 암살 음모를 알리겠다며 찾아왔다고 한다.

자크 루이 다비드, 〈마라의 죽음(Marat Assassiné)〉(1793)

그러나 그는 범죄 장면이 아니라, 작품의 의미를 은유적으로 보여주는 장면을 그렸다.

그의 그림에 대하여 다음과 같은 해석이 있다. 다비드는 욕조 안에 있는 마라를 그렸다. 마라는 욕조 안에 꽤 오랫동안 있었다. 따뜻한 물이 그가 앓고 있는 지독한 피부병을 완화해주었기 때문이다. 그의 앞에는 피가 약간 묻어 있는 코르데의 단도가 있다. 마라는 자신을 죽인 도구를 마주하고 죽은 채 쓰러져 있다. 나는 욕조 속의 마라가 무덤 속의 예수와 비견할 수 있다고 해석한다. 그림은 그가 예수처럼 다시 일어설 것임을 암시하지만, 어쨌든 예수가 기독교인들을 위해 죽은 것처럼 마라는 관람자들을 위해 죽었고, 그래서 그는 일반적인 혁명가를 지칭하는 상퀼로트[41]를 위해 순교를 했다고 생각할 수 있다. 그러나 예수가 그 자리에 있는 사람들에게 어떤 것 — 그의 뒤를 따를 것 — 을 기대했듯이, 마라는 혁명을 위해 폭력적인 죽음을 맞이했으므로 관람자인 당신도 그의 뒤를 따라야 한다. 관람자들은 보이지는 않아도 이 그림의 일부다. 다비드는 관람자들이 극히 중요한 순간을 담은 이 강렬한 묘사 앞에 서 있다 생각하고서 그들에게 말을 걸고 있었다. 이 장면은 혁명을 지지하는 관객에게 호소한다. 그 장면이 캔버스 위에 그려졌다는 사실은 작품의 의미에 포함되지 않는다고 봐도 무방하다. 캔버스는 단지 그림을 받쳐주기만 한다. 캔버스는 의미를 구현하는 사물의 일부이긴 해도, 결코 의미의 일부는 아닌 것이다. 구현된 의미가 사물을 예술작품으로 만든다는 설명은 워홀의 작품에서처럼 다비드의 작품에도 적용된다. 사실 이 설명은 예술 전체에 적용된다. 철학

---

41 Sans-culotte. 귀족들만이 입던 반바지(culotte)를 입지 않았다는 뜻으로, 혁명파 중 과격 공화당원을 일컫는다.

자들이 예술품들 사이에 공통되는 특성이 전혀 없다고 가정했을 때, 그들은 단지 눈에 보이는 특성을 찾고 있었다. 어떤 것을 예술로 만드는 것은 보이지 않는 특성들이다.

물론 어떤 특성이 사물의 일부이자, 의미의 일부인 경우도 있다. 편리한 예로 도널드 저드의 조각을 보자. 그의 작품은 대개 일렬로 배열된 균일한 칸들로 이루어져 있고, 종종 관람자를 향해 있으며, 에나멜이 입혀진 판금으로 만들어져 있다. 작품에는 대개 "무제"란 제목이 붙어 있는데, 나의 추측으로 이는 주로 관람자가 작품에 가령 '데스크탑' 같은 특정한 의미를 부여하지 못하도록 하기 위해서인 듯하다. 저드는 그의 작품이 특정한 사물의 모방이 아니라 '특정한 사물' 그 자체로 보이기를 원했다. 그리고 그의 작품으로 인해 이 세상에 소장된 품목들이 풍부해지길 원했다. 그의 능력으로는 모서리를 충분히 날카롭게 만들 수 없었기 때문에 저드는 재료를 기계공장에 보내 제작을 맡겼다. 모서리들은 당연히 조각의 물적 특성이었지만, 또한 작품의 의미 속으로 들어가 그 특수성에 기여했다.

나는 예술의 정의에 들어갈 조건이 더 있을 수 있다고 생각한다. 소크라테스와 테아이테토스가 지식의 정의에서 찾아낸 두 조건에 다른 조건들이 추가되기까지 수천 년이 걸렸다. 그러나 나는 다양한 문화의 미학자들이 나의 정의를 두고 사람들이 이런저런 작품을 보고 감동하거나 반감을 느끼는 이유를 설명하지 못한다고 말하는 것을 상상할 수 있다. 물론 그 미학자들은 그런 것들을 설명하지 않는다. 그들은 특정한 문화의 예술품들을 알아볼 수 있도록 돕지만, 그들의 설명은 문화마다 다르므로 예술의 정의에 속하지 않는다. 예술의 정의는 어느 시대에 만들어졌는지 또는 언제 만들어질지에 상관없이 예술품들이 보편적으로 갖고 있는 예술적

뉴킨 갤러리(뉴욕), 〈Donald Judd: Stacks〉(2013년 9월 26일~12월 24일) 전시 설치 경관.
ⓒTom Powel Imaging. Courtesy Mnuchin Gallery, New York

성질을 포착해야 한다. 우리는 예를 들어 우상이나 주물呪物 같은 예술품을 문화에 따라 어떻게 해석해야 하는지 그리고 그것을 해당 문화의 생활과 어떻게 연결 지어야 하는지를 알아야 한다. 또한 그 예술품은 당연히 해당 문화에 적합한 양식을 갖고 있다. 거기에는 그 문화에 속한 **양식**이 있어야 한다.

이 관점에서 브릴로 상자의 양식을 고찰해볼 가치가 있다. 그 상자는 제임스 하비가 디자인한 것으로, 그의 주업은 상업디자이너였다.

우선 하비의 브릴로 상자는 단지 브릴로 수세미를 넣는 용기가 아니었다. 그것은 브릴로에 대한 시각적 찬양이었다. 오늘날 브릴로가 포르노 소설 같은 노골적인 갈색 포장지에 담겨 유통되는 것을 보면 그 점을 확인할 수 있다. 1964년의 용기와 오늘날의 용기의 차이는 그 시대와 지금의 차이를 무엇보다 더 확연히 보여준다. 1964년의 상자는 물결 모양의 두 빨간색 면을 흰색이 갈라놓으면서 강물처럼 그 사이를 흐르고 상자 전체를 감싼다. '브릴로Brillo'라는 단어는 마치 선언을 하듯 인쇄되어 있는데, 파란색의 자음과 빨간색의 모음 — 'i'와 'o' — 이 흰색의 강 위에 새겨져 있다. 빨강, 파랑, 하양은 애국심을 나타내는 색이고, 물결 무늬는 물과 깃발의 특징이다. 이 색과 무늬는 청결과 의무를 연상시키는 동시에, 상자의 옆면을 애국심과 위생을 상징하는 깃발로 변형시키는 것이다. 흰색의 강은 기름이 씻겨 나가고 그 자리에 청결함만이 남았음을 은유적으로 비춘다. '브릴로'라는 단어는 그 상자에 찍혀 배포되는 다양한 다른 단어들 — 광고 문구들 — 과 함께 흥분을 전달하는데, 그 효과는 데모 참가자들이 들고 있는 깃발과 플래카드 위에 굵직하게 새겨져 있는 혁명이나 시위의 문구와 비슷하다. 이 수세미는 "**특대 사이즈**"고, "**신상품**"이고, "**알루미늄을 금**

방 윤이 나게 해준다". 환희를 전달하는 이 상자는 그 자체로 시각적 수사의 걸작이며, 사람의 마음을 움직여 구매하고 사용하게 할 의도를 담고 있다. 그리고 그 훌륭한 청결의 강은 역사적으로 엘스워스 켈리Ellsworth Kelly와 리언 포크 스미스Leon Polk Smith의 하드에지[42]에 기원을 두고 있다. 앞에서 잠시 언급했듯이 이 디자인은 그 자체의 현재성과 그 사용자들의 현재성을 찬양한다. '펩시 세대'로 불리던 사람들이 현재에 속해 있다는 이유로 축하를 받았을 때와 마찬가지로, 브릴로 수세미의 사용자들도 축하를 받으며 현재에 속해 있었다.

그럼에도 브릴로 상자의 미덕을 만들어낸 요인들은 워홀의 〈브릴로 상자〉를 좋은 예술, 더 나아가 위대한 예술로 만드는 데에는 조금도 기여하지 않는다. 모든 잡화류 상자는 동일한 철학적 특성들을 갖고 있다. 그리고 〈브릴로 상자〉가 보여주는 모든 철학적 요점들은 스테이블화랑 전시회를 위해 제작되었던 그 단조로운 상자들 중 어느 것을 통해서도 똑같이 나타날 수 있음을 기억하는 것이 중요하다. 하비의 상자를 성공하게 만든 요소들은 워홀의 상자에 대한 미술비평에는 침투할 수 없다! 〈브릴로 상자〉에 대한 미술비평은 워홀이 만들었거나 만들 수 있었던 다른 어떤 상자[43]에 대한 미술비평과도 크게 다르지 않다. 철학적으로 볼 때 두 부류의 상자에 존재하는 디자인의 차이는 중요하지 않다. 워홀은 하드에지의 영향을 받지 않았다. 그는 단지 현존하고 있던 화가(하비)의 형식이, 브릴로

---

42   1950년대 말에 미국에서 시작된 기하학적 추상화의 한 경향. '면도칼의 날같이 예리한 테두리'라는 뜻으로, 기하학적 무늬를 명확한 윤곽선과 선명한 빛깔로 나누어 그린다.
43   앤디 워홀은 브릴로 외에도 켈로그, 하인츠 등 여러 브랜드의 상자를 작품으로 변형했다.

가 코셔[44]임을 보증하는(1964년에는 코셔였다) 정통랍비연합의 로고를 옆면에 새긴 채 이미 존재하고 있었기 때문에 그 형식을 재생산했을 뿐이다. 요점은, 하비가 어떤 이유로 그런 상자를 만들었든 간에 워홀은 1964년의 〈브릴로 상자〉로 하비의 결과물을 재현할 때 그와 동일한 이유에 의존하지 않았다는 것이다.

그렇다면 미술비평은 어떻게 말하는가? 미술비평은 상업미술이 그 일상성을 통해 워홀의 미술의 대상이 되었다는 사실에서 출발한다. 워홀은 일상 세계에서 미학적 아름다움을 보았고, 하비와 추상표현주의의 영웅들이 외면하거나 비난했음직한 것들을 높이 찬양했다. 워홀은 일상생활의 표면들, 통조림 식품[45]의 영양과 예측 가능성, 상투어들의 시적인 면을 사랑했다. 언젠가 로이 리히텐슈타인은 나와 함께 있을 때, "정말 멋진 세계 아닌가?"라고 말한 뒤, 앤디 워홀도 항상 그 말을 했다고 덧붙였다. 그리고 그가 전시를 위해 제작한 다양한 포장 상자들을 고려해볼 때, 일상성은 대상을 비교하고 선택할 필요가 없음을 의미한다. 이 접근법은 산업사회에 대해 윌리엄 모리스와 라파엘전파[46]가 보여준 것과 같은 거부에서, 가난한 환경에서 태어나 모든 신제품이 구비된 주방의 온기를 사랑하게 된 사람에게서 기대함직한 승인으로 나아간 철학적인 전환을 보여준다. 그래서 그 상자들은 윌리엄 모리스의 벽지만큼이나 철학적인데, 모리

---

44 kosher, 음식이나 물건이 유대인의 율법에 맞게 만들어져 정결함을 의미한다.
45 앤디 워홀의 초기 대표작인 〈캠벨 수프 통조림(Campbell´s Soup Cans)〉을 일컫는다.
46 전성기 르네상스 시대의 거장인 라파엘로 이전의 순수하고 소박한 이탈리아 미술의 표현을 회복할 것을 표방한 19세기 중엽의 미술운동. 대표적인 작가로 단테 가브리엘 로세티(Dante Gabriel Rossetti), 윌리엄 홀먼 헌트(William Holman Hunt), 존 에버렛 밀레이(John Everett Millais) 등이 있다.

윌리엄 모리스, 〈딸기 도둑(Strawberry Thief)〉(1883)

스의 경우에는 그 추함을 중세풍의 미로 회복시키려는 의도를 보여주고, 워홀의 경우에는 물론 일상의 삶을, 기리기보다는 변형하려는 의도를 보여주었다. 워홀의 상자는 추상표현주의에 대한 반응이었지만, 추상표현주의가 무시했던 것을 대체로 존중하는 성격을 띠었다. 이것이 〈브릴로 상자〉에 대한 미술비평의 일부이며, 그 이상의 비평도 가능하다. 그러나 위에 제시한 미술비평의 두 부분은 완전히 단절되어 있다. 즉, 하비에 관한 설명과 워홀에 관한 설명은 전혀 겹치지 않는다. 워홀에 대한 미사여구는 원래의 브릴로 상자에 대한 미사여구와 직접적인 관계가 전혀 없다.

워홀의 〈브릴로 상자〉가 상업용 브릴로 상자에 관한 것이라고 결론지을 때 하나의 문제가 발생한다. 비록 나는 예술과 현실이 대조를 이루기를 바랐지만, 사실 하비의 브릴로 상자도 미술이라는 사실을 부인하기는 어렵다. 그것은 미술이지만, 상업미술이다. 일단 디자인이 정해지면 수천 개씩 제작된다. 상자는 내용물을 보호하는 동시에 들거나 운반하기 좋게 가벼워야 하고 또한 쉽게 개봉할 수 있어야 하므로 골판지로 만들어진다. 워홀의 상자는 이 중 어떤 것에도 해당되지 않는다. 워홀의 상자는 극소량만 제작되었고, 순전히 예술처럼 보이고 예술로 이해되는 데에 그 목적이 있었다. 실용성이 있다는 이유로 상업미술도 미술임을 부정하는 것은 순전한 속물근성이다. 그 외에도 골판지 상자는 생활세계의 일부이다. 워홀의 상자는 그렇지 않다. 워홀의 상자는 예술계의 일부이다. 하비의 상자는 시각 문화visual culture라고 알려져 있는 범주에 속하지만, 워홀의 상자는 예술 문화high culture에 속한다.

리히텐슈타인은 혁명적인 의제를 가진 화가로, 통속 예술을 화랑에 끌어들이길 원했다. 그때까지 화랑은 순수미술에만 열려 있었다. 그런 의미에서 그는 연재만화에서 따온 그림으로 캔버스를 칠했다. 예를 들어 그의 걸작 중 하나인 〈키스Kiss〉는 제복을 입은 비행사와 빨간 드레스 차림에 빨간 립스틱을 바른 아가씨의 키스 장면을 보여준다. 그러나 이 그림은 혹시 만화책 — 가령, 수천 권씩 팔리던 《테리와 해적선Terry and the Pirates》 — 에 나왔다면 어땠을지 몰라도, 통속적이지 않다. 로이 리히텐슈타인의 그림은 독특하다. 오늘날 우리는 통속 예술에 개방되어 있는 화랑에 만화책의 낱장들을 전시할 수 있지만, 1960년대 이후로는 통속 예술의 **그림**도, 특히 팝아트로 선보이는 경우에 화랑에 전시할 수 있게 되었다. 사람들은 그 재미있는 종이로 음식을 싸거나 커피 찌꺼기를 싸서 버리지만, 로이 리히텐슈타인의 〈키스〉로 그런 짓을 한다면 참으로 야만적일 것이다.

나는 사실 미술사학자가 아니어서 그가 그런 상자를 만들 생각을 할 당시에 무엇으로부터 영향을 받았는지 — 그가 당시에 실제로 어떤 영향을 받았다면 — 에는 관심이 없었다. 여러 모로 확신하건대, 워홀은 철학을 많이 읽진 않았다. 그러나 나는 예술품과 그것을 닮은 사물을 짝지은 데에서 몇몇 철학적 구조들이 엿보인다고 느꼈다. 그의 예술품과 대상은 지각적 구별이 불가능한데, 사실 철학에는 그런 예가 많으며, 특히 꿈과 지각의 내용이 동일할 때 그 둘을 비교하는 경우가 있다. 일례로 르네 데카르트의 《성찰》은 저자가 혹 무엇인가를 확실히 안다면 그것이 무엇인지를 발견하고자 하는 책이다. 《방법서설》에 나와 있듯이 그는 30년 전쟁에 참전했다가 돌아오던 중에 눈에 갇혀 머무른 작은 마을의 여관방에서 놀라운 학문의 기초를 계시하는 영감을 얻었다. 그리고 더 긴요한 일이 없었기 때문에 "내가 가졌던 이전의 모든 견해를 전반적으로 무너뜨리는 일에 열심히 그리고 자유롭게" 몰두했다.

그는 믿음의 층들을 양파처럼 벗겨낸다. "지금까지 내가 최고의 진리성과 확실성을 갖고 있다고 믿었던 것들은 모두 감각으로부터 또는 감각을 거쳐 들어왔다. 그런데 나는 이것들이 가끔 나를 잘못된 길로 인도한다는 것을 알아차렸다. 누구라도 한번쯤은 속아 넘어가는 것에 완전한 신뢰를 부여하지 않기 위해서는 신중함이 필요하다." 이건 지나치게 가혹한 태도일지 모른다. 이상적이지 못한 상황에서는 누구나 실수를 범할 수 있다. 그럼에도 전혀 의심할 수 없는 것들이 있다. "만일 내가 이 손과 이 몸을 부정한다면, 뇌에 장애가 일어나 어둡고 칙칙한 증기가 가득 낀 탓에 극빈자이면서도 자신이 왕이라고 주장하거나 (……) 또는 자신의 머리가 진흙으로 되어 있고 몸이 유리로 되어 있다고 주장하거나 자신이 조롱박이라고 주장하는 정신이 이상한 사람들과 어떻게 한 무리로 분류되지 않을 수 있겠는가?" 하지만 그때 문득 다음과 같은 생각이 떠오른다. 비록 그는 눈에 보이는 종이가 자신의 손에 들려 있다고 확신하지만, "나는, 실제로는 옷을 벗은 채 침대에 누워 있으면서도 이 익숙한 주변 환경에 둘러싸여 옷을 입은 채 난롯가의 이 자리를 점유하고 있다고 얼마나 자주 꿈을 꾸었던가? 나는 깨어 있는 상태와 일상생활에 대한 생생한 꿈을 구분할 수 있는 어떤 확실한 표시도 존재하지 않는다고 분명히 인식한다. 나는 지금 꿈을 꾸고 있다고 거의 확신할 수도 있다."

꿈과 지각을 구분할 수 있는 내적인 방법은 없다. 꿈과 지각은 항상은 아니지만 때때로 구분이 불가능하다. 이따금 나는 실제로 침대에 누워 잠을 자고 있으면서도 컴퓨터 앞에 앉아 글을 쓰고 있다고 꿈을 꾼다. 꿈과 깨어 있을 때의 경험이 구분되지 않는 경우인 것인데, 우리가 본 〈브릴로 상자〉와 브릴로 상자도 그런 경우에 해당한다. 두 상자는 실용적인 — 그리고 철학적인 — 목적의 차이에도 불구하고 외관상 완전히 똑같다. 그리고 그 때문에 첫 번째《성찰》의 첫 부분은 예술품인〈브릴로 상자〉대 일용품인 상업용 브릴로 포장 상자의 경우와 대단히 비슷해진다. 우리는 적어도 눈에 비치는 한에서는 그 예술품과 일상의 브릴로 상자를 구분할 수 없다.

솔 스타인버그의 놀라운 그림들을 생각해보라. 그 안에서 평범한 상자는 완벽한 초상화를 꿈꾸고, 모든 테두리와 모서리가 완벽하게 처리되어 있다. 처음에 워홀은 보통의 판지 상자를 도매로 구입해서 이용하면 자금과 노동을 절약할 수 있을 거라 생각했다. 그러나 그 상자는 테두리와 모서리가 너무 무르고 둥글었다. 그건 그의 눈에 차지 않았다. 그래서 그는 상자를 제작하고 스텐실하는 절차를 밟아야 했다. 스텐실로 완벽한 유사성에는 도달했지만, 상자의 물리적 특성까지 스텐실할 수는 없었다. 판지는 선적을 위해서는 완벽하지만 기하학적으로는 완벽하지 않았는데, 워홀은 자신의 상자에 기하학적 특성들을 부여하기를 원했다. 저드도 인식하고 있었듯이, 예리한 모서리와 테두리는 모두가 꿈꾸는 정밀함이다.

우리가 아는 한 역사상 처음으로 예술을 정의하고자 한 시도에서, 소크라테스는 예술을 모방으로 정의했음을 기억하자. 그에게 혹 직업이 있었다면 조각가로 분류될 수 있겠지만, 그는 예술가가 전혀 필요 없고 차라리 예술가들을 추방하는 게 좋을 수도 있는 이상적인 공화국을 설계했다. 어느 순간에 이르러 소크라테스는 선을 그어 세계를 다양하게 구분한다. 그는 눈에 보이지 않는 높은 세계와 눈에 보이는 낮은 세계를 구분한다. 눈에 보이는 세계 중에서 높은 단계는 목수가 만드는 것들 — 탁자와 의자

― 로 이루어진다. 이 물건들은 개념들과 일치하는데, 그 개념들은 눈에 보이지 않지만 지성의 접근을 허락한다. 눈에 보이는 세계의 가장 낮은 단계에는 그림자와 상(예를 들어, 거울상)이 있다. 플라톤의 시대에 사진은 아직 존재하지 않았지만, 그의 기준에 따라 분류하자면 사진은 현실의 상이 되고, 그림, 나아가 일반적으로 모든 미술도 그렇게 분류된다. 보기에 따라서는 꿈도 이 가장 낮은 단계에 속한다. 꿈은 현실을 재현한다. 꿈은 눈에 보이는 속성들로 이루어져 있지만, 실재하지 않는다. 무슨 말인가 하면, 나는 죽은 아내의 꿈을 꿀 수 있으며, 그 꿈은 유화와 매우 비슷한 방식으로 그녀를 보여준다.

나는 예술과 꿈이 두 위대한 철학적 시각 속에서 유사성을 드러낸다는 사실에 기쁨을 느낀다. 우리는 의미와 구현에 '꿈같음'을 추가할 수 있다. 소설은 꿈과 같고, 희곡도 마찬가지다. 예술은 실제일 필요가 없으며, 실제일 가능성이 있으면 충분하다. 예술과 꿈의 관계에는 강력한 어떤 것이 있다. 목수와 장인과는 대조적으로 그림을 그리는 사람은 사물이 어떻게 보이는지를 알기만 하면 된다. 그들은 궤짝을 만드는 법을 알 필요가 없으며, 그걸 몰라도 궤짝의 그림을 그릴 수 있다. 소크라테스는 공예가들에게는 마음이 약했다. 모방으로서의 예술을 혹평하는 것으로 시작하는 《국가》의 10권에서 소크라테스는 하나의 이야기로 긴 대화를 마무리한다. 영웅적인 용사인 에르는 전투 중에 죽은 것으로 보이는데, 몸이 부패하지 않았고 ― 악취가 풍기지 않았다 ― 그래서 장작더미 위에서 화장되는 대신에 지하로 내려가 사자들의 혼령과 합류한다. 혼령들은 다음 생을 선택하는 법을 교육받는다. "졸업"할 때 그들은 들판으로 나가, 그곳에 널려 있는 삶들 중에서 하나를, 마치 옷을 고르듯 선택한다. 각각의 혼령들은 뒤에 남기고 온 삶보다 더 멋져 보이는 삶을 선택한다. 이 지면에서 모든 혼령을 소개하기는 어렵지만, 한 사람은 살펴보자. 그리스 군이 목마 속에 숨어 트로이 성에 침투할 수 있도록 트로이의 목마를 설계한 에페우스Epeus — 사실 예술가나 마찬가지다 — 는 "모든 예술에 뛰어난" 한 여자 — 여성 공예가 — 의 영혼을 취한다. 다른 대화편인 《정치가The Statesman》에서 소크라테스는, 통치자는 베를 짜는 사람과 같아야 한다고 주장한다. 정치가의 기술은 국가를 구성하는 다양한 실들을 하나로 직조하는 것이기 때문이다. 기술이 더 높은 이유는, 예술보다 유용하기 때문이다. 예술은 단지 외양만을 취급한다.

나는 예술가의 기술과 관련이 있는 또 하나의 조건을 추가하여 과거에 제기했던 예술의 정의 — 구현된 의미 — 를 보완하겠다고 결정했다. 이제 나는 데카르트와 플라톤에 기초하여 예술을 '깨어 있는 꿈'으로 정의하고자 한다. 사람들은 예술의 보편성을 설명하고 싶어 하는데, 나의 직감으로 꿈은 모든 사람이 모든 곳에서 경험한다. 꿈을 꾸려면 잠을 자야 하지만, 깨어 있는 꿈은 우리에게 깨어 있기를 요구한다. 꿈은 외양들로 이루어져 있지만, 그 외양들은 자신의 세계 안에 있는 사물들의 외양이어야 한다. 사실 백과사전식 박물관에 있는 다양한 예술들은 다양한 문화에 의해 만들어진 것들이다.

나는 깨어 있는 꿈에 대하여 이제 막 생각하기 시작했는데, 이 꿈은 공유할 수 있다는 점에서 잠이 들었을 때 꾸는 꿈보다 낫다. 때문에 이 꿈은 사적이지 않으며, 이는 모든 청중이 동시에 웃거나 비명을 지르는 경우를 설명하는 데에 도움이 된다.

다른 이점도 있다. 깨어 있는 꿈이 내가 1984년에 고찰했던 예술의 종말을 뒷받침하는 몇 가지 중요한 문제를 제기한다는 점에서다. 예술의 종말론을 뒷받침하는 논거들 중 하나는, 예술과 현실이 어떤 경우에는 식별되지 않는다는 사실에 기초한다. 나는 만일 예술과 현실이 구별되지 않는다면 우리는 여하튼 종말에 도달한 것이라고 생각했다. 예술과 현실은 원칙상 시각적으로는 동일할 수 있다. 그러나 당시에 나는 그 차이들이 눈에 보이지 않는 성질의 것임을 깨닫지 못했다. 앞에서 우리가 브릴로 상자와 〈브릴로 상자〉가 다른 의미를 다른 방식으로 구현하고 있다는 점에 의거하여 두 상자를 구분했을 때처럼, 그 차이는 눈에 보이지 않는다. 슈퍼마켓의 브릴로 상자는 우리가 그 상자를 분석하면서 알아차렸듯이 상자 위에 그려진 모든 슬로건을 통해 브릴로라는 상품을 찬미한다. 워홀의 〈브릴로 상자〉는 브릴로 상자들을 지시한다^{denote}. 두 상자는 똑같이 생겼다는 점에서 전자는 후자를 구현한다. 예술은 항상 현실과 거리를 둔다. 그러므로 두 개의 상업용 브릴로 상자는 서로를 지시하지 않는다.

차용미술 화가 마이크 비들로$^{Mike\ Bidlo}$의 2005년 작품은 워홀의 〈브릴로 상자〉와 아주 똑같아 보인다. 이는 워홀의 〈브릴로 상자〉가 슈퍼마켓의 브릴로 상자와 똑같아 보이는 것과 같은 이치다. 비들로의 작품은 1964년의 〈브릴로 상자〉를 지시하기에 언급할 가치가 있다. 비들로는 워홀의 〈브릴로 상자〉가 어떻게 만들어졌는지 이해하고 싶었기에 이런 작업을 했는데, 이는 그가 잭슨 폴락의 작품이 어떻게 만들어졌는지 이해하기 위해 잭슨 폴락의 몇몇 작품을 복제했던 것과 같은 맥락이다. 어떤 면에서 워홀의 〈브릴로 상자〉가 1960년대를 규정 짓는 작품이었다면, 비들로의 상자는 1980년대를 규정 짓는 작품이었다.

1968년에 스톡홀름의 현대미술관에서 앤디 워홀의 전시회를 기획

마이크 비들로, 〈워홀(브릴로 상자들, 1964) 아님(Not Warhol(Brillo Boxes, 1964))〉(2005)
레버하우스(뉴욕)에 전시(2010년 7월 1일~9월 11일)
ⓒAndrew Russeth

했던 유명한 큐레이터인 폰투스 훌텐Pontus Hultén은 앤디 워홀이 사망한 후인 1990년에 스웨덴의 룬드에서 목수들에게 100여 개의 브릴로 상자를 만들게 하고서 그것을 진품으로 인증했다.[47] 그의 상자들은 위조품이었고, 보증서도 마찬가지였다. 1964년의 〈브릴로 상자〉가 경매장에 거의 나오지 않던 당시에 그 상자들이 나왔을 때 경매 시작가는 200만 달러였다. 훌텐은 발각되기 전에 사망했다. 인증서가 첨부된 그 상자들은 사실 위조품이었다. 내가 아는 한 그것들은 무가치했다. 그럼에도 그 상자들은 인기가 하늘을 찌르는 듯하다. 사람들은 앤디 워홀의 작품을 구했다며 즐거워하기도 하지만, 또한 그것이 진짜와 쉽게 구분할 수 없는 위조품이라고 말하며 즐거워하는 듯도 하다. 현재 확인된 상자는 네 개다. 그러나 분명히 그 수가 늘어날 테고, 모두 진품과는 다른 의미를 지닌다. 정말이지 예술의 종말처럼 느껴진다!

내 이론이 옳다면 모든 예술작품은 의미를 구현한다. 그렇다고 해서 예술작품들이 외양상 서로 똑같아야 한다는 말은 아니다! 소르본대학에서 강연을 할 때 나는 객석에 앉은 청중들을 나의 아내인 바버라 웨스트먼Barbara Westman의 전시회에 초대했다. 당시 파리의 아르쉬브 거리에 있는 망투 지냑Mantoux-Gignac 화랑에서 그녀의 그림 전시회가 열리고 있었다. 한 청중이 나에게 짧은 편지를 보내 그것이 〈브릴로 상자〉의 전시회가 아니어서 좋았다고 말했다!

사실 예술품들의 외양에 일어난 엄청난 변화로 인해 철학자들은 예

---

[47] 훌텐은 미술계의 권위자였을 뿐 아니라 앤디 워홀과 친했기에 아무도 의심하지 않았다.

술을 열린 개념으로 생각하게 되었다. 케이지가 기여한 점들 중 하나는 〈4분 33초〉가 연주될 때에는 어떤 소음도 음악적 소음이 될 수 있음을 발견한 것이었다. 저드슨 무용단Judson Dance Theater[48]은 샌드위치를 먹거나 치마를 다림질하는 등의 일상적인 행동과 구분할 수 없는 춤 동작들을 연기했다. 그런 경우에, 그 무용수의 동작은 치마 다림질을 의미하고, 그래서 '치마 다림질'이 그녀의 몸으로 구현되는 일이 발생한다. 한 사람이 그저 치마를 다리기만 하는 것만으로는 그 일이 발생하지 않는다. 이때 치마 다리는 행동은 치마의 주름을 펼 의도로 이루어지기 때문이다. 저드슨의 무용수는 그렇지 않았다. 그녀는 일상의 허드렛일과 정확히 똑같은 댄스 스텝을 연기했다. 누가 봐도 그것은 모방적인 예술이었다! 그러나 다림질을 배울 때 약간 모방을 했을지는 몰라도, 무용수가 모방한 현실 속의 동작은 모방이 전혀 아니다! 언젠가 바리시니코프[49]가 마치 미식축구 선수처럼 팔을 뻗으면서 태클을 하는 선수들을 피하는 동작으로 춤을 추었던 기억이 난다. 이전에 나는 그런 것을 본 적이 없었다. 본이 된 미식축구 선수는 단지 다른 선수들의 접근을 막고 있었겠지만, 바리시니코프가 한 것은 그에 대한 모방이었다.

현대의 모방이 꿈같아질 수 있는 것은, 비록 축구선수들도 경기에서 똑같은 동작을 하지만 모방은 축구 경기에서의 동작이 아니라는 사실 때문이다. 그것이 깨어 있는 꿈인 이유는, 무용수가 관객에게 무엇이 모방되

---

[48] 1962년 7월 6일, 개혁적인 젊은 안무가들과 무용수들이 맨해튼에 위치한 저드슨 메모리얼 교회에 모여 창단한 무용단으로, 다양한 미술가와 음악가들이 참여함으로써 무용뿐 아니라 각종 예술 형식의 실험 무대가 되었다.
[49] 구소련에서 망명한 발레리노.

고 있는지를 보여주고, 비록 축구공은 보이지 않지만 대부분의 관객에게 그 동작을 축구 동작으로 해석하게 할 의도로 그렇게 한다는 데에 있다. 그 지각은 남들과 공유할 수 있는 반면, 설령 어떤 사람이 공을 몰면서 달리는 꿈을 꾼다고 해도 꿈은 결코 남들과 공유할 수 없다.

어떤 동작이라도 춤 동작이 될 수 있고 그래서 꿈같음의 성질을 획득할 수 있다. 연기도 마찬가지다. 예를 들어 여배우가 물이 담겨 있는 잔을 마치 칵테일 잔처럼 내놓을 때 그런 일이 발생한다. 그 아무 맛이 없는 내용물을 맛본다는 건 일종의 악몽이다. 예술가들이 꿈처럼 만들기$^{dream\text{-}ify}$ 위해 발견한 다양한 방법들을 모두 열거하기는 불가능하다. 다음 장에서 나는 미켈란젤로의 걸작, 즉 시스티나성당의 아치형 천장에 그려진 위대한 장식화에서 출발하여, 내가 처음에 봤을 때 마치 그림 속의 인물들이 주위에 퍼져 있는 어둠을 드나들고 있는 것처럼 보였던 어느 서사의 장면들을 곁들일 것이다.

2장

복원과 의미

> 시스티나 성당은 도미에의 거대한 드로잉 같다.
> —파블로 피카소

> 훌륭한 제도공이지만 형편없는 화가.
> —장 콕토

이 평가 — 시스티나성당의 천장은 기본적으로 드로잉이고, 도미에가 세피아 물감으로 그린 패널화처럼 단색이라는 평가 — 는 두 사람이 몬테카를로 발레단과 함께 로마에 머물렀던 1930년대에 그 천장이 어떤 모습이었는지를 알려주는 과거의 기록이다. 두 사람은 그 천장이 1994년에 승인된 마지막 클리닝[1] 이전에 어떤 모습이었는지를 우리에게 말해준다. 나는 1996년에 미국의 거장 사이 톰블리의 초대로 로마를 방문했는데, 톰블리는 복원에 열광했고, 복원을 통해 미켈란젤로가 참으로 위대한 화가였음이 입증되었다고 주장했다. 그러나 뉴욕에서 출발하기 전에 나는 그 복원이 재앙에 가까운 실패로 끝났다고 보는 나의 동료, 제임스 벡의 말을 믿고 있었다.

사실 나는 복원 전에 그 천장을 본 적이 있었다. 그때 천장의 상태는 피카소와 콕토가 묘사한 것과 거의 흡사했지만, 내가 느낀 감정은 숭고함이었다. 나는 톰블리와 그의 친구인 니콜라 델 로시오 Nocola Del Roscio를 만나

---

[1] 일본 방송사 NHK의 후원으로 1982년에 시작되어 9년간 진행되었다.

논의하기 전까지 이 문제를 접어두기로 마음먹고 있었다.

전前 바티칸 박물관장, 카를로 피에트란젤리$^{Carlo\ Pietrangeli}$는 복원에 관해 저술한 책의 서문에서, "어두운 방에서 창문을 열었을 때 빛이 방 안으로 쏟아져 들어오는 것을 보는 듯했다"라고 말한다. 그러나 만일 복원으로 인해 그 가상의 더러운 창문을 열기 전에 사람들이 보았던 것의 의미에 변화가 발생했다면 어떻게 되는가? 그렇다면 우리는 미켈란젤로가 실제로 의도했던 것과 관련하여 수백 년 동안 속고 있었을지 모른다. 복원과 관련된 주장들 중에는 과학적인 주장도 있었고 예술사적인 주장도 있었다. 그러나 아무리 찾아봐도 철학적인 주장은 없었다. 나의 정의는 철학의 범위에 들고자 하는 의도에서 나왔기 때문에, 나는 '예술이란 무엇인가'라는, 철학적 이해를 요구하는 관점에서 그 복원을 다루고자 한다.

격렬한 반대 속에 세척 작업이 끝난 후 몇 년이 지났을 때, 심지어 서평을 쓰는 평론가들에게도 서평용 증정본을 빌려주기만 하고 출판업자들이 자랑스럽게 '[배달 사고에 대비하여] 담보를 잡힌 배달인'이라고 말한 사람들에게 배달을 맡길 정도로 엄청나게 값비싼 책 한 권이, 클리닝에 대한 비판에 결정적으로 대응하기 위해 미켈란젤로의 동시대인들이 감상했다고 하는 그 아름다움을 공개했다.

그 책의 홍보 전단은 미켈란젤로가 그린 이브의 유명한 얼굴이 클리닝 이전과 이후에 어떠했는지를 보여주는데, 이 사진이 재미있는 이유는 우리의 내밀한 희망과 고통을 잔인하게 이용하는 '비포 앤 애프터'의 희극적인 병치 — 예를 들어, 왼쪽에는 개구리 오른쪽에는 왕자, 왼쪽에는 50킬로그램의 약골 오른쪽에는 멋들어진 남성성을 과시하는 미스터 유니버스, 앤디 워홀의 1961년 걸작 〈전과 후$^{Before\ and\ After}$〉에서처럼 왼쪽에는 굴욕감을 주는 매부리코 오른쪽에는 미스 아메리칸파이[2]의 오똑한 콧날 — 를 연상시켰기 때문이었다. 이전의 이브가 이후의 이브와 다른 것은 주로, 1710년경에 — 그 위대한 아치형 천장이 완성된 후 약 200년이 지났을 때 — 무분별하게 덧칠한 동물성 아교가 이전의 이브의 뺨에 세모꼴의 큰 반점을 남긴 탓이었다.

그 반점을 포함한 두 이브의 차이들은 거의 극적이지 않아 전과 후의 사진을 대비한 그 책의 포맷을 정당화하기에는 부족해 보였다. 즉, 이후의 이브는 이전의 이브에서 볼 수 없었던 어떤 것도 보여주지 않는 것 같았고, 그 흔적이라는 것도 약 20미터 아래인 성당 바닥에 서 있는 사람들에게는 거의 보이지 않을 듯했다. 이탈리아 통일 전쟁 당시에 포탄이 지붕을 관통해 〈노아의 홍수〉에 꽤 큰 구멍을 냈지만, 머리 위에 펼쳐진 대서사시에 넋을 빼앗긴 사람들은 여기에도 거의 주목을 하지 않았다. 만일 이브의 두 얼굴이 복원 후의 그림을 위해 복원 시에 제거한 것을 보여주는 예였다면, 논쟁이 벌어질 이유는 거의 없었을 것이다. 이브의 얼굴에 대한 어느 누구의 지각도 클리닝으로 인해 크게 변하지 않았다. 사진만 놓고 본다면 미켈란젤로의 작품에 대한 실질적인 해석도 크게 변하지 않았을 것이다. 두 얼굴은 실제로 색조와 따스한 느낌에서 차이가 난다. 하지만 미학적으로는 어느 쪽이 좋거나 나쁘다고 말할 수 없다. 이전의 천장화는 우리가 미켈란젤로의 의도라고 가정했던 것에 가장 잘 부합했다. 그런데 이후의 이브는 이 둘도 없는 명작이 복원 과정에서 엄청난 위험에 노출되었

---

[2] 미국의 싱어송라이터인 돈 맥클레인의 노래에 나오는 구절로 맥클레인의 연인이자 미스 아메리카 선발대회의 참가자를 가리킨다. 또는 미국의 청춘 영화 〈아메리칸 파이〉에 등장하는 어느 미인을 가리키는 것일 수도 있다.

다는 주장을 정당화할 정도로 그 의도에서 크게 멀어졌는가? 이는 간단히 답할 수 있는 문제가 아니었다. 클리닝 전에 어떤 사람들은 거기에 시간의 흙이 묻었다고 보았지만, 다른 사람들은 그 시간의 흙을 미켈란젤로의 표현에서 대단히 중요한 역할을 하는 일종의 형이상학적 황혼으로 보았다. 복원 전에 천장화 속의 인물들은 어둠에서 빠져나오기 위해 애를 쓰거나 어둠 속으로 가라앉는 것처럼 보였다. 이는 마치 교황 율리우스 2세의 영묘를 위해 제작된 몇몇 조각품에서 속박된 노예들이 돌에서 빠져나오기 위해 애를 쓰거나 돌 속으로 가라앉는 것처럼 보이는 것과 흡사해서[3] 천장이 전체적으로 영웅적인 차원을 지녔는데, 이제 이것이 아주 많이 씻겨나갔다는 것이다. 이는 원래의 색들을 발견하기 위해 감수할 수 있다고는 상상조차 할 수 없는 엄청난 손실이다. 특히 플라톤이 말한 것처럼 우리가 동굴에 갇혀 있고 운이 좋은 극소수만이 동굴을 탈출하여 빛으로 나갈 수 있다고 생각한다면 말이다. 그러나 만일 형이상학적 이상화처럼 보였던 것이 단지 양초의 그을음과 향의 연기가 만들어낸 결과였다면, 그 작품은 오랫동안 부당하게 부여받았던 숭고함을 잃어버렸다고 할 수 있다.

따라서 그 비싼 그림책에 실려 공개된, 복원 도중에 찍은 전과 후 사진은 결론을 내기에는 부족하다. 사진은 그라비어인쇄물과 컬러 페이지의 대비처럼 보이는데, 이건 대단히 중요한 범주 착오다.[4] 분명 그 책의 많

---

3 미켈란젤로가 교황 율리우스 2세의 의뢰에 따라 만든 영묘로, 원래 계획보다 축소되어 노예상들이 제자리에 놓이지 못했다. 노예들은 형체의 일부만 조각되거나 미완성인 탓에 속박된 돌에서 빠져 나오기 위해 안간힘을 쓰고 있는 것처럼 보인다.

4 그라비어인쇄는 기본적으로 일반 인쇄물에 비해 색이 바래고 오래된 듯한 느낌을 준다. 책 속의 사진들은 단지 색의 차이를 강조하고 있는데, 이런 식의 대조는 예술작품에는 유효하지 않다는 뜻이다.

은 지면은 매너리즘^Mannerism의 현란한 색으로 그려져 있어 우주론적인 투쟁의 느낌이 거의 다 제거된, 뻣뻣하고 어색한 인물들을 보여준다. 미켈란젤로가 정말로 이렇게 그렸다면 그는 우리가 그동안 믿었던 수준에 크게 못 미치는 화가이고, 그동안의 명성은 말하자면 시간과 더께를 친절한 협력자로 둔 덕분이라는 느낌이 강하게 든다. 그러나 씻겨나간 것이 플라톤의 동굴이 상징하는 암울한 인간의 조건을 나타내는 은유적인 그늘이고, 그래서 그 강화된 색채가 이제 사라져버린 그 의미를 포기하고 얻은 끔찍한 대가라면 어떠하겠는가? 그 인물들을 가까이에서 보면 대단히 조잡하기 때문에, 우리는 미켈란젤로의 작품이 파괴되었다고 주장하는 사람들에게 그 책에 근거하여 쉽게 동의하게 된다. 사실 나는 복원을 비판하는 사람들의 말을 믿고 있었음을 시인한다. 그들 중 한 명은 그 복원을 예술의 체르노빌로 묘사했다. 때문에 나는 신념상 그 성당을 찾아가지 말아야 하고, 끔찍한 소실의 파노라마를 보느니 차라리 과거의 기억을 떠올려야 한다. 또한 내가 보기에는 성당 바닥에서 찾아낸 채색된 작은 회반죽 조각에 근거하여 성당의 천장이 심각한 붕괴 위험에 있다는 주장을 입증한 그 증거도 상당히 의심스럽다. 사람들의 두려움 — 그리고 물욕 — 에 편승하여 어떤 희생을 치르더라도 이 걸작을 청소하고 싶어 한 사람들이 그런 증거를 거기에 심기는 과연 얼마나 어려웠을까?

그러므로 이제 사라진 것이 먼지인가 의미인가를 결정하는 일이 남았다. 바로 여기에서 속박된 노예들이 중요해진다고 나는 생각한다. 그들을 통해 천장의 인물들을 유추해볼 수 있기 때문이다. 노예들은 물질성에서 벗어나기 위해 고투하고 있다. 만일 천장화의 집어삼킬 듯한 어둠이 조각품 중 깎이지 않은 돌에 대응한다면, 천장화의 인물들은 어둠에서 벗어나기 위해 고투하고 있는 중이며, 따라서 천장화의 어둠과 조각의 깎이지 않은 돌은 둘 다 작품의 의미에 필수적이다. 그 조각품의 복원에 대하여 우리는 두 가지 방식을 생각할 수 있는데, 한 방식은 다른 방식보다 훨씬 과격하다. 우선 조각품의 고색古色[5]을 문질러 없애, 밝으면서 약간 때를 벗은 듯하게, 그래서 미켈란젤로의 동시대인들이 보았던 것과 아주 비슷하게 만들 수 있다. 이렇게 하면 의미의 손실은 전혀 없을 테고, 단지 어느 상태가 더 마음에 드는가라는 취미의 문제만 남을 것이다. 다음으로 어떤 사람이 그 깎이지 않은 돌을 깎아내어 미켈란젤로가 의도했던 대로 노예의 형상을 드러내기로 결정했다고 가정해보자. 그는 조각가로서 자신의 목표는 그 형상을 돌에서 해방시키는 것이라고 큰 소리로 선언한다. 그런 뒤 이 가상의 '복원자'는 자신은 단지 미켈란젤로의 의도가 실현될 수 있도록 돕고 있을 뿐이라고 말할지 모른다. 우리는 틀림없이 미켈란젤로의 동시대인들이 본 것과는 다른 조각을 보게 될 것이다. 그러나 훨씬 더 중요한 것은, 깎이지 않은 덩어리가 사라질 때 대단히 귀중한 의미도 사라질 수 있다는 사실이다. 천장의 문제는 그 거무스름함을 쉽게 말하자면 고색으로 읽을 수도 있지만, 깎이지 않은 돌과 형이상학적으로 유사하다는 점에서 의미의 한 부분으로 읽을 수도 있다는 것이다. 나는 언젠가 우피치 미술관에서 한 수위가 "미완성의^{unfinished} 미켈란젤로"에 대해 묻는 관광객에게, "미켈란젤로는 완벽해요, 완벽하다니까요!"라고 답하는 것을 들었다. 'finished'의 반대로서 'unfinished'[6]의 양의성은 눈에 보이는 것만으로는 확실한 판단을 내릴 수 없다. 그러나 또한 먼지와 형이상학의 양의성도

5   오래된 물건의 표면에 생긴 세월의 흔적.
6   '미완성' 또는 미숙함.

우리가 과거에 봤지만 지금은 더 이상 볼 수 없는 것만으로는 확실한 판단을 내릴 수 없다. 따라서 다음의 문제가 다시 고개를 든다. 그 거무스름함은 세월과 혹사의 물리적 결과이므로 진보한 복원 과학으로 제거되어 마땅한가, 아니면 그 작품의 미학적 의도를 구성하는 일부분으로서 오만함에 씻겨나가 만회할 수 없이 손실된 것인가?

석회와 물의 상호작용이 탄산칼슘 표면을 만들어 프레스코에 영속성을 부여하기 때문에 습식 프레스코화[7]는 씻겨나가지 않는다는 말도 일리는 있다. 그렇다면 도자기를 씻는 것과 같다. 그러나 탄화가 끝난 후 물감을 칠하는 건식 기법도 있다. 만일 개개의 프레스코화들이 완전히 응고된 후에 미켈란젤로가 그 형이상학적 해석의 근거가 될 수 있는 재료를 건식 기법으로 덧칠했다면 어떻겠는가? 속박된 노예에 대해 깎이지 않은 돌이 제시하는 조건에 관해서처럼 이 문제도 객관적인 관찰에 호소해서는 쉽게 판단을 내릴 수가 없다. 사실 이것이 그렇게 쉽게 판단할 수 없는 열린 문제였기에 보다 보수적인 방법이 현명했을 것이다. 그 먼지를 제거할 때 우리는 미켈란젤로가 감금된 영혼들의 분투를 빛과 어둠의 어울림을 통해 은유적으로 표현하겠다는 의도를 갖고 거기에 칠해놓은 것을 씻어내버렸을 가능성이 있다. 그렇다면 그 먼지를 제거할 때 우리는 그을음 이상의 어떤 것을 제거하고 있지 않았는가 하는 문제가 부상하게 된다.

이 문제는 어떻게 하면 닫힌 문제가 될 수 있을까? 내가 보기에는 그런 형이상학적인 의도가 미켈란젤로가 천장 전체에 묘사한 그 에피소

---

[7] 회반죽 벽이 마르기 전에 물에 녹인 안료로 그리는 기법을 습식 프레스코 또는 부온 프레스코라고 한다. 이에 반해 벽이 건조된 후에 안료와 접착제를 혼합해서 그리는 기법을 건식 프레스코 또는 세코 프레스코라 한다.

드들의 의미에 필요한가는 물론이고 정말로 부합하는가를 판정해야 할 듯하다. 이 점에 있어 나는 복원의 책임자였던 잔루이지 콜라루치^{Gianluigi} ^{Colalucci}와 다르다. 그는 자신의 초점을 안료의 상태에 한정하고 천장을 물리적 객체로 취급하면서 해석을 피하려고 애를 썼다. "오늘날 미술품 보존에 있어 올바른 작업 방법의 핵심은 객관성이다"라고 콜라루치는 주장한다. "시스티나성당 천장의 클리닝에 관한 논쟁이 폭력적이고 심지어 종말론적인 색깔을 띠었음"에도, 객관성 있게만 진행한다면 ― "한 걸음 한 걸음, 일필 일필" ― 결국 "미켈란젤로 예술의 진정한 성격"을 알 수 있게 된다는 것이다. 또한 콜라루치는 복원가로서의 신조를 이렇게 표명한다. "나는 미켈란젤로의 복원 작업에 접근하는 가장 좋은 방법은 완벽한 수동성이라고 생각한다. (……) 만일 우리가 예술작품을 해석하려 든다면, 클리닝 공정에 제약을 가하는 결과를 초래할 것이다." 이와 반대로 나의 견해는 다음과 같다. 클리닝 공정에는 작품 해석이 반드시 고려되어야 하고, 따라서 콜라루치가 자신의 성과를 변호하려면 그림의 의미를 이루는 그 어떤 것도, 빛과 어둠의 거의 단색적인 어른거림에 기초한 신플라톤주의적인 해석과는 무관하다고 주장해야 한다.

 의도적으로 수동성을 견지해야 한다는 복원자의 의제가 불편한 데에는 이유가 있다. 작품에 관한 질문들에 대해 안료의 상태에만 한정하여 '객관적으로' 답하기 때문이며, 특히 그림 표면의 건식 추가물들이 미켈란젤로의 손으로 직접 칠해졌을 가능성이 있기 때문이다. 그러나 콜라루치는 "9년 반 동안 매일 미켈란젤로의 프레스코화를 접하다 보니, 이런 일이 가능한지 모르겠지만, 화가와 인간으로서의 미켈란젤로에 가까워졌다"라고 선언한다. 그리고 하나님이 빛을 창조하고 있는 그림에서 둥근 태양면의 (복원 전) "평범하고 엷은 황갈색 안료"가 (복원 후) "선명한 황색 불꽃과 짙고 불그스레한 중심부, 그리고 보일 듯 말 듯한 초록의 둥근 빛들이 드러난 덕분에 이제 불타는 용광로처럼 밝게" 보인다고 강조한다. 나로서는 그가 실제로 클리닝을 통해 화가이자 인간으로서의 미켈란젤로에 더 가까워졌음을 부인할 이유가 전혀 없지만, 이는 단 그 화가가 기본적으로 채색과 화가이고 그 인간이 기본적으로 사물의 모습을 정확히 표현하는 데에 관심이 있었다면 — 미켈란젤로가 인상파 화가와 같은 부류이고 이것이 복원 중인 모네의 작품이라면 — 그렇다는 말이다.

 콜라루치가 "화가와 인간으로서의 미켈란젤로"에게 얼마나 무심했는지는 중앙 천장에 일렬로 배치된 유명한 그림들의 순서를 묘사할 때 드러난다. "미켈란젤로는 시스티나성당 천장에 그 장면들을 역순으로 그렸다. 즉, 그는 〈노아의 홍수〉로 시작했고 천지창조의 첫째 날을 맨 마지막에 그렸다." 다시 말해 줄거리의 끝에서 시작하여, 줄거리의 시작으로 끝냈다는 것이다. 그러나 미켈란젤로는 〈노아의 홍수〉로 시작하지 않았고, 그 순서가 〈노아의 홍수〉로 끝나지도 않는다. 그의 작업은 〈술 취한 노아〉로 시작했고, 아홉의 에피소드는 거기서 끝난다. 〈노아의 홍수〉는 제작된 순서로는 두 번째고, 〈천지창조〉로 시작하는 거대한 이야기의 순서로는 여덟 번째다. 〈술 취한 노아〉는 미켈란젤로가 그의 대업을 시작할 때 얼마나 매너리즘에 충실한 화가였는지를 보여준다. 콜라루치는 자신의 이야기에서 이 작품을 빠뜨려, 미켈란젤로가 천장화를 그리는 동안 그의 양식이 어떻게 발전했는지를 추적하기 어렵게 만들고, 나아가 그의 계획을 한층 더 추적하기 어렵게 만든다. 어쨌든 미켈란젤로는 마지막이 되어야 할 그림을 다른 모든 에피소드보다 먼저 그렸다.

미켈란젤로, 시스티나성당 천장 벽화(1508~1512)

처음 콜라루치의 문장을 본 순간 말문이 막혔다. 9년 반, 일필 일필이라던 수석 복원가가 시작과 끝을 혼동하다니! 내가 보기에 태양이 복원을 거쳐 아무리 그럴듯해졌다 해도, 이 순서를 혼동하는 사람은 모든 것을 혼동할 수 있다. 그리고 나는 객관성을 이상理想으로 착각한 대가를 떠안게 된 이 희생물에게서 낭비와 손실, 더 나아가 비극을 느꼈다. 그 오해는, 객관성은 일필 일필, 일 인치 일 인치의 문제라는 믿음에서 온다. 그러나 사실 객관성이라는 의제는, 미켈란젤로를 우리가 타당한 이유에 근거하여 믿고 있는 것과 아주 다른 부류의 화가로 보는 견해의 인질에 불과하다. 나비파[8] 화가인 모리스 드니는 유명한 환원주의적 주장에서, "그림은 군마, 여성의 누드, 또는 어떤 일화이기 이전에 기본적으로 색들을 어떤 순서로 조합하여 입혀놓은 평평한 표면이다"라고 말했다. 내가 느끼기에 이는 "표면을 질식시키고 있던 우중충한 베일"을 벗겨 마치 그 그림을 구조한 듯 행세한 콜라루치의 태도를 정확히 정의한다. 색칠된 반점들로 돌아가라, 그러면 의미는 자연히 해결될 것이다!

여기에서 잠시 중단하고 시스티나의 천장에는 "평평한 표면"이 전혀 없다는 사실을 생각해보자. 그 공간은 〈열왕기 상〉에 묘사된 솔로몬의 성전의 비율 — 길이가 높이의 두 배고 폭의 세 배다 — 에 따라 건설되었다. 그 성전은, 하나님이 자신의 거처로 긴요하다고 보고 직접 세운 이동식 장막을 모델로 했다. 장막은 일종의 텐트였으며, (내가 보기에) 식스투스 4세[9]가 시스티나성당을 완공했을 때의 천장에 들어간 복잡한 굴곡이 그 점을 암시한다. 당시 천장에는 복잡한 기하학이 적용된 덮개가 있었다. 원

---

[8] 19세기 후기의 프랑스 화가의 집단. 인상파와 달리 순수하고 선명한 색채를 강조했다.
[9] 15세기에 시스티나 성당을 지은 교황.

래의 장식화는 황금빛의 별들이 흩뿌려져 있는 파란 하늘로, 칸트의 표현을 인용하면 "별이 총총한 머리 위의 하늘"을 열린 구멍을 통해 올려다보는 느낌을 주었다. 교황 율리우스 2세는 보다 '현대적인' 장식화를 원했고, 우리는 미켈란젤로가 그림의 모티프들을 구체화할 때 그 굴곡들을 이용했다고 알고 있다. 그는 성당의 천장을 가상의 열린 하늘에서, 가상의 원주들이 가공의 천장을 떠받치고 있는 가상의 건조물로 변형시켰다. 어쨌든 **하늘**에 그림을 걸 수는 없었다! 그리고 그는 그 굴곡진 공간들을 그림으로 장식하는 방법들을 찾아냈다.

이 굴곡들은 그의 그림에 어느 정도까지 기여했을까? 이건 평평한 캔버스에 그림을 그린 모리스 드니에게는 문제가 안 됐을 것이다. 파리의 미술용품점에서 파는 캔버스들은 항상 평평했고, 평평함은 그림이 상호작용할 수 있는 성질이 결코 아니었다. 이미지는 테두리와는 상호작용할 수 있어도 표면과는 그럴 수 없다. 캔버스의 표면은 항상 거의 똑같기 때문이다. 반면에, 뒤에서 보겠지만, 굴곡진 면은 그림과 상호작용을 할 수 있었다. 비록 미켈란젤로가 천장의 굴곡들에서 그 가능성들을 알아보기까지는 시간이 걸렸지만 말이다. 미켈란젤로가 이 굴곡들을 활용했다는 사실은 그의 업적에 대한 동시대인들의 평가에 명확히 드러나 있다.

요나의 형상을 살펴보자. 그 형상은 천장의 이야기에는 포함되어 있지 않지만, 미켈란젤로가 마지막에 그린 에피소드들(앞에서 얘기했듯이 이야기의 순서로는 가장 먼저인 에피소드들)과 같은 양식으로 그려져 있다. 요나가 있는 위치는 〈최후의 심판〉의 바로 위, 두 개의 삼각 궁륭에 접한 공간이자, 한쪽 끝이 잘린 약간 둥그스름한 세모꼴의 오목한 표면이다. 만일 그 공간을 추상적으로 생각한다면, 엘스워스 켈리의 몇몇 작품에서 볼 수 있

미켈란젤로, 〈요나〉, 시스티나성당 천장 벽화(1508~1512) 부분

는 것과 다소 비슷한, 평평하지 않은 삼차원의 캔버스일 것이다. 미켈란젤로는 그 선지자가 세모꼴의 오목한 곳에서 몸을 뒤로 힘차게 기울이고 있는 모습을 그렸다. 콘디비^{Condivi}를 비롯한 미켈란젤로의 동료들이 놀란 것은 다음과 같은 이유에서였다. "안쪽으로 향한 상체가 보는 사람의 눈에서 가장 가까운 곳에 있고, 바깥으로 뻗은 두 다리가 눈에서 가장 먼 곳에 있다. 단축법과 원근화법으로 선을 그리는 능력과 지식이 얼마나 뛰어난 사람인지를 분명히 보여주는 굉장한 작품이다." 물리적 표면과 그림의 눈속임은 사실상 정반대이며, 이 때문에 바사리^{Vasari}[10]는 그 요나의 그림을 위대한 시스티나 천장의 "정점이자 축소판"으로 보았다. 요나가 그 천장에서 탈출하기 위해, 다시 말해 속박된 노예들이 돌에서 탈출하여, 사실상 다시 태어나기 위해 분투하고 있듯이, 천장의 물리성에서 탈출하기 위해 분투하고 있는 것은 아닐까? 나는 일필 일필의 절차가 이 질문에 답을 할 수 있으리라고는 생각하지 않는다. 내가 보기에 이 질문은 해석 ― 정확히 말하자면, 추론에 의한 미술비평 ― 에 의거해서만 답을 할 수 있다. 일필 일필의 절차는 답을 하지 못한다는 것이 나의 주장이다.

한편 콘디비의 묘사에서 색이 아무 역할도 하지 않는다는 사실에 주목하기 바란다. 내가 말하고자 하는 바는, 단축법과 원근법은 일차적인 밑그림에 적용되는 기술이고 "밑그림의 기술인 빛과 어둠", 즉 명암 배합의 효과를 통해 증대되는데, 이 명암 역시 주어진 색조에 가하는 검은색의 양에 의존하긴 해도 그늘과 빛에 어울리는 색들의 농담에 의존하지, 결코 색 자체의 역할은 아니라는 것이다. 그러나 다음으로 주목할 점은 바사리는

---

[10] 이탈리아의 화가, 건축가, 미술사가이자 미켈란젤로의 제자. 《미술가 열전》이라는 중요한 저서를 남겼다.

건축가, 콘디비는 조각가였고 그래서 둘 다 현실의 삼차원 공간들을 어떻게 다루는지에 민감했다는 것이다. 이것이 바닥에서 보일까? 모리스 드니의 금언은 마네에서 시작된 모더니즘의 입장을 요약적으로 보여준다. 에밀 졸라는 마네의 캔버스를 "섬세하고 신중한 얼룩들의 총체"로 묘사했다(House, p. 75). 모네는 드니의 선언이 나온 해인 1890년에 이 규범을 자기 것으로 받아들였고, 릴라 캐벗 페리Lilla Cabot Perry라는 미국인 제자에게 다음과 같이 충고했다. "그림을 그리기 위해 나갔을 때, 눈앞에 있는 사물이 나무인지, 집인지, 들판인지, 혹은 그 밖의 무엇인지는 잊으려고 노력해라. 단지 여기에 작은 사각의 파란색, 여기에 직사각의 분홍색, 여기에 한 줄기의 노란색이 있다는 것만 생각하고, 눈앞의 장면에 대한 네 자신의 순수한 인상에 도달할 때까지 눈에 보이는 그대로, 정확한 색과 형태를 그려라." 졸라는 자신의 묘사에 이렇게 덧붙였다. "몇 걸음 물러나서 보면 [그 얼룩들은] 그림에 두드러진 양각을 준다." 미켈란젤로는 눈앞에 아무것도 없었다. 일단 표면과 그림이 **상호작용**을 하면 그것은 너무 복잡하고 난해해서 릴라 페리가 모네의 가르침에 따라 집과 나무를 그렸던 식으로 천장 벽화를 그릴 수 있었으리라고는 상상하기 힘들다. 드니와 정반대로 천장 그림은 요나가 우선이고 그 다음이 일필 일필이었다. 우리는 물감을 생각하기 전에 그림의 의미가 무엇이었는지를 물어야 한다.

내가 요나를 지목한 이유는 천장의 모든 인물에게서 볼 수 있듯이 그 형상의 힘 때문에 어둠에서 빠져나오고자 분투하는 사람의 좋은 예가 된다는 데에 있다. 요나의 원原바로크Proto-Baroque[11]적 형상은 마치 투쟁하고

---

[11] 바로크의 맹아적 형태이며, 미켈란젤로의 작업으로 확립되었다.

있는 것처럼 보이는데, 실제로 그는 다소 장식적으로 그려진 물고기의 입에서 토해지는 중이고 '짐승의 배'라는 어둠에서 빛으로 막 나온 상태이기 때문이다. 복원된 지금 그 빛은 희미한 여명처럼 느껴지며, 피에로 델라 프란체스카의 〈부활〉에서 그리스도가 어두운 무덤에서 일어난 후 받고 있는 빛과 다르지 않아 보인다. 그리스도의 부활과의 유사성은 의도된 것이며, 사실 미켈란젤로가 애초에 요나를 그린 것도 그 때문이다. 나는 요나-그리스도를 또 다른 어둠 — 신플라톤주의적 해석이 요구하는 형이상학적 어둠 — 속으로 들어가게 했다면, 이는 부활의 의미와 일치하지 않을 거라 생각한다. 하지만 만일 요나의 경우가 그러하다면, 천장 속의 다른 인물들은 전혀 투쟁하고 있는 모습으로 그려지지 않았으므로 어둠 속에 들어갈 이유가 더욱 없을 것이다. 요나와 한 쌍을 이루고 있는 스가랴의 반면상이 대표적인 예로, 이 선지자는 천장을 세로로 양분하는 축의 반대편에서 책을 읽고 있고, 두 천사가 그의 어깨 너머로 그의 책을 보고 있다. 우리는 묘사된 인물들과 장면들이 배치되어 있는 복잡한 골조에 특별히 주목할 필요가 있다. 천장은 그림이 들어간 굵은 뼈대들에 의해 여러 공간으로 분할되어 있어 마치 천장 전체가 서로 연관성이 있으면서도 각자 독립되어 있는 에피소드들로 이루어진 화랑처럼 보인다. 따라서 전체적인 어둠은 이치에 닿지 않을 듯하다.

〈최후의 심판〉은 그럴 수도 있다.[12] 면을 분할하는 뼈대가 전혀 없고 여러 군상들이 성령의 바람에 휩싸인 채 환희와 고통, 기쁨, 절망의 자세로 포착되어 있으며, 또한 빛과 어둠이 형벌과 구원을 의미할 수 있는 공

---

12 〈최후의 심판〉은 성당의 전면(前面) 벽에 그려져 있다.

간이기 때문이다. 성당의 천장 구조는 머리 위에 화랑이 펼쳐진 듯한 착각에 어울리는 균일한 밝기를 암시하고, 그래서 미켈란젤로가 복원 이전의 어둠이 넌지시 불러일으켰던 하나의 단일한 느낌으로 모든 에피소드를 통일하기보다는, 개개의 에피소드가 이야기를 위해 어떤 방식을 요구하든 간에 그에 맞게 그림들 **안에** 빛과 어둠을 사용했으리라고 짐작하게 해준다. 각각의 그림은 자신의 공간을 갖고 있다. 공통의 공간은 그림의 일부지만 주제의 일부는 아니다. 그래서 사람들은 콜라루치가 조금만 해석을 했더라면 분명 비난을 받지 않고 일을 처리했으리라고 생각한다. 그의 방식은 의미에 기초한 해석과 완전히 반대이기 때문에 어둠을 보존해야 한다는 어떤 주장도 그와 모순된다. 그가 이 점을 이해했다면, 복원을 다르게 진행하진 않았어도, 자신의 잘못된 방식을 변명할 수는 있었을 것이다. 사실 비평가들도 복원가들만큼이나 실증주의적이었다. 그들도 그 작품을 물리적 객체로 취급했다. 그러나 예술품은 구현된 의미이고, 그 의미는 영혼이 육체와 관련되어 있는 만큼이나 복잡하게 물질적 객체와 관련되어 있다. 미켈란젤로는 하나의 사물뿐 아니라 하나의 세계를 창조했고, 그래서 그 물리적 객체의 어느 부분들이 의미와 관련이 있는지를 알기 위해서는 그 세계 속으로 들어가기 위해 노력해야 한다. 천장에 난 구멍에는 이야기는 있어도, 그 작품을 이루는 의미는 없다.

현재 그 천장의 전체적인 느낌은 하나의 광활한 공간에 장식화를 그려 넣은 듯하고, 그 색채 설계는 바티칸궁전 안의 다른 곳들, 즉 그 장엄한 성당을 둘러싼 성당과 거의 같은 시기에 장식된 방과 복도 들의 색채와 아주 잘 연결된다. 나의 느낌으로는 바로 이런 이유들 때문에 미켈란젤로의 동시대인들에게 색은 눈에 보이지 않았을 듯하다. 그 '최신식' 공간에서 누구라도 기대했을 법한 색이고 그래서 두드러지지 않았기 때문이다. 사실 성당의 천장이 마지막 복원의 이전처럼 — 많은 사람들이 기억하고 있는 모습처럼 — 보였다면 동시대인들이 그에 대해 언급**했을 것**이다. 천장은 희미하게 채색되었지만 단색이 주를 이룬 드로잉처럼 보였을 테니 말이다. 그러나 나는 천장의 색들이 1508년경의 최첨단 실내장식과 일치했기 때문에 아무도 거기에 특별한 주의를 기울이지 않았던 것이라고 추측한다. 콘디비와 바사리의 증언에 근거하자면, 그들이 본 것은 감동적인 드로잉과, 그림의 두 존재 양식 — 물질적이고 드니가 캔버스 위에 색들을 조합할 때 염두에 두었던 것과 매우 유사한 양식과, 회화적이고 놀라운 양식 — 사이의 모순이었고, 다음으로 그 위대한 〈요나〉에서 볼 수 있듯이, 두 양식의 상호작용이었다. 관람자들 — 또는 미켈란젤로가 신경 썼을 사람들 — 은 아마 색보다는 걸작 〈요나〉에서처럼 그림과 공간을 능숙하게 다룬 천재적인 방식에 훨씬 더 주목했을 것이다. 내가 제기한 문제는 성당에 대한 그들의 경험에서 색이 어떤 역할을 했는가였으며, 우리는 다음과 같이 잠정적으로 결론지을 수 있다. 색은 아무 역할도 하지 않았다. 그리고 이 관점에서 볼 때, 천장이 실제로 단색이었다 해도 장식을 기대했던 동시대인들이 당황했으리라는 점을 제외하고는 아무것도 손실되지 않았을 것이다. 1786년에 괴테는 이 위대한 작품에 충격을 받고서 다음과 같이 썼다. "그런 그림들을 사람의 영혼 안에 붙박아둘 수 있는 수단이 있다면 얼마나 좋겠는가! 하지만 나는 적어도 내 눈에 띄는 한에서 그의 작품을 모사한 판화와 드로잉을 모두 가져갈 것이다." 1786년에는 색 재현 같은 기술이 전혀 없었지만, 내가 보기에는 그 복제품들이 어쩔 수 없이 검은색이나 세피아색이나 짙은 붉은색 등의 단색으로 되어 있다고 해도 괴테에게 그가 원하고 필요로 했던 것을 충분히 줬을 것이다(괴테가 미켈란젤로의 "장엄한 광경"에 압도당하기 전에 세 번의 복원이 있었다).

미켈란젤로는 의뢰를 받았을 때 그는 사실 화가가 아니라며 항의했는데, 나는 아마 그가 진심으로 그렇게 말했으리라고 생각한다. 그의 가장 위대한 예찬자인 바사리는 미켈란젤로가 살아 있을 때 그 작품을 다음과 같이 묘사했다. "그런 것들을 판단할 줄 아는 모든 관람자는 이제 그 뛰어난 형상들, 완벽한 단축법, 놀라울 정도로 둥그스름한 윤곽, 우아함과 유연함, 그리고 이곳에 공개된 절묘한 나신들에서 볼 수 있는 비율의 아름다운 진리에 넋을 빼앗기고 걸음을 멈춘다. 게다가 미켈란젤로는 자신의 예술적 자원을 과시하듯 각기 다른 연령의 인물들에게 다양한 표정과 자세뿐 아니라 다양한 안색과 이목구비까지 부여했다."(Vasari, 259)

바사리는 첫 번째 무녀를 설명할 때 미켈란젤로가 "그 피가 시간에 의해 얼어붙었다는 것을 간절히 보여주고 싶어 했다"라고 지적했지만, 이 묘사에는 색이 필요할 수도 있고 아닐 수도 있으며 바사리의 광범위한 논평 중 어디에도 미켈란젤로가 색을 잘 사용했다는 언급은 없다. 따라서 괴테가 기억하고 싶어 한 것들은 로마의 여느 동판화 판매점에서 파는 훌륭한 판화들로 충족되었을 것이다. 이는 데카르트의 호기심 가득한 눈을 확인해준다. 데카르트는 객관적인 재현에 관한 한 판화는 색에 의존하지 않고도 "숲, 마을, 사람은 물론이고 심지어 전투와 폭풍까지" 묘사할 수 있다고 보았다. 17세기에 대부분의 철학자들이 그랬듯이 그는 색의 객관적 실재성에 큰 회의를 품고 있었다. 베로니크 포티Veronique Foti에 따르면, "왕립 아카데미는 데카르트가 죽은 후 20년이 지나기 조금 전에 설립되었지만, 데카르트의 견해에 전적으로 동조하여 그림에서 색은 순전히 감각적인 요소이고 따라서 이성적인 고려 사항들에 후행되어야 한다고 확신했다" 라고 한다. 나는 그들이 원근법과 배치 — 공간의 기하학 — 을 염두에 두고 있었다고 추측한다. 단축법이 이 목록에 포함되는지에 대해서는 확신하지 못하겠다. 단축법은 엄밀히 하자면 눈과 관련된 진실들에 호소하기 때문이다.

그럼에도 천장은 클리닝에 의해 더 생생해졌고, 특히 다양한 그림들을 두르고 있는 그 복잡한 눈속임 구조물이 가장 생생해졌다. 그 구조물은 내가 순식간에 고려할 수 있는 여러 가지 이유에서 정말로 그림의 그림이다. 내 말은 그것이 이중의 환영을 불러일으킨다는 뜻이다. 즉, 그림 **안에** 환영이 있고, 그림**에 관한** 환영이 있다. 이런 의미에서 그것은 마치 다음 세기에 수집가들이 의뢰한, 그림 컬렉션의 그림처럼 보인다. 그 환영을 위해 **그림들이 천장에 걸려 있어야 한다**는 사실이 기이하게 느껴질 수도 있다! 그러나 미켈란젤로는 매너리즘 건축가 중 그 누구보다도 상상력이 뛰어났다. 예를 들어 그는 라우렌치아나 도서관에서 기둥머리 장식의 소용돌이 하나를 천장에서 바닥으로 옮기고 거대한 크기를 부여해 일종의 지지대로 삼았다. 그러니 천장을 벽으로 취급하지 못할 이유가 어디 있겠는가? 클리닝은 골조에 약간의 선명도를 부여하여 그것이 그림에 관한 그림이라는 사실을 명확히 드러냈다.

그냥 그랬는지 혹은 1990년대에 우리가 호흡한 정치적 분위기[13] 때문이었는지 모르겠지만, 나는 성당에 들어가 복원 결과를 직접 보도록 설득당하기 전에는 결코 주목하지 않았던 몇 가지 것들을 알아차렸다. 〈천

---

13 곧이어 언급할 페미니즘 사상을 말한다.

미켈란젤로, 〈이브의 창조〉, 시스티나성당 천장 벽화(1508~1512) 부분

지창조〉에서 〈술 취한 노아〉까지 천장의 이야기에 담긴 아홉 개의 그림을 찬찬히 살펴보고 있을 때, 핵심적인 그림 — 그 이야기에 핵심이 되고, 이야기를 양분하고, 세로로 예배당의 중심에 해당하는 그림 — 은 〈이브의 창조〉라는 사실이 뇌리를 스쳤다. 어떤 면에서 여성의 창조가 그 위대한 이야기의 지배적인 사건이라는 생각은 오늘날의 페미니즘 사상과 잘 들어맞는다. 신은 빛과 어둠을 나누고, 하늘을 창조하고, 바다와 육지를 나누고, 흙 한 줌으로 남자를 만들었다. 이것이 네 개의 에피소드고, 다섯 번째에서 신은 아담이 잠들어 있을 때 한 번의 손짓으로 여자를 탄생시켰다. 그것이 다섯 번째 에피소드다. 〈원죄와 낙원 추방〉, 〈노아의 번제〉, 〈대홍수〉가 그 뒤를 잇고, 마지막으로 만취한 채 바닥에 누워 있는 노아를 보고 그의 세 아들이 대경실색하는 그림이 온다. 문득 여자의 창조에 이르기까지 모든 그림에는 하나님이 존재하고 그 이후의 그림에는 존재하지 않는다는 생각이 든다. 발생 순서에 명확한 단절에 있는 듯하다. 여자가 출현하고부터 역사가 시작된다. 그 이전에는 일종의 인류발생론이 지배하는 우주론만 있었다. 그 이후에는 성, 도덕적 분별[14], 신앙심, 홍수, 음주벽이 있다. 그 이야기가 〈대홍수〉에서 끝났다면 파괴로서 〈천지창조〉와 대칭을 이루었을 테지만, 그건 단지 실행과 취소에 불과하여 별 의미가 없어 보였을 것이다. 따라서 이야기가 〈술 취한 노아〉로 끝난다는 사실이 어떤 면에서는 중요하다. 〈술 취한 노아〉는 홍수가 모든 것을 다시 시작하는 방법으로서 무익했음을 입증한다. 인간의 속성을 고려할 때 새로운 종류의 개입이 필요해진다. 내가 생각하기에는 이 점을 이해해야만 전체적인 이야기

---

[14] 아담과 이브가 선악을 구별할 줄 알게 되었다.

를 이해할 수 있는데, 이 때문에 콜라루치가 순서를 혼동했을 때 불길한 느낌이 엄습했다.

고백하건대 나는 우주론의 시대와 역사의 시대를 가르는 그 위대한 절정의 사건이 여성의 창조였다고 말하는 것을 어디에서도 본 적이 없다. 주된 이유는 학자들이 아홉 개의 그림을 다른 식으로 — 세 개씩 묶어 세 묶음으로 — 읽기 때문이다. 인간의 창조와 인류의 타락이 중앙의 묶음을 이루고, 물질의 창조를 그린 세 장면과, 하워드 히바드Howard Hibbard의 표현을 인용하자면 "새로 선택된 인간, 노아"의 출현을 담은 세 장면이 각각 양쪽에 배치된다. 하긴 하나님이 노아를 "선택"한 것은 사실이다(어쨌든 아담의 경우에는 선택이 아니라 창조를 했다). 그리고 그가 그렇게 한 이유는, 비록 "여호와께서 사람의 죄악이 세상에 가득함과 그의 마음으로 생각하는 모든 계획이 항상 악할 뿐임을 보"았지만(〈창세기〉 6장 5절), 노아는 "의인이요, 당대에 완전한 자라 그는 하나님과 동행하였"고(〈창세기〉 6장 9절) 그래서 "여호와께 은혜를 입었"기(〈창세기〉 6장 8절) 때문이다. 하나님은 다른 모든 인간을 실패작으로 여기고 물로 쓸어버렸다. 따라서 그 이야기가 만취하여 벌거벗은 채 포도주 통 옆에 쓰러져 있는 노아로 끝난다는 것은 무엇을 의미하겠는가? 만취는 그 자체로는 죄악이 아니었지만, 그 때문에 노아는 자신의 몸을 노출시키고 그로 인해 다른 사람들을 그의 나체를 볼 위험에 노출시켰다. 이는 노아의 아들들이 그에 대응하기 위해 뒤로 돌아선 채 다가가 나체를 가려줘야만 했던 그런 종류의 위험이었다.

벌거벗었다는 것은 물론 구체적으로 성기 노출을 의미하는데, 심지어 오늘날에도 오해가 개입하면 엄청나게 충격적인 중요성을 띨 수 있다. 무대와 스크린에서 남성의 전면 누드가 갈수록 흔해짐에 따

미켈란젤로, 〈술 취한 노아〉, 시스티나성당 천장 벽화(1508~1512) 부분

라 이 문제는 결국 해소될 것이라고 보는 흥미로운 견해도 있다. 그렇게 본다면 〈창세기〉에서 노출이 파괴적인 중요성을 띠고 있음을 이해하지 못할 수 있다. 비록 우연이었지만 아버지의 성기를 본 아들 함이 그 대가로 끔찍한 일을 당할 것을 직감하고, 다른 두 아들은 등을 돌린 채 눈길을 피하면서 노아의 겉옷을 가져와 그의 나체뿐 아니라 그의 권력의 상징이자 실체를 덮어주기 때문이다. "셈과 야벳이 옷을 가져다가 자기 어깨에 메고 뒷걸음쳐 들어가서 그들의 아버지의 하체를 덮었으며 그들이 얼굴을 돌이키고 그 아비의 하체를 보지 아니하였더라."(〈창세기〉 9장 23절) 그들은 운이 좋았다. 노아는 함에게 저주를 내렸다. "그 형제의 종들의 종이 되기를 원하노라."(〈창세기〉 9장 25절) 함이 노아의 나체를 본 탓에 이 세상에 불평등이 생겨나고, 그 결과 정치가 인간의 삶에 들어온다. 어쨌든 이 마지막 패널의 의미가 무엇이든 간에 이야기가 〈대홍수〉로 끝난다면 대단히 중요한 무언가가 사라질 것이다.

술에 취해 벌거벗은 노아는 인간의 뿌리 깊은 나약함을 암시할 수 있다. 결국 노아는 구할 가치가 있는 유일한 사람이었지만 종국에는 나쁜 녀석이었다. 남은 자가 있었다면 대재앙은 인간의 사악함을 근본적으로 해결하는 방도로 불충분하고, 오직 구원의 기적만이 우리에게 부여된 본질적인 죄악들을 극복할 수 있다. 따라서 창조로 시작한 이야기는 새로운 방식으로, 즉 신이 직접 육신을 갖고 태어났다가 고통스럽게 다시 부활하여 역사에 개입할 필요가 있다는 결말로 끝난다. 하지만 창조와, 인류의 나약하고 구제 불가능한 모습을 통해 암시된 계시의 정중앙에 이브가 있다. 만일 콜라루치의 묘사가 암시하는 것처럼 이브의 창조 앞에 네 개의 에피소드가 있고 그 뒤에 세 개의 에피소드만 있다면, 이브는 중앙의 자리에 있지 않을 것이다. 창조만큼 중대한 어떤 일이 마지막 에피소드에 필요하다면, 신이 타락한 인류를 영원한 형벌에서 구할 수단으로 자신의 아들을 희생시키는 사건이 그에 적합할 것이다.

 메이어 샤피로$^{\text{Meyer Schapiro}}$의 글에 따르면, 중세의 독자들은 수태고지의 천사가 건넨 '아베^{Ave}'라는 인삿말을 거꾸로 쓰진 '이브^{Eve}'로 읽었다고 한다. 물론 성모마리아는 자신의 반쪽과 정반대로 행동했다. 그러므로 성모마리아와 이브는 동일한 인물의 도덕적 양면일 수 있다. 또한 이브라는 여성이 인간 본성에 한 치의 변화도 일어나지 않은 역사를 창시했다면, 그 이브의 출현은 성모마리아에 의해 뒤집힌다. 성모마리아를 통해 역사가 지금까지 상상할 수 없었던 새로운 국면에 놓이기 때문이다. 히바드는 "〈이브의 창조〉는 전체적인 장식화에서 결정적으로 중요하다"라고 쓴다. 하나 더 고려할 점이 있다. 만일 이브가 중심점이라면, 이는 양 끝점을 특별히 두드러지게 만든다. 첫 번째 그림은 〈천지창조〉고 중앙의 그림은 이브인데, 〈술 취한 노아〉가 마지막 그림인 것은, 만일 이브와 성모마리아가 하나인 것처럼 노아와 그리스도도 하나가 아니라면 기이한 선택이 되어버린다. 그는 죄 많은 인류다. 그래서 노아는 그 이야기의 전체 그림들 바깥에 놓여 있는 미래를 가리키면서, 그 이야기 패널들이 선지자들(7명)과 무녀들(5명)에게 둘러싸여 있는 어떤 이유, 즉 그들이 미래를 예언한다는 사실이 시사해주는 어떤 이유가 반드시 있음을 상기시킨다. 그리고 마지막으로, 이브를 중심점으로 보면 마지막 네 개의 그림은 어떤 통일성을 형성한다. 〈원죄와 낙원의 추방〉 ― 〈이브의 창조〉 이후 첫 번째 그림 ― 에 묘사되어 있는 부끄러움을 통한 나체의 발견이 노아의 나체와 연결된다는 점에서다.

바로 여기에서 복원자는 객관적 중립성이라는 자신의 시각 때문에 입을 다물 수밖에 없고, "그 예술가이자 인간에게 가까워진" 것처럼 행세할 수도 없게 된다. 그 예술가이자 인간은 천장에 그림을 그려 이야기를 펼쳤으니, 그가 왜 천장에 그런 식으로 그렸는지를 알기 위해서는 그 이야기를 읽어야 한다. 또는 그 화가는 자신의 계획을 절대로 누설하지 않았으므로 우리는 작품의 의미를 향해 해석에 도움이 되는 가설을 투사함으로써 그의 생각에 접근해야 한다. 만일 어느 쪽이든 그게 옳다면, 그 일은 미술비평과 미술사의 분담으로 해결되어야 한다. 우리가 어떻게 나서야 하는지는 이 책의 목적에 맞지 않는다. 요점은 해석 없이는 예술품을 읽을 수 없다는 것이다. 물론 복원자처럼 수동적인 태도를 취하여, 단지 두 눈이 그 일필들을 등록하고 타오르는 태양과 은빛의 달을 이해하게끔 맡겨 둘 수도 있다. 그러나 **그것**은 미켈란젤로가 "예술가이자 인간"으로서 전념했던 일과는 거리가 멀다.

성 아우구스티누스는 어떤 이상한 증거에 근거하여, 낙원에는 정욕 같은 것이 전혀 없었다고 주장했다. 그는 아담은 성기를 포함한 자신의 몸을 통제할 능력을 충분히 갖고 있었고, 배우자의 자궁에 씨앗을 뿌리기 위해 흥분할 필요도 없었다고 생각했다. 낙원에는 성적인 유혹 같은 게 전혀 없었을 것이고, 그래서 사탄은 이브의 나약함에 접근할 다른 경로를 찾아야 했다. 금단의 열매가 선사한 지식과 함께 열정이 인간의 마음에 들어왔고, 열정 때문에 우리는 이성이 금하는 행동을 하게 되었다. 인간의 역사 — 신이 간섭하지 않은 역사 — 는 열정의 역사다. 음경은 그 역사의 상징이자 우리가 완벽하게 통제할 수 없는 신체 부위다. 노아의 벌거벗음을 보는 것은 그의 너무나 인간적인 나약함을 보는 것이다. 벌거벗음은 아담과 이브가 부끄러워한 것이었다. 예술사가 프레데릭 하트Frederick Hart는 미켈란젤로의 천장에 있는 "완전하고 노골적인 남녀의 누드는 기독교의 시각적 내러티브에 전무후무하고, 따라서 창조주의 의지를 실현시키는 **생식**기관들의 가장 중요한 목적을 분명히 밝히고 있다"라고 썼다. 나는 그렇게 보지 않으며, 특히, 다시 한 번 말하지만, 이는 노아의 성기 노출과 그것이 역사에 남긴 결과의 중요성 때문이다. 나는 남녀의 누드가 신의 의도와 연결되어 있다고 보기보다는, 신의 의도를 좌절시키고 신에게 그의 수공품에 있는 치명적인 결함을 완전히 새로운 방식으로 해결하도록 강요하고 있다고 생각한다. 만일 하트가 옳다면, 그 이야기의 외부 공간에 남성의 이그누디ignudi15 — 총 22명 — 만큼이나 여성의 이그누데ignude도 많아야 한다.

하지만 여성의 누드는 하나도 없다.

그렇다면 화관처럼 펼쳐진 이 **꽃다운 젊은 남자들**을 어떻게 해석해야 할까? 나는 그들이 그림들 속에 구현된 육체의 사랑보다 더 높은 형태의 사랑을 상징한다고 매우 조심스럽게 제언한다. 그렇다고 해서, 흔히 플라토닉 사랑이라 부르는 두 남자 간의 사랑이 생식과 완전히 무관하고 그래서 보다 높은 도덕적 차원에서 이루어질 수 있다는 사실은 예외로 하고, 동성애가 그리스도의 사랑과 근원적으로 유사하다는 생각에 동조하기는 어렵다. 아리스토텔레스가 아주 깊이 논의한 고대의 우정 개념은 동성의 일원들 사이에서만 가능했고, 그 개념은 오늘날 우리가 보통 문란한 것으

---

15 나체의 젊은 남자를 말한다.

로 알고 있는 동성 섹스와 거의 무관하지만, 우리는 피렌체 문화의 인본주의자들은 철저한 플라톤주의자들이었고 천장 벽화가 마침내 완성된 것이 그들을 위해서였다는 사실을 기억해야 한다. 그것은 성욕의 발생과 초월, 그리스도가 인류에게 품었다고 하는 사랑에 대한 찬양이었고, 여기에서도 생식은 어떤 역할도 하지 않는다. 이렇게 플라톤주의가 누드에 관한 해석에 관여하지만, 그 해석의 방식은 단순한 먼지 — 의미로 잘못 이해되던 물질 — 와는 전혀 관계가 없다.

나는 철학자로서 시스티나성당의 천장 벽화가 일필 일필과 매치되지 않는 것처럼 사람의 마음도 뇌 지도와 매치되지 않는다는 주장을 소중히 여긴다. 제거론자들[16]은 콜라루치처럼 잘못된 길을 가고 있다. 만일 이 유비가 받아들여진다면 우리가 그 지점에서 어디로 나아가야 할지를 모른다 해도, 그 자체로 대단할 것이다.

---

16 Eliminativism. 인간의 행동이나 경험을 생물학(또는 생리학)으로 환원시키는 유물론적 입장.

3장

철학과 예술에서의 몸

> 신체 기관의 감정이 없다면 생명은 자기 실존의 의식에 불과할 뿐,
> 안녕과 불편 등의 감정, 다시 말해 생명력의 증진과 억제의 감정은 아닐 것이기 때문이다.
> 마음은 그 자신만으로 전적으로 생명이며
> (……) 마음은 그의 신체와의 결합에서 찾아지는 것이기 때문이다.
> ─임마누엘 칸트, 《판단력 비판》

내가 몸에 관하여 진전시키고 있는 철학의 일부분이, 애초에 나의 관심을 사로잡았던 것과 아주 다른 의미를 지니고 있는 것 같다는 생각이 나에게 두 번 찾아왔다. 두 번의 결과는 모두 얼마간 희극적이었다. 먼저, 1960년대에 나는 행동의 철학에 열중했다. 나는 두 종류의 행동 ─ 다른 어떤 행위를 필요로 하는 행동들, 즉 그 행동을 발생시키기 위해 다른 행위를 해야 하는 경우와, 의도된 행동을 발생시키기 위해 먼저 다른 행위를 하지 않고 직접 수행하는 행동들 ─ 의 차이를 이해하는 일에 관심을 쏟았다. 스위치를 조작해 불을 켜거나 큐로 당구공을 쳐서 전진시키는 것은 첫 번째 종류의 예이다. 손가락을 움직이거나 눈을 깜박이는 것은 두 번째 종류의 예다. 나는 이 후자를 **기초**basic 행동이라 불렀다. 모든 사람은 기초 행동의 레퍼토리를 선천적으로 부여받으며, 자신에게 부여된 레퍼토리를 통해 그 기초 행동들과 그 밖의 다양한 행동들을 한다. 어떤 사람에겐 결함이 있고(예를 들어, 손가락을 움직이지 못하는 경우), 또 어떤 사람에겐 특별한 재능이 있다(사소한 예를 들자면, 귀를 실룩거릴 줄 안다). 이런 차이들은 가령 앞을 보지 못하는 경우처럼 인지적 장애에 해당하거나, 다른 사람들과 달

리 대상을 직접 꿰뚫어보는 천리안의 경우처럼 인지적 재능에 해당한다 (만일 그런 재능을 갖춘 사람에게 어떻게 그것을 아느냐고 물으면, 그들은 그냥 안다고 말한다). 나는 이 평행의 두 구조를 체계적으로 발전시켰고, 그 결과를 1973년의 저서 《행동에 관한 분석 철학Analytical Philosophy of Action》에 발표했다. 나는 여기에서 그 개념들을 더 깊이 다룰 생각은 없고, 다만 그때 일어난 에피소드를 말하고자 한다. 내가 1960년대 말에 컬럼비아대학에서 대학원 강좌의 주제로 행동의 철학을 공지했을 때, 첫 수업에 많은 학생들이 몰려와 나를 놀라게 했다. 나는 도무지 영문을 알 수 없었지만, 결국 그 학생들이 그런 강좌에 큰 흥미를 느낀 것은 그것이 분명 정치적 행동의 철학일 거라고 생각했기 때문임을 알게 되었다. 그 시대에 대학의 분위기는 혁명적이었고, 그런 환경에서 한 철학자가, 얼핏 보기에 학생들의 심장과 아주 가장 가까워 보이는 주제를 다루려 하고 있었다. 나의 관심은 눈썹을 치켜올리거나 체온을 올리는 그런 간단한 행위에 있다고 설명한 순간, 나는 그렇게 많은 사람이 동시에 따분해하고 실망하는 것을 난생 처음 보았다. 그런 주제와 자본주의 — 또는 군산복합체 — 의 전복 사이에는, 세계를 변화시키는 일에 열중하고 있는 사람들이 내가 그들과 정반대로 매혹적이라고 느끼는 어떤 차이들을 꾹 참고 들어주기에는 너무 먼 거리가 놓여 있었다. 그때 수업을 들었던 한 철학자는 내 뒤에 있던 칠판이 논리 구조로 가득 덮여 있었다고 최근에 상기시켜주었다.

이런 일이 또 다시 일어난 것은 내가 "몸/몸 문제The Body/Body Problem"라 제목을 붙인 논문집을 출간했을 때였다. 이 제목은 철학에서 진부하지만 영원히 해결되지 않는 주제인 이른바 마음/몸 문제를 에둘러 가리켰고, 안에 담긴 내용은 원래 1980년대에 컬럼비아에서 강의한 것들이었다.

그러나 1999년에 이 책이 나왔을 때, 여성의 낙태권을 뒷받침하는 사생활의 이유들은 물론이고 주로 성 연구, 동성애 연구, 페미니즘 이론이 부상한 결과로 '몸'은 우리의 문화적 담론에서 일종의 뜨거운 이슈가 되어 있었다. 처음 강의를 할 때에는 거의 눈에 보이지 않던 주제들이었다. 나의 책은 나오자마자 내가 전혀 다룰 생각이 없었던 관심사를 다루는 것처럼 여겨졌고, 게다가 그 무렵 나는 이미 예술 관련 저자로서 약간의 명성을 쌓아놓고 있었다. 예를 들어, 나는 "현대 미국 문화에서, 몸에 대한 다양한 병적 애착"을 주제로 오스트리아의 클라겐푸르트대학에서 열린 제28회 오스트리아 미국학회 연례 학회에 기조 연설자로 초청을 받았다. 학회의 주최자들은 나의 전문 지식을 입증하는 증거로《몸/몸 문제》뿐 아니라, 내가 로버트 메이플소프[1]의 사진에 대한 긴 연구 결과를 발표했다는 사실까지도 인용했다. 누가 봐도 역기를 들거나 마라톤을 — 심지어 다이어트도 — 해본 적이 없는 것이 분명한 초로의 신사가 클라겐푸르트에 나타나 20세기 말에 몸에 관심을 쏟는 미국 문화를 진지하게 연구하는 학자들 앞에서 연설을 한다고 생각하니 웃음이 절로 나왔다. 나는 모든 관계자에게 자선하는 셈치고, 초대를 거절했다.

　그러나 나는 다양한 예술 강좌에 초청받기 시작했다. 몸에 대한 예술가들의 관심은 우리 세대에 속한 철학자들이 품고 있던 관심과 상당히 달랐지만, 양자의 거리는 손가락 구부리기와 식민지 해방 혁명과는 달리 완전히 뛰어넘을 수 없는 건 아니었다. 예를 들어, 성의 문제들은 내가《몸/몸 문제》에서 다루었던 몸에 관한 철학적 논의들에는 끼어들 자리가 전

---

[1] 미국의 사진작가로 흑인 남성 누드, 동성애, 에이즈 등 당대에 금기시되던 도발적인 주제들을 다뤘다. 특히 남녀의 성적인 특성을 명백히 보여주는 누드 작품들에 천착했다.

혀 없었지만, 매튜 바니Matthew Barney나 그 이전의 주디 시카고Judy Chicago 같은 현대 미술가들이 성의 문제들을 거의 강박적으로 다룬 것은 사실이었다. 또한 후세의 철학자들, 특히 페미니즘의 영향을 받은 철학자들이 성에 관한 쟁점들을 근본적인 방식으로 다루고자 시도한 것도 사실이었다. 이런 면에서 이 후세의 철학자들은 내가 《몸/몸 문제》에서 다루었던 철학자들보다는 오히려 현대 예술가들과 훨씬 더 가까웠다. 나의 분석은 철학이 설명하는 몸과 당시에 예술가들이 생각하게 된 몸의 간극을 좁히는 한 방법으로 제시되었으며, 클라겐푸르트에서 가장 진지한 학생들까지도 여름학기를 투자하기로 결심했던 그 문제들을 이제 철학이 자신의 주제로 채택할 때가 온 것 같았다. 그래서 결과가 좋든 나쁘든 나는 이런 초대들 중 일부를 수락하고, 예술가든 철학자든 인간의 육화體化[2]된 조건에 대해 보다 명료하게 생각하고자 할 때 내가 어떤 말로 도움을 줄 수 있는지를 보기로 결정했다. 이 장은 그 결정의 산물이다.

우선 우리의 육화된 조건은 서양의 예술 전통에 매우 중요한 역할을 해왔다는 생각이 든다. 이는 주로 서양에서 시각예술가들이 맡았던 임무가 서양의 주요 종교인 기독교가 토대로 삼고 있는 성육신의 신비를 표현하는 일이었기 때문이다. 성육신이란 사랑과 용서의 지고한 행위로서, 신이 원죄의 낙인을 지워주기 위해 육신이 있어야 가능한 고통스러운 시련을 운명적으로 겪을 갓난아이의 몸으로 세상에 태어난 것을 말한다. 이 방대한 이야기는 낱낱이 드러나 있었고, 그것을 신뢰할 수 있게 만드는 것이 예술가들의 임무였다. 영국의 위대한 미술평론가 로저 프라이Roger Fry는

---

[2] 이 장에서는 'embodied'를 '육화'로 옮겼지만, 다른 장들에서는 예술의 의미와 관련이 있을 때에는 '구현'으로 번역했다.

《벌링턴 매거진Burlington Magazine》에 "안드레아 만테냐의 〈성모마리아와 아기예수〉"란 제목의 글을 발표했다. "갓난아이의 몹시 여윈 얼굴, 주름지고 쭈글쭈글한 몸 (……) 그 모든 형벌, 굴욕, '육신으로 만들어짐'에 수반하는 불결함이 잘 드러나 있다." 아기는 꽤 귀찮은 존재이므로, 부모가 갓난쟁이 특유의 욕구와 요구 사항 들로 채워진 그 살아 있는 덩어리를 돌볼 때 어쩔 수 없이 참아야 하는 것들을 그림 속의 아기 예수가 잘 보여주고 있다는 점은 만테냐의 가치를 입증한다. 아무리 신이라도 일단 인간으로 육화될 필요가 있다고 결정했다면 우리 모두와 마찬가지로 무력한 ― 배고프고, 축축하고, 더럽고, 어리둥절하고, 배앓이를 하고, 울고, 침을 흘리고, 말을 떠듬거리는 ― 삶을 시작해야 하기에 어쩔 수 없이 부모가 먹이고, 갈아입히고, 씻기고, 트림을 시켜줘야 한다. 벌거벗은 채, 유명한 미술사가인 레오 스타인버그Leo Steinberg가 《그리스도의 성The Sexuality of Christ》이란 저서에서 사람들에게 인식시킨 그 틀림없는 성의 표식을 드러내고 있는 아기예수의 이미지는, 생의 종점에서 팔이 벌려진 채 피를 흘리며 극심한 고통에 시달리는 그리스도의 이미지만큼이나 서양 미술에서 큰 비중을 차지하는 소재였다. 기독교 사상의 본질적인 이유들 때문에 그의 죽음은 고통스러운 죽음이어야 했다. 그 심원한 이유들 때문에 예수는 붓다처럼 잠자는 동안 미소를 지은 얼굴로 제자들에게 둘러싸여 죽음을 맞이할 수 없었다. 이와 마찬가지로 그의 탄생은 실제의 출산을 거쳐야 했고, 신은 인간인 어머니의 가랑이를 통해 육화된 존재로 세상에 들어와야 했다. 신과 아기의 차이는 중대하지만, 둘의 훌쩍거림은 분간이 되지않는다.

지난 성탄절에 나는 집에서 가까운 곳에 있는 뉴욕 리버사이드 교회에서 캐럴 공연을 감상하던 중에, 한 생소한 캐럴의 가사에 깊은 인상을

안드레아 만테냐, 〈성모마리아와 아기예수(Madonna col Bambino)〉(1480~1495)

받았다. 첫 번째 절은 이러했다. "한 아이가 마굿간 바닥에서 태어났도다. 그의 미약하고 갓 태어난 울음소리만으로 하나님은 굶주림, 목마름, 뼈저린 갈망을 호소할 수 있도다." 그리고 끝에서 두 번째 절은 다음과 같이 노래했다. "한 인간이 십자가에 달려 죽어가고 있도다. 그의 절망적인 울음소리만으로 하나님은 세심하고, 희생하고, 속량하는 사랑을 말할 수 있도다." 신은 불멸하므로 굶주림이나 아픔의 개념이 없고, 그것이 무엇인지를 알기 위해서는 육화가 필요하다. 신은 성육신을 통해 굶주리고, 목마르고, 궁핍한 존재가 되었다. 신은 극한의 고통을 겪어보지 못한 우리로서는 상상도 할 수 없는 극심한 괴로움 속에서 울부짖는 존재가 되었다. 그럼에도 그것이 평범한 아기나 고통을 당하는 평범한 인간의 소리가 아님을 알 수 있는 방도는 전무하다. 짐승에 가까운 그 소리는 자신이 인간임을 표현하는 신의 목소리다. 우리는 신의 목소리를 생각할 때 그것이 육체와 무관하고, 존재하지 않는 출처에서 나온다고 생각한다. 그러나 우리가 성육신을 글자 그대로 이해할 때 신의 목소리는 육화된 인간의 목소리와 구분되지 않는다.

우리는 모두 똑같은 방식으로, 모든 아기에게 똑같이 부과되는 완전히 무기력한 입장에서 출발한다. 철학자 리처드 월하임은 빌럼 데 쿠닝의 예술에 관한 저서, 《예술로서의 회화 Painting as an Art》에서 주목할 만한 글로 이렇게 말한다.

데 쿠닝이 촉진시키는 감각들은 둘 이상의 측면에서 우리의 선천적 레퍼토리 중에서 가장 근원적이다. 그것은 우리로 하여금 외부세계를 향해 첫걸음을 떼게 해주고, 또한 저절로 되풀이되면서 처음 우리에게 촉발시켰던 즐거움의 기초적인 형태들을 우리와 영원히 묶어준다. 인간 지식의 토대를 다질 때와 인간적 욕망을 형성할 때에 그 감각들은 기초적인 재료가 된다. 그런 뒤 데 쿠닝은 빨기, 만지기, 깨물기, 배설하기, 붙잡고 있기, 문지르기, 냄새 맡기, 뒹굴기, 꼬르륵거리기, 쓰다듬기, 쉬하기 같은 유아의 경험들을 자신의 그림들에 가득 채워 넣는다.

또한 이 그림들에는 (……) 그 이상을 생각나게 하는 어떤 것이 담겨 있다. 그의 그림들은 이런 경험이 맨 처음 발생할 때에는 항상 위협적이었음을 상기시킨다. 그 경험들은 자극으로 충만해 있기 때문에, 그것을 담고 있는 마음의 허약한 장벽을 무너뜨려 그 미숙하고 불안정한 자아를 집어삼킬 위험이 있다.

월하임의 유난히 생생한 설명에 근거하자면, 아기가 마주치는 세계는 찰흙 덩어리처럼 말랑말랑해서 아기가 주무르는 대로, 그것도 형태라고 말할 수 있을지 모르겠지만, 어떤 형태를 갖춘다. 우리가 처음 마주치는 세계 — 우리가 즉시 손가락과 입과 내장으로 만나는 세계 — 는 다소 불공정한 예를 사용하자면, 고전 물리학 — 질량, 길이, 시간의 관계를 다루는 통합된 수학 체계 — 의 세계와 아주 다르다. 그러나 서양의 신학과 반대로 서양철학에서 아기는 이렇다 할 역할을 전혀 하지 않는다. 초기의 경험주의자들은 단순한 감각에서 과학적 개념에 이르는 경로가 반드시 존재하고, 그래서 만일 우리가 정말로 월하임이 주장하는 것처럼 출발한다면 10여 년 후에 고전 역학을 이해하는 능력에 도달하는 건 다소 기적적인 일이라고 가정했다. 그러나 고전 물리학의 습득은 결코 기적처럼 느껴지지 않는다. 오히려 자연언어의 습득이 그렇게 느껴진다. 나의 한 제자의 아기는 태어날 때부터 듣지 못했고, 철학자인 그 제자와 그녀의 남편은 아이가 청각 정보를 받지 못하는 상태에서 과연 어떻게 언어를 습득할지 크게 고민했다. 그러나 아이들이 아주 형편없는 입력 정보에 기초하여 정확한 문법을 구축한다는 사실은 이미 널리 알려져 있으며, 실제로 그 아기는 두 살 반이 되었을 때 나에게 완탕 수프를 먹고 싶으냐고 물을 줄 알았다. 로크 같은 철학자들은 월하임이 보여준 것처럼 아주 속악하게 시작하기보다는 이른바 오감이라는 것으로 출발했지만[3], 나의 전체적인 느낌으로는, 비록 신생아기의 경험적 내용은 월하임의 심리학이 묘사하는 것들 ─ 냄새들, 상처들, 온기, 저항들, 항복들의 잡탕 ─ 과 같을지라도, 단지 그 경험 속에서 뒹구는 것이 아니라 그 경험에 어떤 공통의 형태를 신속하게 부여하는 선천적인 구조가 있는 듯하다. 그러나 내가 월하임의 속악한 현상학을 인용한 이유는, 그의 설명과는 전혀 무관하지만, 외부 세계에 대한 인간 지식이 형성되려면 바로 만테냐의 그림이 묘사하고 데 쿠닝의 그림이 암시하는 그런 종류의 몸에서 시작된다는 전제 조건이 필요하기 때문이다.

언젠가 내가 인지과학을 하는 한 동료에게 월하임의 견해를 들려주자 그가 나에게 인상적인 비디오를 보여주었다. 비디오 안에서 한 남자가 태어난 지 10분이 된 갓난아이를 안고 있었다. 남자가 입을 벌렸다가 다물자, 아기도 그를 흉내 내듯 입을 벌렸다 다물었다. 다음으로 남자가 혀를 내밀자 아기도 혀를 내밀었다. 그 모방 행위들은 아주 정확하고 비계획적이어서 마치 아기와 남자가 비록 말은 없었지만 비트겐슈타인의 언어 놀이 중 하나를 하는 것 같았고, 남자가 입을 벌리는 행동으로 아기에게 입

---

[3] 로크를 비롯한 경험론자들은 인간은 백지 상태로 태어나서 오감으로 세계를 경험하기 시작한다고 보았다.

을 벌리라고 명령을 내리고 있는 것 같았다. 그래서 만일 사람들과 입들을 연결시키는 추론 구조를 그려본다면, 아기들은 놀라운 연산 능력과, 다른 사람이 혀를 내밀면 자기도 혀를 내밀어야 한다고 추론하게 만드는 어떤 사고 언어를 갖고 태어나는 것이 분명하다.

그러나 그의 비디오는 월하임의 말과 너무 극명하게 대조되어서, 우리는 월하임이 '앎'이란 단어를 아담이 이브를 "안다"라고 말하는 성경의 용법과 같은 방식으로 사용한다고 추론할 수밖에 없다. 그건 데 쿠닝의 붓놀림에 대해서는 좋은, 심지어 참으로 멋진 해석이 될 수 있지만, 심리학에서는 두 연인이 서로의 몸을 뜨겁게 탐색하거나 아기가 어머니의 젖가슴을 만지는 방식에 한정된다. 월하임이 말하는 그 위험은 어디에 있는가? 만일 월하임의 글을 폭넓게 읽어보았다면, 그가 자신에게 큰 영향을 미친 어떤 정신분석학적 설명을 기본적으로 가정하고 있음을 알게 된다. 그 설명에 따르자면 비디오 속의 아기는 태어난 지 10분이나 되었고, 그 사이에 모방을 통해 다른 사람들과 같은 인간이 되는 법을 — 몸짓들이 의미하는 바를 — 배웠다는 말이 된다.

서양미술이나 기독교 신학과 대조적으로, 서양철학에는 이렇다 할 아기가 존재하지 않는다. 17~18세기의 철학자들은 인간의 오성, 인간의 본성, 인간의 지식에 대해 글을 썼지만, 그것은 우리의 초기 조건으로 간주되는 순수 이성의 관점에서였다. 기독교의 비범함은 그 필수적인 신비들이 아무리 우리의 이해를 뛰어넘는다 해도, 특히 미술을 통해, 모든 사람이 한때 아기였고 보호자 밑에서 성장하면서 참여한 적이 있는 그 상황들을 이용하여 모두가 이해할 수 있는 말로 그 신비들을 번역하는 방법을 찾아냈다는 데에 있다. 내 말은 서양 미술의 근원적 이미지는 모자母子의 이미지라는 뜻이다. 《율리시스》에서 조이스는 "모든 인간이 아는 단어"를 언급하는데, 학자들은 조이스가 무슨 단어를 염두에 두고 말했는지를 궁금히 여겼다. 학자들은 그 말이 '사랑'이기를 바랐다. 내가 느끼기에 그 말은 모든 언어에 불변하는 요소여야 하고, 그래서 아마도 "마-마" — 입술이 젖을 빨 때 하는 동작을 반복하게 하는 두 음절 — 일 가능성이 높다. 바사리 이후로 우리는 서양 미술을 의기양양하게 공간, 형태, 색에 의거하여 해석할 수 있는 시각적 외양에 대한 정복으로 여기고, 그와 함께 원근법과 단축법을 중요한 사건으로 간주해왔다. 그러나 이 모든 것은 풍경화 속의 인물들을 이야기할 때에나 타당했다. 그보다, 진정으로 놀라운 역사는 인간의 내적 상태 — 십자가 처형의 고통, 젖을 빠는 아기 예수의 배고픔, 그리고 무엇보다, 아기를 안고 있는 성모마리아가 보여주는 사랑 — 를 통해 그 인간을 표현하는 방식과 관계가 있다. 이는 프라 안젤리코$^{Fra\ Angelico}$의 발견이다. 안젤리코는 성모마리아와 아기예수를 이집트의 이시스와 오시리스와 나란히 놓는데, 이 이집트 신화의 부부 사이에는 사랑의 표시가 전혀 없다. 프라 안젤리코는 단지 내적 상태와 관련해서만 이해할 수 있는 방식으로 사람을 표현한다. 내적 상태는 인간의 보편적 경험이지만, 뿌리 깊은 문화적 이유들 때문에 다른 예술 전통들에는 나타나지 않는다. 예를 들어, 그토록 아름다운 고대 미술에도 없고, 그토록 강렬한 아프리카 미술에도 분명히 없다. 서양 미술의 놀라운 점은 우리에게 아주 편안히 다가온다는 것이다. 예수 탄생은 아기와 그 어머니, 아버지(다소 거리가 있다)가 있고, 친구들과 친지들이 갓난아기를 보며 경탄하고, 어떤 이들은 선물을 들고 찾아오는, 대단히 익숙한 장면이다. 우리 모두는 각각의 사람들이 어떤 감정을 느끼고 있는지를 거의 알고, 각각의 사람들이 무엇을 어떤 이유로 하고 있는지를 일반화하여 이해한다. 우리가 이것을 알고 이해하는 것은, 아주 흔한 그 감정들을 우리의 몸이 어떻게 표현하는지를 알기 때문이다.

르네 데카르트의 위대한 철학서 — 1641년 파리에서 출간된 《성찰》 — 를 그 시대의 그림들, 예를 들어 예수 탄생을 묘사한 어떤 그림이나, 데카르트의 동포인 니콜라 푸생이 바로 그해에 그린 소박한 〈성가족〉(디트로이트미술관 소장)과 나란히 놓고 보면 대단히 큰 가르침을 얻을 수 있다. 푸생의 그림은 성모마리아가 아기를 먹일 죽 그릇을 데우면서 아기와 놀고 있는 장면을 보여준다. 아기는 젖을 떼는 중이다. 성 요셉은 예수가 밤새도록 울어 한숨도 못 잤는지, 창턱에 기대어 졸고 있다. 우리는 모든 사람이 무엇을 생각하고 무엇을 느끼는지를 정확히 알 수 있다. 물론 어떤 것도 성가족이 성스럽다고 말해주지 않는다. 그것은 믿음을 가진 눈에 보인다. 그들의 성스러움이 어떤 의미인지를 알려면, 불순종과 죄악으로 시작하는 상당히 복잡한 형이상학적 이야기와, 선악에 관한 지식을 충분히 소화하고 있어야 한다. 그러나 기독교 화가들은 어떻게 해야 성가족의 인물들이 인간적일 수 있는지를 완벽하게 보여주었다. 성모마리아와 아기예수가 행복하고 서로 사랑하고 있음을 안다는 것과, 성모마리아가 순결하고 성령의 선택된 그릇임을 안다는 것은 다르다. 둘 다 추론이 필요하지만, 전자의 추론은 우리가 굳이 생각하지 않아도 일상생활에서 자연스럽게 하게 되는 종류의 추론이다. 우리는 이것을, 말하자면 어머니의 무릎 위에서 배운다. 우리는 무의식적으로 사랑에 사랑의 표정으로 반응한다. 어머니가 자식에게 음식을 먹이거나 젖을 물릴 때 그 얼굴에서는 아주 큰 일이 벌어지기 때문에, 사랑의 의미는 모자가 상호작용을 하는 최초의 순간들에 즉시 전달된다. 나의 생각으로, 월하임은 그의 독자들에게 이런 종

니콜라 푸생, 〈성가족(Sainte Famille)〉(1641)

류의 생각을 전달하고자 한 듯하다. 나는 어느 책에서, 음식을 먹이는 사람이 가면을 쓰고 있으면 아이가 음식을 거부한다는 글 ― 얼마나 위험한 실험인가! ― 을 읽은 적이 있다. 심지어 그것이 웃는 가면, 즉 행복한 표정이라도 아이는 아마 음식을 거부할 것이다. 어머니의 감정과 표현에 대한 아기의 직접적인 지식에 그렇게 큰 문제가 달려 있다. 아주 많은 얼굴 근육이 양육과 사랑의 표정에 관여한다! 오해하는 건 논리적으로는 가능하지만 거의 여지가 없어 보인다.

데카르트는 틀린 생각에 대한 두려움, 우리를 틀린 생각에 빠뜨리기 위해 안간힘을 쓰는 모종의 사악한 천재에게 속고 있을지 모른다는 두려움에서 출발한다. 그것은 인간과 악마의 결투와 비슷하다. 내가 악마를 무찌를 수 있을까? 인식의 평정 상태에 이를 수 있을까? 나는 과연 무엇인가를 확신할 수 있을까? 나의 답은 '그렇다'이다. 내가 항상 틀린 생각을 한다면, 나는 적어도 그것이 틀렸다고 생각하고 있음이 분명하다. 생각하는 사람만이 틀릴 수 있다. 만일 어떤 사람이 항상 틀린 생각을 한다면, 그는 항상 생각을 하고 있는 것이 분명하다. 그래서 사람은 어떤 것에 대해 아무리 틀리게 생각한다고 해도, 생각한다는 사실에 대해서는 절대 틀리지 않는다. 이 말이 틀렸다고 가정해보자. 그렇다면 나는 내가 생각하고 있지 않다고 생각하고 있으니, 결국 나는 생각하고 있는 것이 분명하다! 결코 부인할 수 없는 단 하나는 바로 생각이다. 따라서 나는 데카르트가 말한 "생각하는 존재," 즉 나의 본질로서의 **사유하는 존재**res cogitans임이 분명하다. 나는 아주 쉽게, 나에게 몸이 없다고 생각할 수 있다! 내가 나에겐 분명 생각할 몸이 있다고 생각한다는 사실에서는 어떤 결과도 나오지 않는다! 나는 나에게 몸이 있다는 것을 부인할 수 있다. 이는 틀린 것일 수도 있지만,

내가 생각하지 않고 있다고 생각할 때와 같은 방식으로 틀리지는 않을 것이다. 그래서 나에겐 몸이 있을 수도 있고 없을 수도 있다. 그러나 만일 내가 틀리다면 나는 정신이어야 한다. **나는 사유하는 존재다**Sum res cogitans. 생각하는 자아는 논리적으로 몸과 별개다. 이것이 데카르트의 견해다. 간략히 하면 다음과 같다. 의심한다는 것은 생각의 한 형태이기 때문에 나는 나의 존재를 지적으로 의심할 수 없고, 그래서 만일 내가 생각한다면 나는 존재한다. 그러나 나는 나에게 몸이 있다는 것을 지적으로 의심할 수 있다. 그러므로 나는 나의 몸과 동일하지 않고, 그러므로 논리상 나는 몸 없이 존재할 수 있다.

별개라는 것은 분리될 수 있음을 의미한다. 정신은 몸과 분리될 수 있고, 논리상 몸과 독립되어 있다. 여러분도 느끼겠지만, 데카르트에게 이는 강력한 개념이었다. 옛날 용어로 그것은 영혼이 육체와 떨어질 수 있다는 뜻이었으며, 이는 영혼이 육체와 분리된 후에도 계속 살아 있을 가능성에 대한 일종의 논리적 주장이고 따라서 불사불멸에 대한 주장이다. 데카르트는 어떻게 생각했을지 모르지만 이것이 반드시 희소식은 아니었음은 강조할 가치가 있다. 교회는 육체의 부활을 강하게 믿었다. 그리스도는 몸으로 다시 살아나고, 몸을 가진 상태로 아버지 곁으로 올라간다. 교회의 주장에 의하면 심판의 날에 우리는 자신의 몸과 재결합한다. 교회는 몸이 없는 영혼들이 훨훨 날아다니는 천국에는 관심이 없었다. 내가 이것을 언급하는 이유는 데카르트의 경우에서처럼 철학이 사실상 몸을 폐기할 수 있었던 시대에도 몸이 종교에 얼마나 중요했었는지를 다시 한 번 강조하기 위해서다. 자살 폭탄 테러범들이 약속받은 육체의 낙원을 생각해보면 그것은 분명 이슬람교에서도 중요한 개념임을 알 수 있다.

그는 무엇을 폐기했는가? 데카르트가 생각한 그 몸은 적어도 우리의 공통적인 경험에 근거하자면, 푸생의 세계나 우리의 세계에 존재하는 몸이 아니었다. 그것은 기계 — 시계보다 복잡하지만 단지 정도의 차이만 있는, 움직이는 부품들로 이루어진 일종의 조각상 — 였다. 데카르트는 다양한 부품들의 운동을 통해 이 기계가 어떻게 기본적인 기능들 — 걷기, 먹기, 숨 쉬기, 그 밖의 기능들 — 을 수행하는지를 설명하려 했다. 1664년에 《인간에 대한 논의 Traité de l'homme》에서 데카르트는 몸을 그렇게 완전히 기계적인 물체로 환산하여 설명하고자 했다. 그가 마지막에 한 말에 따르면, 이 모든 기능들은 시계 — 또는 어떤 다른 자동 기계 — 의 운동이 "톱니바퀴와 추의 운동에서 나오는" 것과 아주 똑같이, 신체 기관들의 배치에서 자연스럽게 나온다. 그 기능들은 완전히 기계적이고, "심장에서 계속 타는, 무생물체에서 볼 수 있는 불과 본질상 조금도 다르지 않은 불의 열기"에 기인한다. 증기기관은 다음 세기에도 발명되지 않았지만, 데카르트가 증기기관을 알았다면 틀림없이 그것을 우리의 작동 방식을 묘사하는 모델로 사용했을 것이다. 인간의 몸에 관한 사유의 역사는 그런 모델들의 역사와 거의 동일하다. 17세기에 사용할 수 있는 모델은 시계였다. 18세기와 19세기에는 증기기관처럼 자기 조절 기능이 있는 기계 장치들이었다. 오늘날 그 모델들은 컴퓨터에 기초한 것들이다. 미래의 과학기술은 신체 과정들을 이해할 수 있는 모델로 무엇을 내놓을지 지금으로서는 아무도 알지 못한다. 그래서 몸에 대한 이해는 대체로 은유적이지만, 과학기술이 진보한 덕분에 우리는 고대인들이 몸에 대해 알고 있었거나 알 수 있었던 것보다 엄청나게 많은 것을 알고 있다. 만일 아리스토텔레스가 다시 지구에 온다면 시대를 따라잡느라 진땀을 흘릴 것이다. 신체에 대한 그의 지식은 절망스러우리만치 구시대적일 것이다.

반면에 미술에 묘사된 몸은 예나 지금이나 완벽히 이해할 수 있을 것이다. 우리가《일리아스》와《오디세이》나 그리스 비극 속의 인물들이 행동하는 방식을 아무 어려움 없이 이해하는 것과 똑같이, 그도 푸생의 성가족 그림에 펼쳐져 있는 상황을 아무 어려움 없이 알아보았을 것이다. 또한 피카소의 청색 시절의 그림들에 펼쳐져 있는 상황을 아무 어려움 없이 이해했을 것이다. 큐비즘을 만난다면 조금 곤란을 겪겠지만, 피카소가 남자와 여자와 먹을 것 외에 무엇을 그렸는가? 소화나 색에 관한 아리스토텔레스의 글에는 우리가 배울 만한 것이 전혀 없다. 또한 감정에 관한 그의 글이나 수사학에 관한 글에도 우리가 배울 것은 전혀 없다. 하지만 그 이유는 아주 다르다. 소화에 관한 글에서 배울 것이 없는 것은 그의 견해가 완전히 쓸모없어졌기 때문이다. 반면에 수사학에서 배울 것이 없는 것은 크게 변한 것이 없기 때문이다. 오늘날 인간의 재료는 고대의 재료와 똑같고, 푸생이 살았던 시대의 재료와 똑같다. 그리고 이는 데카르트에게도 해당된다. 그러나 그의 생리학은 푸생의 인상학과는 달리 구식이었다. 인간의 재료는 여전히 푸생이 묘사한 것과 동일하다. 물론 아리스토텔레스 이래로 2,500년 동안 몸은 변하지 않았다. 그러나 몸에 관한 지식은 아리스토텔레스, 데카르트, 오늘날의 일반적인 의학 교과서가 동일한 대상을 다루고 있다고 믿기 어려울 정도로 크게 변했다. 시와 그림은 그렇지 않다. 우리는 인간에 관하여 호메로스와 에우리피데스 또는 푸생이나 초기의 피카소에게서 얻을 수 있는 것보다 더 좋은 지식을 아무 데서나 얻을 수 없다. 내가 몸/몸 문제의 개념에서 언급한 것은 바로 이 불일치였다. 물론 요즘 화가들은 과학을 이용해 인간을 그리려고 노력한다. 미술상인 맥스

프로테치Max Protetch는 DNA를 그리는 사람이 그린 가족 성탄카드를 나에게 보냈다. 거기에는 그의 DNA는 물론이고 아내인 헤더Heather의 DNA와 두 자녀의 DNA가 그려져 있었다. 아리스토텔레스가 그 그림을 보았다면 프로테치의 가족을 전혀 떠올리지 못했을 것이다! 아무도 DNA로는 그가 어떤 사람인지를 알지 못한다! 하지만 이 이야기는 여기서 접기로 하자.

    데카르트가 그린 몸과 마음의 그림은 인간을 기계 속 유령에 빗댄 그의 묘사 때문에 쉽게 풍자의 대상이 된다. 한편으로 몸과 마음이 논리상 독립되어 있다는 그의 명제와, 다른 한편으로 몸에 대한 지극히 기계론적인 관점이 인간을 기계 속의 유령으로 보는 견해를 지탱한다는 데에는 의문의 여지가 거의 없다. 그러나 사실 그의 견해는 그보다 더 복잡하고, 그래서 약간 길게 이야기할 가치가 있다. 제6(마지막)〈성찰〉에서 그는 약간 놀랍게도 "도선사가 배 안에 있는 방식은 내가 이 몸 안에 있는 방식과 다르다"라고 주장하는데, 우리가 몸과 마음이 논리상 독립되어 있다는 그의 테제에 용기를 얻어 정말 그렇다고 믿을 시점에 그렇게 말한다. 하지만 그렇지 않다. 데카르트는 우리는 우리의 몸과 하나고, 우리와 우리의 몸은 떼려야 뗄 수 없이 합쳐져 있다고 말하고 싶어 한다. 도선사는 배가 파손된 것을 배가 기울기 시작하거나 물이 새기 시작하는 등의 증상을 보고 단지 추론으로 알게 된다는 것이 그의 생각이다. 이와 대조적으로 우리의 몸이 손상되었을 때 우리는 그것을 직접적으로 안다. 우리는 통증을 느끼거나, 영혼 안에서 생각과 비슷한 어떤 것이 전혀 발생하지 않을 만큼 아찔한 현기증을 느낀다. 물론 몸에 손상이 와도 느끼지 못하는 경우가 있다. 우리는 어떤 느낌을 통해서도 고혈압이 왔다는 것을 알지 못하고, 단지 의료기에 표시된 수치를 통해서만 그것을 안다. 또는 혈당 수치가 예상치를 크게 웃돌아도 알지 못한다. 그러나 데카르트는, 다시 아기로 돌아가자면, 아기가 배고프거나, 목이 마르거나, 자리가 축축하거나, 배가 아플 때 우는 경우처럼, 우리가 몸에 손상이 왔다는 것을 직접 알게 되는 기초적인 경우들을 고려하고 있다. 그리고 우리는 아기의 울음소리가 들릴 때 비록 위에 열거한 이유 중 무엇 때문인지는 알지 못해도 그런 일이 일어났음을 안다. 아기가 몸 안에 있는 방식은 아기가 유모차 안에 있는 방식과 다르다. 유모차에 구멍이 났다고 해서 아기는 울지 않는다.

    1664년의《인간에 대한 논의》에서 비록 거칠지만 데카르트가 설명하고자 한 것은 바로 육화된 마음이었다. 그는 사실 육화된 마음 안에서 발생하는 일, 즉 열정과 욕망, 소리, 냄새, 맛, 온도 변화의 감각들 — 월하임이 설명한 신체 감각들 — 에 흥미를 느끼고 있었다. 그는 각성과 수면에 흥미를 느끼고 있었는데, 이는 육화된 마음에만 수반될 수 있었다. 물론 몇 가지 문제가 있으며, 그중 한 주요 문제에 대해 수십 년 후인 1714년에 라이프니츠가《단자론》에서 훌륭한 이미지를 통해 논의했다. 이 논의는 우리의 시선을 마음/몸 문제의 핵심으로 이끈다.

> 지각과 지각에 의존하는 것을 설명할 때에는 기계론적 원인들로는, 즉 형태와 운동으로는 설명할 수 없음을 인정하지 않을 수 없다. 또한 만일 생각하고 느끼고 지각할 수 있도록 조립된 어떤 기계가 있다면, 우리는 그것을 크게 확대되었지만 동일한 비율을 유지하고 있는 기계로 상상할 수 있고, 방앗간에 들어가듯이 그 안에 들어갈 수 있다. 그리고 이것이 가능하다면 우리는 그 안에 들어갔을 때 서로 밀치는 부품들을 발견하겠지만, 지각을 설명할 만한 것은 전혀 발견하지 못할 것이다. 그러므로 지각을 설명할 만한 것은 그 합성체나

기계에서가 아니라 단순 실체에서 찾아야 한다.

이렇게 라이프니츠는 지각은 기계가 아니라 그가 "단순 실체simple substance"라 부르는 것에 있다고 주장한다. 사실 이는 일종의 기계 속 유령 이론이다.

방앗간에 들어가듯 몸속으로 들어가는 이미지는 대단히 생생하다. 과학기술의 발전 덕분에 우리는 적어도 시각적으로는 몸속에 들어갈 수 있다. 이 글을 쓰는 도중에 나는 요로결석으로 고생했는데, 통증이 아주 심했다. 돌은 CAT 사진에도 나타났고, 도뇨관 속으로 집어넣은 광섬유 검사에서도 나타났다. 그 비뇨기과 의사는 돌을 볼 수 있었고, 내가 지독한 통증에 시달리고 있다는 걸 이해할 정도로 신경 구조를 잘 알고 있었다. 사람들은 그 돌이 짓누르고 있는 신경에서 신경망 전체로 이어지는 경로를 확인할 수 있고, 내가 틀림없이 고통스러워하고 있다고 추론할 수 있다. 그 통증은 말하자면 눈에 선히 보인다. 그러나 보는 것과 느끼는 것은 아주 다른 감각이다. 사람들은 깃털이 발바닥을 어떻게 건드리는지를 볼 수 있지만, 시각적 경로로는 그 깃털이 만들어내는 간지러움을 느끼지 못한다. 가장 밀접한 육체적 관계인 성교를 생각해보자. 우리는 상대방의 몸으로 들어가거나 몸을 에워싼다. 그러나 상대방이 어떻게 느끼는지는 인간만큼이나 오래된 신비다. 그 행동이 아무리 매춘 같은 행위였다고 해도 우리는 상대방이 '좋았는지'를 알고 싶어 한다. 우리는 우리가 어떻게 느끼는지를 안다. 그러나 다른 사람의 느낌은 항상 의심스러운 문제다. 〈해리가 샐리를 만났을 때〉에서 멕 라이언이 보여준 오르가슴 연기를 생각해보라.

우리는 이제 마음/몸 문제의 핵심에 도달했다. 우리는 우리가 "들어간" 몸의 주인이 무엇을 지각하는지를 알 수 없다는 의미에서, 라이프니츠는 의문의 여지없이 옳다. 그 지각은 단지 그 사람만이 경험하고, 당사자만이 통증이나 간지러움 — 또는 희열 — 을 느끼는데, 이것이 바로 우리가 우리의 몸과 긴밀히 결합되어 있다는 말로 데카르트가 표현하고자 한 의도의 일부이다. "나도 너의 고통을 느낀다"는 동정적인 난센스다. 예수가 "이 잔을 내게서 지나가게 하옵소서"(《마태복음》 26장 39절)라고 울부짖을 때, 그는 그렇게 될 리가 없음을 알고 있다. 기독교라는 드라마의 전막이 요구하는 바에 따라 신은 그 아들의 몸으로 십자가에서 죽는 끔찍한 고통을 겪어야만 한다. 다른 방도는 전혀 없다.

세부적인 점들을 제외하고 나는 데카르트가 이 문제를 최대한 끝까지 다뤘다고 생각한다. 신경의 교란이 그 신경의 주인에게 통증이나 간지러움으로 지각되는 이유는 불가사의다. 그것은 신경조직의 불가사의다. 우리가 실제의 방앗간으로 걸어 들어간다고 상상해보자. 맷돌들이 보이고 그 사이에서 빻아지고 있는 곡물이 보인다. 어떤 사람은 이렇게 생각할 수도 있다. 만일 이것이 사람의 몸이라면, 우리는 그 몸의 주인이 통증을 겪고 있을 거라고 상상할 수 있다. 그렇다면 이 방앗간은 우리가 느낄 수 없는 저만의 고통을 겪고 있을까? 연골이 다 닳았을 때 뼈와 뼈가 부딪히고, 그래서 고관절 대치술을 받아야 하는 그런 고통을 겪고 있을까? 우리는 그렇다고 생각할 수도 있고 아니라고 생각할 수도 있다. 맷돌들이 내는 소리는 고통에 빠진 어떤 존재의 신음소리와 같을 수도 있고, 혹은 단지 그 맷돌들이 서로 갈릴 때 나는 소리일 수도 있다. 그러나 이런 사색이 완전히 무익하지는 않다. 우리가 소유하고 있는 몸 이외에 다른 종류의 몸들이 존재하는지, 그 소유자들 — 정말 소유자가 있다면 — 이 내가 느끼는 그런 종류의 지각을 경험할 수 있는지에 대하여 의문을 불러일으키기 때문이다. 만일 아니라면, 데카르트와 그의 《인간에 대한 논의》에 묘사된 그 존재는, 푸생의 그림 속 인물들이 보여주는 그런 종류의 느낌들 — 그것을 가능하게 하기 위해 그 몸 안에서 무슨 일이 벌어지는지를 우리가 거의 알지 못한다 해도, 우리에게 아주 명료하게 찾아오는 느낌들 — 을 경험하는 존재들이다.

나는 여기에서 몸과 마음이 논리상 독립되어 있다는 데카르트의 생각을 다시 다루고 싶다. 17세기에는 없었던 적용 대상, 방앗간이 고통을 겪고 있는가에 대한 다소 세련되지 못한 추측이 결국 얼마간의 관련성을 지니게 되는 새로운 적용 대상이 생겼기 때문이다. 비교적 최근까지도, 생각을 할 수 있다고 알려진 유일한 존재는 인간의 신체를 규정하는 특유의 신경조직을 갖고 있다고 여겨졌다. 데카르트는 신경조직이 이야기의 전부는 아니라고 확신했다. 동물에겐 [신경조직은 있지만] 마음이나 사고 능력이 없다고 믿으려 했고, 심지어 동물은 통증도 못 느낀다고 믿으려 했기 때문이다. (오늘날 사람들은 끓는 물에 바닷가재를 넣을 때, 바닷가재는 아무것도 못 느낀다고 즐겨 말한다.) 칸트는 이성적 존재 — 우리뿐 아니라, 천사같이 '더 높은 존재들'도 포함되었다 — 에 대해 이야기했는데, 사람들은 천사들이 갖고 있는 몸의 종류들에 대하여 추측하기도 했고, 심지어 그들이 통증이나 심지어 육체적 쾌감을 느끼는가라는 의문도 품었을 것이다. 그러나 이 문제는 컴퓨터가 사고를 할 수 있는 것처럼 보이기 시작했을 때 새로운 방향으로 나아가기 시작했고, 마음의 과정들은 복수적으로 실현 가능하다는 생각, 즉 생각은 뇌의 활동일 수도 있고 컴퓨터의 활동일 수도 있으며,

사고는 뉴런에서도 실현 가능하고 마이크로칩에서도 실현 가능하다는 생각이 철학자들에게 떠올랐다.

천차만별의 설득력을 지닌 철학자들과 괴짜들이 복수적 실현 가능성의 문제들에 집착해왔고, 기계가 생각하고, 체스를 두고, 그 밖의 일들을 할 수 있는가 — 인공지능도 지능인가 — 에 초점을 맞춰왔다. 이 문제들에 대해서는 현재 결론이 나지 않은 방대한 문헌이 존재하므로, 나는 여기에서 그런 논의를 시작할 생각이 없다. 나에게 중요한 문제는 기계도 생각을 할 줄 아는가가 아니라 기계가 어떤 생각을 하느냐다. 그런데 기계는, 데카르트가 제6〈성찰〉과 《인간에 대한 논의》에서 다뤘던 우리의 육화된 조건에 전제로서 필요한 몸에 대해서는 생각을 하지 못한다는 것이 나에겐 분명해 보인다. 나는 몸의 언어라고 이름 붙여도 될 만한 어떤 것과 관련하여, 기계가 숙달할 수 있는 '언어 놀이'가 없다고 말하려는 것이 아니다. 기계는 "머리가 아파"라고 말할 수 있다. 우리가 "뭘 잘못 먹었니?"라고 물으면 기계는 아니, 스트레스 때문이라고 말하고, 우리가 기계에게 쉬어야 한다고 말하면 기계는 할 일이 아주 많은데 어떻게 쉴 수 있냐고 말할 수 있다. 이것은 그런 척하기와 같다. 기계는 두통을 못 느끼고, 음식을 못 먹고, 스트레스를 못 받고, 휴가를 못 보낸다. 이 관용구들을 이해하려면 우리가 갖고 있는 이런 몸을 갖고 있어야 한다. 사람이어야 한다. 푸생의 그림에 있는 인물들과 같아야 하고, 1950년대에 뉴욕 현대미술관에서 열린 유명한 전시회의 제목을 이용하자면, 〈사람과族, The Family of Man〉에 속해야 한다.

나는 《몸/몸 문제》를 쓸 때 시스티나성당 천장에 관한 논의의 말미에서 제거론이라는 철학적 입장에 대해 언급했다. 제거론의 주장은 사실상, 우리가 서로를 묘사하기 위해 사용하는 언어는 화가들이 사용해온 신체 언어와 딱 들어맞고 제거론의 저자들이 말하는 이른바 통속 심리학에 기초해 있으며, 따라서 가망이 없을 정도로 구시대적이라는 것이었다. 그들의 말에 따르자면, 우리는 사실상 라이프니츠의 방앗간에 들어가면 마주칠 수 있는 것들에 기초한 언어 — 오고 가는 신경 자극이 지각을 허락하는 몸의 언어 — 를 사용해야 한다. 하지만 나의 생각은, 몸에는 두 종류, 다시 말해 엑스레이나 MRI 같은 다양한 의학적 촬영, 또는 절개나 해부를 통해 진입하는 순간 만나게 되는 몸과, 분노, 슬픔 등등을 표현하는 통속 심리학의 몸이 있다는 것이다. 통속 심리학을 제거하면 우리는 몸으로 만나는 것들의 의미를 전혀 알 수 없게 된다. 그리고 과학이 우리에게 알려주는 것을 제거하면, 우리는 그 의미들이 어떻게 가능해지는지를 전혀 알 수 없게 된다.

그것은 목마름과 배고픔, 열정, 욕망, 사랑을 느끼는 몸이다. 그것은 우리가 전투 중인 남자들, 사랑과 슬픔에 빠진 남녀를 묘사한 고대인들의 글을 읽을 때 이해하는 몸이다. 또한 우리의 예술 전통이 수백 년 동안 영광스럽게 다뤘고, 오늘날 어떤 종류의 퍼포먼스에서는 다소 덜 영광스럽게 다루는 몸이라고 나는 말하고 싶다.

4장

경쟁의 끝
그림과 사진의 파라고네

> 회화 예술은 죽었다.
> 이것은 실물 그 자체이거나, 그보다 더 숭고한 어떤 것이기 때문이다.
> — 크리스티안 하위헌스, 1622년 카메라 옵스큐라를 들여다보면서.

르네상스 시대에 **파라고네**paragone — 이탈리아어로 '비교' — 는 한 예술이 다른 예술들보다 우월하다고 주장할 때 쓰는 말이었다. 예를 들어 레오나르도 다빈치는 회화와 다른 예술들(시, 음악, 조각, 건축)을 비교하는 소론을 썼다. 결론은 '회화가 다른 모든 예술보다 우월하다'였다. 이 행위의 주된 의도는 다빈치 본인을 비롯한 현직 화가들의 사회적·물질적 환경을 향상시키는 데에 있었다. 어떤 면에서 추상표현주의 화가들이 전성기를 구가할 때 회화는 뉴욕의 지배적인 예술이었다. 나는 그들이 즐겨 찾던 시더 바Cedar Bar에서 파라고네를 주제로 설전을 벌였다는 이야기는 들어보진 못했지만 — 가령, 회화 대 조각 — 여자는 그림을 그리기에 부적합하다는 태도는 확실히 존재했다. 여자들은 이것을 진리로 받아들였고, 그들이 예술을 진지하게 연구하기 시작할 때 문제의 초점은 어떤 예술이 그들의 성에 적합한가에 맞춰졌다.

말할 필요도 없이 여자들과 그들을 지지하는 남자들은 회화를 깎아내렸다. 1970년대에 들어 조각과 사진은 여자에게, 회화는 남자에게 적합하다고 여겨졌고, 그와 동시에 회화는 과거의 영광을 잃게 되었다. 물론 오늘날 미술은 명확히 분할되지 않으며, 콜라주가 설치미술보다 윗자리에 있다거나 퍼포먼스가 그 둘보다 윗자리에 있다고는 상상하기도 어렵다. 그러나 19세기와 20세기 초에 걸쳐 오랫동안 사진과 회화 사이에는 파라고네가 있었다. 미술의 역사가 정치의 역사와 뒤얽혀 있는 시대에 누구도 그것이 미술사에서 마지막 파라고네가 되리라고 말할 수는 없지만, 그 파라고네는 예술의 형식에 의거하여 비교를 하는 일반적인 파라고네와 달랐고, 사진을 예술로 분류하기를 거부하는 막연한 분위기로 존속했다. 프랑스에서는 이 분위기가 비교적 빨리 해소된 것처럼 보였다. 1839년에 은판사진술이 발명된 후 1857년 살롱전에 최초로 사진이 그림, 조각과 함께 전시되었다.

반면에 알프레드 스티글리츠는 1917년에도 여전히 미술계가 사진을 거부한다고 느꼈다. 1917년에 뉴욕에서 열린 독립미술가 전시회는 마르셀 뒤샹의 〈샘〉을 거부하여 오명을 얻었지만(1장을 보라), 이때 사진이 거부당했다는 기록은 없다. 그 전시회의 모델인 프랑스 독립미술가 전시회(앙데팡당전)는 또 다른 〈낙선전〉 그리고 1863년의 살롱전에서와 같은 가혹한 심사를 미연에 방지하기 위해 무심사 무상금의 원칙을 공개적으로 표방했다. 제1차 세계대전이 발발하고 스티글리츠가 자신의 화랑을 닫을 무렵, 미국에서 사진이 순수 미술의 하나인가 아닌가는 여전히 미해결의 문제였다. 나는 미술관들이 그 문제를 해결했을 때에도 철학자들은 여전히 그것을 미해결로 보았다고 생각한다.

다시 말해 1930년에 뉴욕 주 버팔로의 올브라이트녹스미술관은 스티글리츠의 사진 컬렉션을 매입했고, 1940년에 뉴욕 현대미술관은 사진 전시관을 설립하고 에드워드 스타이컨Edward Steichen에게 관리를 맡겨 자신의 현대성을 널리 알렸다. 그러나 한참 후인 1958년에도 윌리엄 케닉William Kennick은 철학 독자들에게 사진은 경계에 걸쳐 있는 예술품의 경우라고 넌지시 말할 수 있었다. 이는 의심할 바 없는 사실이다. 사진은 앤트 새디Aunt Sadie와 엉클 알Uncle Al이 신혼여행지인 시더포인트에서 찍은 누르스름한 스냅사진에서부터 2008년 소더비 경매에서 334만 456달러에 팔린 안드레아스 구르스키Andreas Gursky의 〈99센트 II, 딥티콘99Cent II, Dyptychon〉에 이르기까지 그 범위가 매우 넓다. 따라서 어쩌면 프랑스에서 사진을 둘러싼 분규가 즉시 발생하지 않은 것은 문제의 사진이 초기의 은판사진[1] 중 하나였고, 장인이 손으로 그린 보통의 작은 초상화보다 제작비가 많이 들었기 때문일 것이다. 심지어 상아 위에 그린 것일지라도 말이다.

소문에 따르면 화가인 폴 들라로슈는 루이 다게르의 이 발명품을 처음 알았을 때 "오늘을 마지막으로 회화는 죽었다"라고 말했다 한다. 그 즉시 파라고네는 부인할 수 없는 현실이 되었다. 적어도 내가 알아낼 수 있는 범위에서 아무도 들라로슈가 실제로 이 말을 했다고 확인한 적이 없고, 그래서 아무도 그가 무슨 말을 하려 했는지를 알지 못한다. 다양한 미술 아카데미들이 여전히 역사화를 가장 위신이 있는 회화 장르로 여기던 시대에 들라로슈는 중요한 역사화가였고, 대체로 과거에 일어난 사건들을 묘사했던 만큼, 그는 그림을 그리는 동안 사진으로부터 위협을 거의 받지 않았을 것이다. 게다가 그는 랑케의 유명한 정의를 빌리자면 과거를 "**본래 있었던 그대로**wie es eigentlich gewesen[2]" 묘사하기보다는 재미있는 이야기를 보여

---

[1] 루이 다게르의 이름을 따 '다게레오타입'이라고도 불리는 은판사진은 단 한 장만 만들 수 있다.
[2] 실증주의 사학의 성격을 잘 드러낸 말이다.

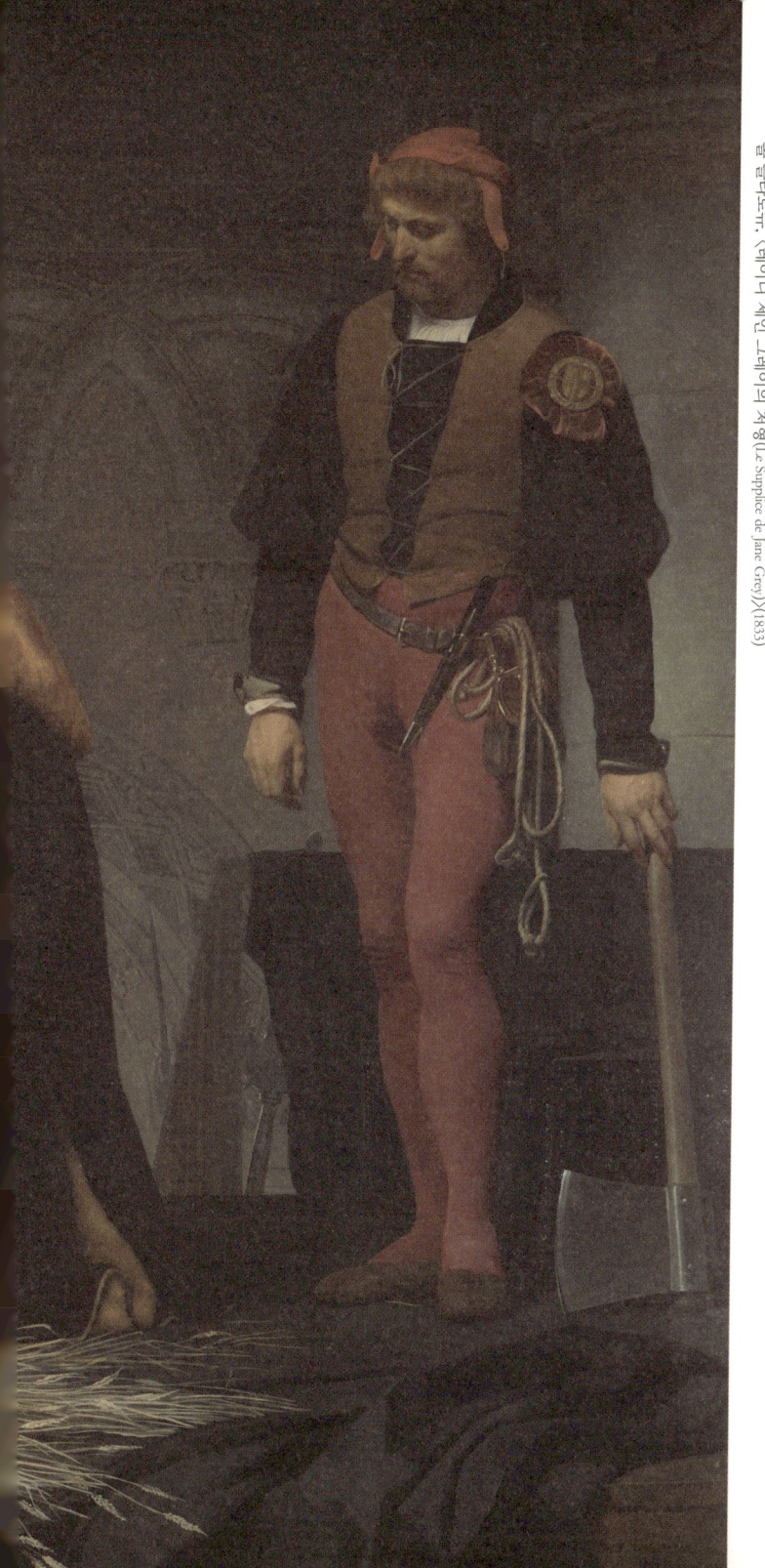

폴 들라로슈, 〈레이디 제인 그레이의 처형(Le Supplice de Jane Grey)〉(1833)

주는 데에 관심을 쏟았고, 그래서 들라로슈는 1833년에 역사 기록과는 반대로 레이디 제인 그레이의 처형 장소를 지하 감옥으로 묘사했다. 이 회화의 선택권은 1839년부터 거의 100년 동안 계속된 회화와 사진의 파라고네에서 중심적인 역할을 했다. 1930년경에 이르러서야 파라고네가 끝나고 사진은 간신히 예술의 지위를 인정받았다. 들라로슈가 품고 있던 생각은, 기술은 전혀 필요 없이 셔터만 누르면 대부분의 화가들이 그리는 대단히 사실적인 그림을 능가하는 초상이나 풍경 사진을 생산할 수 있는 시대에 사람이 세계의 그림을 창조하기 위해 연필이나 붓 같은 도구의 사용법을 익혀야 한다는 건 그저 불합리하다는 것이었다. 사진술의 또 다른 발명자인 윌리엄 헨리 폭스 탤벗도 들라로슈와 같은 태도를 견지하여, 단지 자신이 직접 애써 그리지 않아도 되는 방문 기념품을 원했고 그래서 자연이 제 스스로를 그리는 방법을 발명하고 그것을 "자연의 연필"이라 불렀다. 누가 봐도 사진술은 셔터 누르기에 그치지 않는다. 은판사진은 할로겐화은을 요오드 증기로 점착시켜 코팅한 거울 같은 금속판이다. 그 위에 이미지를 투사하면 화학 작용이 일어나고, 몇 초간 노출시키면 이미지가 고정된다. 게다가 금속판 위에 실물과 완벽히 똑같은 이미지가 형성되는 이 사진술에는 신비한 면이 있다. 종이 네거티브(음화)를 이용하는 폭스 탤벗의 사진술과 달리, 육안으로 보이지 않는 디테일을 포착한다는 보다 깊은 의미에서 이 기술은 마법과 같은 매력을 갖고 있다.

이런 의미에서 손과 눈의 재현 방법을 앞서는 이 카메라의 우월성은 르네상스와 함께 거의 사라진 어떤 전통과 연결성을 지닌다. 미술사가 한스 벨팅Hans Belting은 걸출한 저서 《성상과 숭배Bild und Kult》에서 그 전통을 멋지게 추적한다. 이 책에 따르면 예를 들어 그리스도의 땀에 젖은 얼굴이 마술처럼 전이되어 나타난 베로니카의 베일[3]이나 토리노의 수의[4]처럼, 사람들이 흥미를 느꼈던 종류의 그림은 화가의 손이 아니라 신비한 개입에 의해 만들어진 것들이었다. 그리고 물론 성 누가가 — 성모마리아도 알고 있었듯이, 그 일에 못 미치는 기술로[5] — 그린 성모마리아의 초상화도 빼놓을 수 없다.[6] 성모마리아는 자애로운 기적을 통해 누가의 화판에 자신과 완벽하게 닮은 그림이 생겨나게 했다. 내가 보기에 게르치노의 훌륭한 그림 안에서 성 누가가 보여주고 있는 것은 바로 그 기적임이 분명하다. 성 누가는 자신의 그림이 아니라 성모마리아가 만들어낸 것, 그림 속의 천사가 손으로 만질 수 있다고 착각할 정도로 실물과 대단히 똑같은 그림을 드러내 보이고 있다. 그 이미지는 마치 거울상처럼 성모마리아와 본질적으로 관련되어 있다. 성모마리아가 그림 안에 임했고, 따라서 그 그림 앞에서 기도하는 사람은 성모마리아에게 직접 기도하는 것이며, 소원을 이룰 가능성이 있다. 아마 그 '초상' 자체도 성 누가의 기도에 대한 응답일 것이다. 어쨌든 카메라로 찍었다는 생각이 들 정도라고 말하는 것은 사실상, 그것이 마치 자연이 스스로를 그린 것처럼 보이고, 화가는 아무 관계도 없는 것 같다고 말하는 셈이다. 그림을 사진처럼 보이게 하려면 엄청난 기술이 필요하다.

---

3 성 베로니카가 십자가를 지고 가는 예수의 얼굴을 천으로 닦아주었는데 후에 그 천에 예수의 얼굴이 나타나는 기적이 일어났다고 한다.
4 죽은 예수를 덮었다고 전해오는 아마포 천으로, 예수의 전신 이미지가 희미하게 나타나 있다.
5 당시의 관점에서, 누가의 기술이 부족한 탓에 성모마리아가 개입하여 기적을 일으켰다는 뜻이다.
6 성 누가가 그리스도와 성모마리아의 초상을 그렸다는 전설이 있으며, 중세에 많은 화가들이 이 전설을 그림의 소재로 삼았다.

게르치노, 〈성모마리아의 초상을 선보이는 성 누가(Saint Luca dipinge il ritratto della Vergine)〉(1650년대)

들라로슈는 관대하게도 다게르가 정부 연금을 받을 수 있도록 도왔지만, 다게르 본인이 생각하기에 자신의 진정한 업적은 다른 발명품인 디오라마였다(그가 사진술에 관심을 둔 것은 사진이 보다 나은 디오라마를 만드는 데에 도움이 될 거라고 생각했기 때문이다). 들라로슈는 1839년 다게르를 위해 정부에 추천서를 썼다. "다게르의 방법은 미술의 모든 요구 조건을 충족시키고 미술의 기본 원리들을 완벽하게 구현하므로, 심지어 대단히 뛰어난 화가들에게도 관찰과 연구의 대상이 되어야 합니다." 이것으로 우리는 이 파라고네의 틀을 재현해볼 수 있는데, 그 핵심은 사진이 최대한 개선된 방법으로 제작되었을 때에는 대상이 실제로 어떻게 생겼는지를 그림보다 더 많이 보여줄 수 있다고 외치는 사진술의 자랑이었다. 거의 알려지지 않은 미국의 라파엘전파 화가, 윌리엄 메이슨 브라운William Mason Brown과 존 윌리엄 힐John William Hill이 좋은 예다. 내가 그들에게 관심을 갖게 된 것은, 《네이션Nation》의 첫 번째 미술평론가이자 미국에서 전문적인 미술비평을 창시한 사람들 중 하나인 러셀 스터지스Russell Sturgis가 미국 회화의 미래는 국립디자인아카데미의 회원들이 내놓고 있는 미술이 아니라 그들 자신에게 달려 있다고 생각했기 때문이다. 영국의 유력한 미술평론가인 존 러스킨의 지지를 확보하고 있던 영국 라파엘전파협회처럼, 두 화가도 자신들이 직접 명명한 '시각적 진리'를 믿었다. 러스킨은 1851년 《런던타임스》에 다음과 같이 썼다. 라파엘로 이래로 화가들은 "엄격한 사실보다는 고운 그림을 그리기" 위해 노력해왔지만, 이 화가들은 "그림 그리기의 모든 진부한 법칙들과 무관"해 보이는 것들만 그리기로 결심했다. 미국 라파엘전파 화가들이 서로에게 건넬 수 있는 최고의 찬사는, 사람들이 그들의 작품을 보면 카메라로 찍었다고 생각할 수도 있겠다는 것이었다. 추측하건대 이런 찬사는 그렇다면 카메라가 힘들이지 않고 할 수 있는 것을 힘들게 그리느니, 그냥 카메라를 사용하는 게 어떤가라는 의문을 불러일으켰을 것이다. 사람들이 추측하기에, 카메라는 오직 눈에 보이는 것만을 정직하게 보여주었다. 그러므로 사진은 시각적 진리의 기준이었다. 사진의 예술적 타당성은 주어진 어떤 사례에서든 무엇이 시각적 진리인지를 보여준다는 데에 있었다.

19세기의 화가들은 카메라의 재현물이 종종 사람의 시각에 대단히 생경했음에도 분명 시각적 진리는 사진에 의해 규정된다고 믿었을 거라는 생각을 나는 최근에야 하게 되었다. 이것을 보여주는 좋은 예는 운동하는 말을 찍은 머이브리지의 사진이었다. 화가들은 머이브리지의 이미지들이 말이 달릴 때의 실제 모습을 보여준다고 판단하고서, 우리 눈에 보이는 달리는 말의 모습과 완전히 다른데도 머이브리지의 사진을 자신의 말 그림에 사실상 베껴 넣었다. 실제로 우리의 눈에 비치는 동물들은 머이브리지가 보여주는 것처럼 운동하지 않으며, 만일 똑같이 운동한다면 애초에 사진이란 것이 필요 없었을 것이다. 머이브리지가 조잡하지만 권위 있어 보이는 그 실험을 착안하고 설계한 것은 말의 네 발굽이 동시에 지면에 닿는 순간이 있는가와 같은 문제에 답을 찾기 위해서였다. 다시 말해, 그것은 사람의 눈이 지각할 수 없는 현상이었다. 머이브리지가 출간한 사진들은 토머스 에이킨스 같은 화가들과 미래파 화가들, 그리고 특히 에드가 드가에게 충격을 주었다. 드가는 말을 그릴 때 뻗정다리로 잔디밭을 뛰어가는 모습으로 그리곤 했는데, 머이브리지의 사진에서 볼 수 있는 형태와 정확히 똑같지만 전혀 살아 있는 것 같지 않다. 드가는 직접 사진을 찍기 시작했고, 그 이미지들은 대단히 부자연스러웠지만, 그럼에도 그는 아마 사진이 우리에게 사물을 어떻게 봐야 하는지를 가르쳐준다고 주장했을 것이다. 하지만 이 생각은 광학적 진리와 시각적 진리를 혼동하고 있다. 머이브리지는 빅토리아시대의 화가들을 조롱했지만, 그들이 묘사한 달리는 말은 광학적으로 옳은 머이브리지의 어느 사진보다도 시각적으로 월등히 설득력이 있었다. 그들의 그림은 말을 말답게 보여주었다.

또 다른 예는 초상화다. 사람의 얼굴이 보여주는 것은 대부분 아카데미 화가들이 이야기 그림에서 사람의 감정을 보여주기 위해 종류별로 숙달해야 했던 인상학의 표정들 — 슬픔, 기쁨, 분노 — 이라기보다는, 표정들 간의 변화다. ISO 160의 필름 감도와 60분의 1의 셔터 스피드를 이용하면, 눈으로는 결코 볼 수 없는 얼굴 모습, 말하자면 '표정과 표정의 중간 모습'을 포착할 수 있다. 그런 이유로 우리는 밀착인화지의 이미지를 보고는 종종 '진짜 내'가 아니라고 부인하는데, 거울에서는 그런 표정을 볼 수 없기 때문이다. 그래서 리처드 애버던Richard Avedon의 대표적인 인물 사진에서처럼, 카메라가 얼굴을 낯설게 하는 효과가 나타난다. 결국 현대의 카메라를 통해 사진사는 동작을 정지시키고, 스틸 사진을 만들어, 채색한 초상화로는 생겨난 적이 없고 생겨날 수도 없었던 결과물을 만들 수 있게 되었다. (드가의 말[7]은 삼차원의 스틸사진이다.) 스틸 사진은 '광학적 진리'를 보여주지만, 지각적 진리, 즉 우리가 보는 세계의 상투적인 모습과 일치하지 않는다. 나는 애버던이 나의 친구이자 철학자인 이사야 벌린을 찍은 사진을 봤을 때 이 사실을 처음 깨달았다. 그 사진은 이사야가 그를 아는 사람들에게 보여주는 것과 완전히 다른, 아무도 알아볼 수 없고 눈에 보이지도

---

7 드가의 몇몇 청동 조각을 말하는 듯하다.

않는 음침한 표정을 포착했다. 게다가 그가 '가끔' 이렇게 보인다는 것마저도 틀린 말이다. 그는 사람의 눈에 절대 그렇게 보이지 않았다. 그렇게 보이는 건 단지 ISO 160, 셔터 스피드 60분의 1의 F22에 맞춰진 카메라뿐이니, 사람이 볼 수 없는 게 당연하다. 이렇게 볼 때 카메라는 눈의 한계를 보여준다. 카메라는 우리가 렌즈처럼 볼 수 있다면 비로소 포착할 수 있는 사물의 모습을 보여준다. 따라서 우리는 "그대로 있어! 좋아! 바로 그거야!"라는 요구를 들으며 미소를 짓고 있는 가짜 이미지보다 훨씬 더 좋은 진짜 모습을 스냅사진으로 찍어 밀착인화지에 담을 수 있다.

　이 생각들이 생생하게 떠오른 것은, 1867년부터 1869년까지 에두아르 마네가 막시밀리안[8]의 처형을 그린 다섯 버전의 그림에 대해 생각하고 있을 때였다. 그 그림들은 2006년 5월에 큐레이터인 존 엘더필드John Elderfield가 현대미술관에서 연 훌륭하고도 교육적인 전시회에 한꺼번에 전시되었다. 멕시코 당국이 금지했기 때문에 처형 사진은 한 장도 없었다. 마네는 신문 기사에 의존했고, 보도가 들어오는 동안 그 세부는 계속 변했다. 처음에 마네는 멕시코 게릴라들이 처형을 집행했다고 추측하여 멕시코 중절모를 쓴 총살 집행대를 그렸다. 그러나 현존하는 사진 한 장이 알려주듯이, 총살 집행대는 마네의 최종 공식 그림이 보여주는 것보다 훨씬 더 너덜너덜하긴 했지만 그래도 정복을 갖춰 입은 멕시코 군인들이었다

---

[8] 합스부르크 왕가 출신의 멕시코 황제, 재위 기간 1864~1867년. 오스트리아 황제 프란츠 요세프 1세의 동생으로, 가톨릭과 유럽 대륙의 눈엣가시이던 후아레스 정권을 무력으로 축출하고 멕시코를 점령한 프랑스의 나폴레옹 3세의 제안으로 황위에 올랐으나 프랑스 군대가 철군하면서 후아레스가 이끄는 반군에 의해 처형되었다. 공화주의자 마네는 그의 죽음이 나폴레옹 3세에게 있음을 폭로하기 위해 〈막시밀리안 황제의 처형〉을 그렸다고 전해진다.

에두아르 마네, 〈막시밀리안 황제의 처형(L'Exécution de Maximilien)〉 연작 중 마지막 작품(1868~1869년작)

는 사실이 점차 알려졌다. 갑자기, 마네가 만일 그 장면을 사진으로 찍었다면 우리가 볼 수 있을 그런 방식으로 그 사건을 보여주려 했다는 생각이 나의 뇌리를 스쳤다. 그는 구식 소총들이 발포된 바로 그 순간을 그렸다. 총구에서 연기가 피어오르고 있었고, 막시밀리안과 동시에 처형된 희생자들 중 한 명은 치명상을 입고 바닥에 쓰러지고 있었다. 당시의 사진은 아직 벌어지고 있는 사건을 이렇게 빨리 기록할 수 없었다. 라이카는 다음 세기에 들어서야 발명되었다. 필름은 너무 느리고, 노출 시간은 길었다. 그러나 그 그림이 그려진 방식에는 사진의 고유한 몇몇 특성이 나타나 있다.

평론가인 클레멘트 그린버그는 1954년에 〈추상과 재현Abstract and Representational〉이란 훌륭한 논문 ― 그가 모더니즘이라 명명한 사조의 역사를 스케치한 논문 ― 에서 다음과 같이 말했다.

조토에서 쿠르베에 이르기까지 화가의 첫 번째 과제는 평면을 파내어 삼차원의 공간처럼 보이는 환영을 만들어내는 것이었다. 이 환영은 어느 정도는 시각적 사건이 생명력을 불어넣는 무대와 비슷했고, 그림의 표면은 그 무대를 들여다볼 수 있는 창으로 간주되었다. 그러나 마네는 무대의 배경막을 앞으로 끌어당기기 시작했고, 그 뒤에 등장한 화가들은 (……) 그것을 계속 앞으로 끌어당겼으며, 마침내 그 막은 창문에 철썩 부딪혀 창문을 막고 무대를 가려버렸다. 이제 화가가 그림을 그리기 위해 쓸 수 있는 수단은 말하자면, 다소 불투명한 창유리뿐이다.

내가 아는 한에서 어느 누구도 전통적인 재현에서 모더니즘적인 재현으로의 이행을 이런 말로 묘사한 적이 없고, 어느 누구도 마네에게 모더니즘 프로그램을 시작한 공적을 이런 식으로 돌린 적이 없었다. 내가 다른 면에서 그린버그와 아무리 다르다 해도, 나는 그의 이 접근이 대단히 명쾌하다고 생각한다. 그렇다면 나의 질문은 회화적 공간을 새롭게 생각하게 된 마네의 중대한 사고 전환이 어디에서 비롯되었는가인데, 나는 그의 사고 전환이 사진의 영향이었다고 추측하고 싶다. 사람들은 대부분 근대에 펼쳐진 재현 기술의 역사에서 사진이야말로 진정한 혁명적 발명품이었다고 인정할 것이다.

그린버그는 회화라는 매체의 결정적 본질은 평면성이라고 말한 것으로 유명하다. 이는 "조토에서 쿠르베에 이르는" 회화의 위대한 창조적 업적의 필요조건인 환영의 공간을 사실상 부인하는 말이다. 그린버그의 견해에 어떤 문제가 있든 간에 그가 용기를 내어 모더니즘이 마네에서 비롯했다고 제안할 수 있었던 것도 이 견해 덕분이었다. 이 두 생각을 하나의 인과적 이야기로 묶는 데에 필요한 것은, 예술이 전통적인 모습에서 근대적인 모습으로 바뀔 때 사진이 유효한 역할을 했다는 인식이다. 따지고 보면 카메라가 나오기 전까지 이미지는 카메라 옵스큐라에서처럼 일시적이고 덧없기만 했는데, 그 이미지를 고착시키는 능력을 지닌 카메라보다 무엇이 더 근대적일 수 있었을까? 카메라는 깊이를 축소하고 — "배경막을 앞으로 끌어오고" — 형태를 납작하게 했다. 내 생각에, 이는 주로 그 시대의 렌즈들이 대부분 망원렌즈라, 대상을 눈으로 볼 때보다 더 가깝게 — 거의 코앞에 — 보여주었기 때문이다. 그래서인지 [그림 속의] 총살 집행대는 소총의 총구를 희생자들에게 실제보다 훨씬 더 가까이 들이대고 있는 것처럼 보인다. 오늘날 우리도 텔레비전으로 야구 경기를 볼 때 이런 것을 경험한다. 카메라는 어쩔 수 없이 먼 거리에 설치되어 텔레스코핑(거

上 프란시스코 고야, 〈1808년 5월 3일(El tres de mayo de 1808 en Madrid)〉(1746)
下 에두아르 마네, 〈생라자르역(Gare Saint Lazare)〉(1873)

리 단축)을 해야 하고 이 때문에 투수와 타자를 거의 코앞에 갖다 놓는다. 마네의 막시밀리안 그림은 그와 비슷한 처형 장면을 보여주는 프란시스코 고야의 〈1808년 5월 3일〉에서 영감을 얻었는데, 마네는 마드리드로 가는 여행길에 이 그림을 보았다. 그러나 고야가 이 처형 장면을 그린 1808년에는 카메라가 존재하지 않았다. 그 거리는 시각적 진리의 이름으로 왜곡된 것이 아니었다.

　마네는 또한 전통적인 배색을 억제하는 경향이 있었다. 이는 사진 속에서 정면으로 조명을 받은 대상들이 그림자들을 멀리 던져버리고, 그래서 불가피하게 형체가 납작해 보이는 것과 비슷한데, 마네는 인물을 그릴 때 이 효과를 적용했다. 그린버그는 "밝기를 위해 마네는 이 평면성을 기꺼이 받아들였다"라고 쓴다(*The Collected Essays and Criticism: Clement Greenberg*, vol. 4, 242). 그러나 보다 깊은 진실은 그 렌즈들이 이미지를 중앙 전면으로 끌어당기는 경향이 있었다는 것이다. 예를 들어, 마네의 〈생라자르역〉을 보면 모든 것이 전경에 밀집해 있다. 마네의 그림이 사진작가인 나다르와의 논의로부터 큰 덕을 보았다는 것을 두고 나는 내기를 할 수도 있다. 1874년의 제1회 인상파 전시회는 나다르의 스튜디오에서 열렸다. 모더니즘을 탄생시킨 것은 카메라였다.

　오노레 도미에는 기구를 타고 파리 상공으로 올라간 나다르를 멋지게 희화화했다. 나다르는 기구를 이용해 항공사진을 찍은 최초의 인물이었고, 망원사진을 찍을 때 무슨 일이 발생하는지를 명확히 이해하고 있었다. 도미에는 자신의 그림에 "나다르, 사진을 예술의 차원으로 끌어올리다"라는 농담조의 제목을 붙였다. 나의 추측으로는 나다르를 마네의 이름으로 교체하고 문장을 거꾸로 놓아야 옳을 듯하다. 그린버그가 1960년의 논문,

오노레 도미에,
⟨나다르, 사진을 예술의 차원으로 끌어올리다(Nadar Elevant la Photographie à la Hauteur de l'Art)⟩(1863)
《르 불바르(Le Boulevard)》에 게재

〈모더니즘 회화〉에서 제기한 그 평면성 이론의 아이러니는, 그 이론은 회화 매체를 그 본질[평면성]로 환원시키는 방법론에 의존해야 했지만, 그 본질은 결국 사진이라는 다른 매체의 가공품이었다는 사실에 있다. 그가 자신의 비평 이론에 기초로 삼으려 했던 매체들의 순수성에 대해서는 이쯤하기로 하자. 어쨌든 마네는 카메라를 모방하여 마치 시각적 진리가 당시의 사진술이 만들어낸 가공품인 양 그림을 그렸다는 것이 나의 추측이다.

우연히 현대미술관은 두 전시회를 동시에 열었다. 하나는 모더니즘의 시작을 알리는 징후들을 찾아볼 수 있는 마네의 〈막시밀리안의 처형〉이었고, 다른 하나는 회색들을 포개 놓은 단색화법(모노크롬)으로 출발한 브라이스 마든Brice Marden의 전시회였다. 나는 브라이스 마든의 그림들을 모더니즘이 한 시대양식으로서 종말을 고한 증거로 보았다. 그 그림들은 정확히 말해서 포개진 회색들인데, 보다 짙은 회색으로 된 어둑한 부분들은 예를 들어 재스퍼 존스나 알베르토 자코메티 같은 다른 화가들에게는 작품의 주요 관심사인 사물이나 인물을 뒷받침하는 배경의 역할을 할 만한 것들이었다. 마든은 그 짙은 회색을 앞으로 끌어당겨 그림의 표면과 일치시키고 그 표면을 주제로 삼아 그림을 오브제로 변환시켰다. 그린버그가 말하듯이 모더니즘의 역사는 배경과 전경의 공간을 좁혀온 역사로, 그 발전의 중요한 단계들을 살펴보자면, 먼저 세잔이 테이블의 표면을 관람자 쪽으로 일으켜 세워, 입체파 화가들이 특히 그들의 콜라주에 이용한 것과 같은 공간을 창조한 예가 있고, 화가들이 오려낸 신문 기사와 지폐처럼 납작한 물체를 평평한 표면에 핀으로 꽂거나 풀로 붙여 그림자를 제거하고 그림으로써 깊이를 줄일 수 있었던 트롱프뢰유trompe l'oeil의 미국적 변형이 있다. 다음으로 폴 고갱과 나비파의 필연적인 평면화化가 있다. 나비

파는 장식을 우선으로 하고 아르누보의 대단히 장식적인 포맷을 채택했으며, 그들에게 영향을 준 빈센트 반 고흐는 일본의 목판화에서 발견한 형태의 평평함을 추가로 차용했다. 또한 라파엘전파도 카메라를 모방하려고 시도하면서, 대상을 현미경으로 들여다볼 때와 거의 유사한 방식으로 깊이를 제거했다.

그러므로 마네에서 마든에 이르는 그린버그의 모더니즘 이야기를 따라가다 보면, 평면성이 환영의 공간을 이기고, 그 정점에서 이차원성이 삼차원성에게 승리하는 것을 보게 된다. 그러나 그 파라고네는 더 지그재그에 가까운 길을 걸었다. 카메라가 시각적 진리를 포착하는 데에 있어 더 우월하다고 하면 화가는 마지못해 인정할 수도 있다. 그러나 들라로슈는 회화의 우월성은 회화가 지루하고 낡은 진리에 구속되어 있지 않은 데에 있다고 주장했을 것이다. 회화는 그 자신만의 진리를 창조할 수 있었다. 자연의 연필은 창조적 상상 없이 렌즈 앞에 놓인 것을 추적하기만 한다. 사진사는 단지 눈앞에 있는 것을 재현할 수 있는 반면에, 화가는 자신의 상상력을 자유롭게 이용할 수 있고 사물을 지금 존재하거나 과거에 존재했던 방식과는 다르게 보여줄 수 있다. 그렇게 해서 들라로슈는 자유를 얻고 역사적 진리에 도달했다. 화가는 사건을 재현할 때 순간을 선택한다. 〈레이디 제인 그레이의 처형〉에서 희생자는 눈이 가려진 채 공포 속에서 집행용 받침나무를 더듬어 찾기 시작한다. 아주 잔인한 그림이다. 그녀는 빠르고 깨끗한 죽음을 원하고, 도끼를 잡은 망나니에게 그렇게 해달라고 간청한다. 들라로슈는 레이디 제인의 피를 흡수하고 잘린 머리를 받아줄 짚을 그린다. 그러나 효과를 위해 그는 처형 장소를 야외의 처형대가 아닌 지하 감옥으로 정한다. 다른 그림에서 그는 의회파 원두당 군인들이 파이프 담배의 연기를 찰스 1세의 얼굴에 불어대는 장면을 보여준다. 그는 그림을 소설적으로 다룬다. 사진사들도 재빨리 대응하여 카메라 렌즈로도 그런 일을 할 수 있음을 보여주었고, 따라서 만일 그것이 기준이라면 그들도 예술가로 간주될 법했다. 빅토리아시대의 사진가 헨리 피치 로빈슨Henry Peach Robinson은 배우들을 고용해 감정적인 장면을 구성하고 사진을 찍었는데, 그중 하나인 〈스러짐Fading Away〉은 젊은 여자가 죽어가는 순간을 보여준다. 피치 로빈슨의 구성적인 사진들은 제프 월Jeff Wall의 커다란 역광 사진들에 영향을 미쳤고, 그 작품들과 관련하여 '이것도 예술인가?'는 거의 문제가 되지 않는다. 인상주의가 도래하자 사진가들은 연초점[9], 코팅된 렌즈, 두꺼운 인화지를 통해 그 효과를 따라잡는 방법들을 보여주었다. 그러나 일찍이 들라로슈가 다게르의 연금을 지원해달라는 청원서에서 사진에 예술의 지위를 부여했지만, 스티글리츠는 아직도 사진을 예술로 인정해주지 않는 분위기에 둘러싸여 있었다. 다행히 그 논쟁은 모더니즘 덕분에 무의미해졌다. 카메라와의 경쟁에서 승리하는 것이 더 이상 중요하지 않기 때문이다. 월이 보여주는 것은 어떤 작품도 괜찮다는 포스트모더니즘 — 포스트그린버그 — 의 명제다. 어쨌거나 역광을 사용하겠다는 월의 영감은 버스 정류장에서 나온 것이었다.

한편 왜 사진이 예술의 지위를 인정받지 못했는가는, 주로 회화를 예술로 만들어주는 듯 보이는 모든 요소가 이른바 상형문자에는 빠져 있었다는 사실을 통해 명확해진다. 즉, 사진에는 버튼을 누르거나 노출을 조절하는 것 이상의 손기술이 필요 없었다. 이는 상형문자와 마찬가지로 사진

---

[9] 해상도를 감소시켜 낭만적이고 신비스러운 영상을 표현하는 촬영 기법.

에서도 손이 발만큼이나 불필요함을 의미했다. 이제 필요한 것은 눈만 불필요하게 만드는 것이었고, 여기에서 우리는 다시 뒤샹으로 돌아간다. 그는 미학뿐 아니라 손과 눈을 모두 예술의 **정의**와 무관하게 만들고, 그럼으로써 예술의 개념을 고쳐 썼다. 나는 버스 정류장의 광고판을 예술로 만들게 해준 그 정신과 관련하여, 카메라의 또 한 가지 용도를 논하면서 이 장을 끝맺고자 한다. 그 용도는 바로 1960년대의 사진 실크스크린이다.

실크스크린 인쇄는 사람들이 워홀의 개인적인 철학이라고 생각했을 법한 것과 특히 잘 어울렸다. 그는 1963년에 이렇게 말했다. "나는 실크스크린을 하는 사람들이 늘어나서 나의 그림이 내 것인지 다른 사람의 것인지를 아무도 모르게 된다면 아주 멋질 거라고 생각한다." 따라서 워홀의 전작 도록을 엮은 저자들에 따르면, "(워홀은) 그의 작품을 알려 하거나 작품 안에서 그의 손길을 식별하려 하는 사람들을 피했을 뿐 아니라, 화가의 역할을 예술작품의 저자로 보는 견해를 논박했다." 그는 또한 "오브제의 시각적 특징들을 통해 오브제를 알아보는 미술 감정에 도전했다"(Danto, *Warhol*). 어떤 실크스크린이 그의 것인지 아니면 가령 제라드 말랑가의 것인지를 알아볼 수 있는 "터치"가 없기 때문에, 화가의 눈처럼 화가의 손도 팩토리의 작업에서 이렇다 할 역할을 전혀 하지 않는다. 워홀은 1963년부터 1972년까지 말 그대로 그림 그리기를 중단했다.

실버팩토리 시절에 기획한 최초의 대규모 프로젝트는 브릴로 포장 상자의 모사본들과 그 동생들을 만드는 일이었다. 1964년 봄에 스테이블 화랑에서 열린 그 전시회는 나에게 엄청난 인상을 주었다. 실크스크린이 없었다면 그 전시회는 상상할 수도 없었을 것이다. 예를 들어 브릴로 상자를 만들 때 그는 포장 상자의 윗면과 네 옆면을 사진으로 찍은 다음 합판으로 제작한 상자의 면에 망을 대고 그 위에 잉크를 눌러 스텐실하는 방법으로 실제 상자의 복제품을 만들었다.

내가 현대미술에 철학적으로 몰두한 것은 그 전시회를 방문하고부터였다. 나는 그 상자들이 예술이라고 얼마간 인정했지만, 그 즉시 그 상자와, 시각적으로 그 상자와 똑같이 생긴 실제의 슈퍼마켓 브릴로 상자가 어떻게 다를 수 있는지가 궁금했다. 문제는 사람들이 그 차이를 알아볼 수 있는가가 아니었다. 그것은 인식론의 문제였다. 정말 중요한 문제는 무엇이 두 종류의 상자를 다르게 만드는가였고, 철학자들이 존재론의 문제라 부르는, 예술의 정의를 요구하는 문제였다.

1960년대의 큰 사건은 어떤 것도 예술작품이 될 수 있다는 인식의 부상이었고, 그 현상은 당대의 모든 주요 활동 ― 팝아트, 미니멀리즘, 플럭서스, 개념미술 등 ― 에서 뚜렷이 나타났다. 미술계에서 통하던 유명한 주문은 프랭크 스텔라$^{Frank\ Stella}$의 부루퉁한 말, "눈에 보이는 것이 당신이 보는 것"[10]이었다. 그러나 워홀의 〈브릴로 상자〉를 볼 때 보이는 것과, 사람들이 브릴로 제품을 운반할 때 사용하도록 제임스 하비가 디자인한 브릴로 상자를 볼 때 보이는 것 사이에는 큰 차이가 없었다. 따라서 다음과 같은 의문이 들었다. 워홀이 팩토리에서 생산한 상자들이 예술품이라면, 왜 실제의 상자들은 예술품이 아닐까? 나는 1장에서 이 질문에 답을 했으니, 지금 하고 싶은 일은 카메라가 수천 년 동안 이리 채이고 저리 채이던 철학적 문제, '예술이란 무엇인가?'의 구체화에 기여했음에 감탄하고, 사진-회화의 파라고네가 왜 최후의 파라고네가 되어야 하는지를 설명하는

---

10 What you see is what you see. 작품은 외부의 대상이나 의미를 가리키지 않고 그 자체로 경험을 제공한다는 미니멀리즘의 관점이 담겨 있다.

것이다. 뒤샹과 워홀이 떠났을 때 예술 개념은 완전히 변해 있었다. 우리는 여러 면을 고려할 때 미술사의 두 번째 단계라 볼 수 있는 영토에 진입해 있었다.

5장

칸트와 예술작품

임마누엘 칸트의 《판단력 비판》은 분명 그 시대의 미적 가치를 다룬 위대한 계몽사상서이고 실제로 미적 취미와[1] 판단을 다루고 있지만, 바로 그 이유로 오늘날의 예술에 대해서는 할 말이 거의 없을 듯하다. 우리 시대에 좋은 취미는 본인 마음이고, 나쁜 취미도 예술적으로 용인되며, '칼리포비아'[2] — 미에 대한, 혐오까지는 아닐지라도, 반감 — 도 최소한 존중을 받는다. 클레멘트 그린버그는 칸트의 책이 "지금까지 나온 책 중에 가장 만족스러운 미학의 기초서"라고 주장했다. 실은 모더니즘 미술도 그랬지만, 하나의 시대양식으로서 모더니즘은 1960년 초에 거의 끝났고, 그 뒤를 이은 중요한 운동들 — 플럭서스, 팝아트, 미니멀리즘, 개념미술, 그리고 내가 예술의 종말이라 명명한 시대 이후에 나온 모든 미술 — 은 칸트의 예술철학은 물론이고 그린버그의 가시권에서도 벗어나 있다. 그린버그가 칸트의 책에서 감탄한, 또는 감탄했다고 내가 믿는 것은 아마 칸트가 "자유미"

[1] 칸트 미학에서 취미는 아름다움을 판정하는 능력을 말한다.
[2] kalliphobia. 그리스어로 '아름다운'을 뜻하는 '칼로스(kalos)'와 '공포'를 뜻하는 '포보스(phobos)'의 합성어다.

라고 분류한 성질을 갖고 있는 예술이었을 테지만, 그 미는 꽃, 새, 조개껍질 같은 일부 자연물에도 존재한다. 칸트는 "장식적인 테두리나 벽지, 그리고 '가사 없는 모든 음악'"을 언급했다. 추상화가 존재했다면 그는 분명 그중 일부를 "자유미"에 포함시켰을 것이다. 사실 그린버그는 자연미에 관심이 거의 없었지만, 무엇이 좋은 예술인지를 알기 위해 예술품의 역사를 알 필요는 전혀 없고, 무엇이 좋은 예술인지를 아는 사람들은 ─ 비록 아무도 예술을 좋게 만드는 것이 무엇인지를 말로 표현할 수 없어도 ─ 분명 서로 의견이 같을 거라고 생각했다. 이 모든 생각은 칸트가 자유미에 대해 이야기한 것과 거의 일치한다.

그러나 칸트에게는 두 개의 예술 개념이 있었는데, 예술품에 관한 그의 두 번째 이론은 애초에 미적 판단을 가능하게 하는 요인이라고 그가 제시한 이유들, 즉 미적 판단이 넌지시 드러내는 도덕적 판단과의 유사성과, 그가 생각하기에 미를 도덕성의 상징으로 만드는 요인인 미적 판단의 보편성을 뒷받침하지 못한다. 《판단력 비판》의 후반에 그는 취미와 거의 관계가 없고, 자연의 미적 특질과도 완전히 무관한 새로운 개념 ─ **정신**spirit이라는 개념 ─ 을 소개한다. 그는 이제, 취미는 "판단하기일 뿐이며, 생산적인 능력이 아니다"라고 쓴다. 반면에, 우리는 정신에 대해 이야기할 때 사실은 예술가의 **창조적 능력**에 대해 이야기한다. 저 그림을 어떻게 생각하느냐는 질문에 우리는 "미적 취미는 흠잡을 데 없으나" **정신**이 결여되어 있다고 말할 수 있다. 그러므로 어떤 그림은 취미와 관련해서는 심지어 아름답기까지 할 수 있어도 부족한 정신 때문에 결함이 있을 수 있다. 네덜란드의 아무리 멋있는 그림도 렘브란트의 그림 옆에 놓으면 정신이 부족한 듯 보일 것이다. 취미는 정신과 거의 관계가 없기 때문에 칸트는 자신이 계몽주의에서 벗어났다고 느끼고서, 헤겔이 《미학 강의》에서 말한 것을 향해 조금씩 다가간다. "취미는 감정이 작용하는 외적 표면에만 이끌리며," "이른바 '좋은 취미'는 예술의 그 모든 깊은 효과에 경악하고, 외적인 것과 부수적인 것이 사라지면 침묵한다." 헤겔은 그 위대한 미학 강의의 서두에서 자연미와 예술미를 확실히 구분한다. 예술미는 "정신으로부터 태어나고, 다시 태어난다." 내가 인용한 예들을 통해 알 수 있듯이, 칸트는 몇몇 종류의 예술뿐 아니라 몇몇 자연물도 포함시킨다. 따라서 칸트의 두 번째 예술 개념은, 예술이란 심미적 대상이며, 예술이 아름다운 것은 자연물이 아름다운 것과 동일하다고 보는 견해와 다른 종류의 개념이다.

헨리 제임스는 《이탈리아의 시간들Italian Hours》에서 바로크 화가인 도메니키노를 "영감과 분리된 노력, 자발성과 단절된 유파의 진가를 보여주는 예"로 제시한다. 제임스는 계속해서, 그것이 도메니키노를 "흥미로운 화가가 되기에는 부족함이 있는 흥미로운 사례"로 만들었다고 말한다. 도메니키노의 작품에는 잘못이 전혀 없었다. 그는 미술아카데미의 교과 과정을 완벽히 이수했다. 그러나 정신은 배울 수 있는 것이 아니며, 정신의 결핍에는 치료법이 없다. 따라서 도메니키노의 작품에 정신이 결핍되어 있다는 말은 일반적인 미술아카데미의 비평과는 성격이 완전히 다르다. 도메니키노에게 칸트가 말한 "천재성"—"주체가 자신의 인식 능력들을 **자유롭게** 사용할 때 드러나는 타고난 자질들의 모범적 독창성"— 이 없다는 것은 단지 그의 비극일 뿐, 그의 잘못은 아니다. 칸트의 정신은 인식 기능과 본질적으로 관련되어 **있다**는 점을 나는 지적하고 싶다. 바로 그 정신이 칸트를 현대미술, 아니, 우리 시대를 포함한 모든 역사시대의 예술과 연결해준다는 것이 내가 제기하고 싶은 주장이다.

도메니키노를 조금 더 살펴보자. 볼로냐 출신의 화가인 그는 카라치가^the Carracci와 함께 로마로 건너와 트렌트공의회의 의제를 실행하는 일에 힘을 보탰다. 그가 한 일은 그림의 힘으로 종교개혁에 대항하는 것이었다. 비트코버^Wittkower에 따르면, 사람들은 그가 1615~1617년에 그린 성 체칠리아 프레스코화를 회화의 정점으로 간주했다고 한다. 푸생은 그의 걸작 〈성 히에로니무스의 마지막 성찬식^La Comunione di San Girolamo〉을 라파엘로의 〈그리스도의 변용^Trasfigurazione〉을 제외하고 그 시대의 가장 위대한 그림으로 보았다. 18세기 동안에 그는 "종종 라파엘로에 버금가는 화가로 분류" 되었다. 그들의 두 그림은 나폴레옹의 군대가 루브르에 넘기기 위해 엄선한 최종 후보에 들어 있었다. 그는 후에 "모네의 초기작에 중요한 영향을 미친 풍경화 양식을 창조했다." 그의 양식은 고전주의적이었고, 그의 경쟁자인 란프랑코가 열광적으로 받아들인 바로크 양식과 뚜렷한 대조를 이루었다. 19세기에 그의 명성이 퇴색한 것은 거의 전적으로 존 러스킨 때문이었다. 비판의 격렬함에 있어 그 시대의 힐튼 크레이머^Hilton Kramer[3]였던 러스킨은 《근대 화가론^Modern Painters》을 읽고서 근대 회화를 위한 자리를 마련하기 위해 이탈리아 화파를 맹렬히 비난했다. 나의 육감으로, 헨리 제임스는 오랜 비판적 성찰에 의존하기보다는 그 책을 읽고서 도메니키노에 대한 견해를 형성한 듯하다. 1840년대에 러스킨은 17세기의 그림들에는 진정성이 부족하고, 볼로냐 화파의 기초는 절충주의[4]라고 썼다. 이 비난은 역사적인 오해였다. 볼로냐 화파는 자신의 "절충주의적" 성격을 자

---

3 미국의 보수적인 미술평론가, 1928~2012.
4 기존의 여러 양식에서 장점을 취하여 하나의 체계를 형성하는 경향.

랑스럽게 여겼는데, 사실 그 말은 그들이 모든 것을 이용한다는 것을 의미했기 때문이다.

도메니키노와 란프란코의 경쟁 — 사실상 고전주의와 바로크의 경쟁 — 에는 또 다른 요소가 있었다. 란프란코는 경쟁자가 표절을 했다고 비난했는데, 구체적으로 걸작이라고 하는 그 작품에 그들의 스승인 아고스티노 카라치의 착상을 훔쳐 썼다고 공격했다. 당대의 인물, 루이지 란치는 도메니키노를 찬양했지만, 그가 발명에 있어서만큼은 회화의 다른 면에서처럼 위대하지 않았기 때문에 종종 다른 화가들, 심지어 덜 유명한 화가들에게서 아이디어를 가져온다고 썼다. 그러므로 그는 모방자이지만, "비굴한 모방자는 아니"었다. 그가 훔친 것은 아고스티노의 아이디어였지, 그 아이디어를 구현한 방식이 아니었다. 법적으로 볼 때 아이디어는 저작권으로 보호할 수 없으므로, 도메니키노가 성 히에로니무스의 성찬식을 그린 것은 도둑질이 아니다. 우리 시대의 예를 보자. 솔 스타인버그는 뉴요커가 바라보는 세계를 담은 그의 유명한 《뉴요커》 표지 그림을 모든 사람이 표절하자 좌절에 빠졌다. 그 표지 그림은 비시각적인 진리를 시각적으로 구현한 훌륭한 예였다. 스타인버그는 결국, 저작권법에 의거하여 다른 사람들은 스타인버그의 가늘게 흘려 쓴 서체를 함부로 이용해서는 안 된다는 판결에 만족해야 했다. 구현물은 그의 사적 재산이지만, 아이디어는 그만이 떠올릴 수 있었다 해도 공공의 영역에 속한다. 그것은 뉴요커들이 세계를 떠올리는 방식 — 먼저 뉴욕이 있고, 그런 뒤 부차적으로, 다른 모든 곳이 있다 — 이었다.

17세기의 제단화와 20세기의 만화에서 동일한 두 양상 — 아이디어와 구현 — 을 발견할 수 있고, 둘 다 예술에 관한 칸트의 첫 번째 견해가 아닌 두 번째 견해에서 나타난다는 사실은 인상적이다. 결국, 칸트가 그의 책에서 밝힌 예술에 관한 두 번째 견해는 모두 정신에 할애된 몇 페이지 안에 모여 있으며, 그 글이 미학에 관한 가장 위대하다 할 수 있는 계몽사상서에 담겨 있다는 사실은 어느 정도는 그 자체로 계몽주의의 가치관이 퇴색하기 시작하고 새로운 시대가 부상하고 있었음을 보여주는 증거다. 칸트가 이제는 낭만주의적 가치들을 다뤄야 하고, 비록 후에 그 가치들을 주로 인식의 범주에 편입시키려고 노력했지만 그에 의거하여 완전히 새로운 사고방식을 다뤄야 한다는 것을 알았다는 사실은 그의 문화적 감수성이 탁월했음을 입증한다. 유럽의 아주 다른 곳에서 프란시스코 고야라는 화가가 그와 똑같은 사고방식을 주장했다는 사실은 인상적이다. 고야는 마드리드의 산페르난도 로열아카데미를 위한 교육 프로그램을 만들 때, "그림에는 어떤 법칙도 없다$^{\text{No hay reglas in la pintura}}$"라고 썼다. 고야에 따르면 바로 이 때문에 우리는 완성도가 매우 높은 그림보다 부주의하게 그려진 그림 앞에서 더 행복할 수도 있다고 한다. 진정으로 중요한 것은 예술 속의 정신 — 천재성의 존재 — 이다. 1790년에 《판단력 비판》을 낸 칸트처럼 고야도 그 자신을 계몽주의자^{Ilustrado}로 생각했으므로, 이 철학자와 화가가 둘 다 예술에 대한 계몽주의 이후의 견해를 펼쳐야겠다고 생각한 것은 우리의 이목을 끈다. 하지만 사람들은 예술이 단지 좋은 취미라기보다 그 이상의 무언가를 약속하고 있음을 막 이해하고 있었다. 그것은 관람자를 변화시켜 그들의 생각을 모든 새로운 사상 체계들에 개방시킬 수 있는 어떤 것이었다. 그러나 고상한 것을 만드는 법칙은 있었지만 관람자의 생각을 개방시키는 법칙은 없었다. 그것은 칸트의 용어를 빌리자면, 판단력과는 큰 관계가 없었다. 도그쇼에서 애완견을 판단하듯이 미술 전시회를 판단한다고 상상해보라!

우리는 1831년에 발표된 발자크의 《미지의 걸작》 같은 작품을 읽을 때 계몽주의는 분명히 끝났다고 느낀다. 그 이야기는 세 명의 화가를 다루는데, 그중 두 명은 역사적 인물이다. 니콜라 푸생이 이제 막 그림을 그리기 시작한 젊은 화가로 나오고, 프란스 푸르부스 2세가 프랑스 왕비인 마리아 데 메디치의 총애를 루벤스에게 곧 넘겨줄 성공한 플랑드르 화가로 나오며, 프렌호퍼라는 가공의 노화가가 나온다. 그들은 이집트 여자 마리가 예루살렘의 성문을 통과하기 위해 몸을 팔려고 옷을 벗고 있는 장면을 보여주는 그림에 대해 이야기하고 있다. 프렌호퍼가 그 그림을 사겠다고 제안하자, 우쭐해진 푸르부스는 그의 제안을 이 대가가 그 그림을 좋게 생각한다는 증거로 여긴다. "좋다고?" 프렌호퍼가 묻는다. "그렇기도 하고 아니기도 하고. 자네의 숙녀분은 아주 멋있게 짜 맞춰져 있네만, 살아 있지가 않아." 그는 다음과 같이 말을 잇는다.

> 얼핏 보면 그녀는 아주 감탄할 만하지. 하지만 다시 보면 캔버스에 납작 붙어 있는 게 보인단 말이야. 누구도 그녀의 주위를 걸어 다닐 수 없어. 그녀는 납작한 실루엣, 절대 빙글 돌거나 자세를 바꾸지 못하는 도려낸 그림이야……. 원근법은 완벽하고 명암법도 정확히 지켜졌지만, 자네의 기특한 노력에도 불구하고 나는 이 근사한 몸이 생명의 숨으로 생기를 얻었다고는 결코 생각할 수가 없네……. 무엇이 부족하냐고? 아무것도 아닌 사소한 것이지. 하지만 그 아무것도 아닌 것이 가장 귀중하다네.

프렌호퍼는 이제 소매를 걷어붙이고서 여기저기에 몇 번 붓질을 하여 그림에 생명력을 부여한다. 프렌호퍼는 '정신의 결핍'을 자연스럽게 '생명의 결핍'으로 이해할 수 있게 해준다. 당연히 사람들은 칸트가 낭만주의적 관점을 전개했다고 생각하지만, 그 관점에서는 그의 글을 이해하기가 어렵다. 사실 그는 아주 다른, 그리고 어떤 면에서 그보다 훨씬 더 심오한, 정신이라는 개념을 생각하고 있다. 정신은 그가 전개하고 있는 예술 개념에 중심적이기 때문에, 우리는 그가 실제로 거론하는 몇몇 작품을 집중적으로 살펴봐야 한다.

칸트는 정신이 "마음에서 생기를 불러일으키는 원리"로서, 이 원리의 특징은 "**미적 이념**aesthetic ideas을 주는 능력"에 있다고 말한다. 미적 이념은 미학에 관한 개념을 의미하지 않는다. 미적 이념은 감각에 그리고 감각을 통해 주어지는 이념이고, 그러므로 추상적으로 파악되는 것이 아니라 감각을 통해 그리고 감각에 의해 경험되는 이념이다. 이는, 감각은 절망적인 혼동을 피하지 못한다고 본 고전적인 철학 전통의 공식과 모순되는 대담한 공식이었다. 이념은 마음에 의해서만 파악되고, 지식은 감각에서 멀어져야 얻을 수 있다. 오늘날의 독자에게 "미적 이념"은 아주 무덤덤하게 들린다. 그러나 칸트의 독자들에게 "미적 이념"은 분명 상반되는 것들의 흥미로운 조합이었을 것이다. 적어도 그것은, 예술은 우리에게 이념을 주기 때문에 인식적이고, 천재에게는 이 이념들을 관람자의 마음에 전달할 수 있는 감각의 배열을 찾아내는 능력이 있음을 암시한다. 헤겔은 《미학 강의》에서 그것을 달리 표현한다. 그는 예술이 특별한 방식으로 그 일을 한다고 쓴다. "다시 말하자면, 심지어 가장 높은 진실도 감각적으로 나타내고 그럼으로써 그 진실을 감각에, 지각에, 자연이 모습을 드러내는 양식에 더 가까이 가져간다." 또한 그것은 "그 자신으로부터 자연 및 유한한 현실과 개념적 사고의 무한한 자유를 화해시키는 최초의 중간 항을 순수 예술작품이라는 형태로 생산한다." 우리는 이것을 다른 방식으로도 표현할 수 있다. 즉, 예술가는 이념을 감각적 매체 속에 **구현하는** 방법을 알아낸다고 할 수 있다.

칸트는 예시에 후하지 않았다. 제1비판에서 그는 예시를 "판단의 보행기"로 취급하고 그 필요를 "어리석음의 징표"로 보았다. 그러나 나는 그가 다소 인색하게 제시한 예를 고찰하면 그가 우리에게 말하고자 하는 것을 이해하는 데에 도움이 된다고 생각한다. 어느 화가에게 제우스 신의 막강한 힘이라는 이념을 이미지를 통해 전달하라고 요구하자, 그가 번개를 움켜쥔 독수리의 이미지를 우리에게 보여준다고 상상해보자. 공작새가 제우스의 아내 헤라의 새고 올빼미가 그의 딸 아테나의 새였듯이, 독수리는 제우스의 새였다. 그래서 흔히 그리스도를 어린 양으로 표현하듯이 화가는 그 상징을 통해 제우스를 표현한다. 번개를 소유할 수 있다는 생각은 초인적 힘이라는 이념을 전달한다. 그것이 '미적 이념'인 이유는 제우스가 갖고 있는 힘의 종류를 생생히 일깨워주기 때문이다. 번개를 소유한다는 것은 우리의 능력으로는 꿈꾸기도 힘든 일이다. 가장 강력한 신만이 그와 같은 일을 할 수 있다. 그 이미지는 "제우스는 막강하다"라는 말만으로는 전달할 수 없는 어떤 것을 전달한다. 칸트가 이념에 대해 이야기하는 것은 "부분적으로, 이념은 경험의 경계 너머에 놓여 있는 어떤 것을 추구하고자 노력하기 때문"이지만, 그것이 **미적** 이념일 경우에는 경험 안에 놓여 있는 것을 이용해야만 그 이념을 나타낼 수 있다. 그가 보기에 예술은 우리를 경험 너머로 데려가기 위해 경험을 이런 식으로 이용한다. 사실 헤겔은 예술과 철학의 비교를 통해 이 문제를 발견한다. 여기엔 감각이 필수적이다. 그것은 대단히 큰 이념을 나타낼 수 있지만, 그러기 위해 '미적 이념'을 필요로 한다. 예술의 종말에 관한 헤겔의 놀라운 테제는 반드시 감각에 의존해야 하는 예술의 성격과 내적으로 연결되어 있다. 철학의 우월성은 그런 필요성이 없다는 데에 있다고 그는 가정한다.

정말로 위대한 작품 하나를 살펴보자. 피에로 델라 프란체스카의 〈부활〉이다. 이 비범한 그림은 사실 두 구역으로 나뉘어 있다. 아래쪽 구역에는 한 무리의 단단히 무장한 병사들이 그리스도의 무덤 옆에 잠들어 있고, 위쪽 구역에서는 그리스도가 깃발을 들고 내가 보기에 명한 승리의 표정을 지은 채 무덤 밖으로 나오고 있다. 그리스도와 병사들에게는 다른 원근법이 적용되어 있어, 그리스도를 보려면 눈을 들어야 한다. 부활은 '이른 아침의 여명' 속에서 펼쳐진다. 실제적인 의미와 상징적인 의미에서 모두 새로운 날이다. 그와 동시에, 겨울과 봄이 만나는 쌀쌀한 날이라는 점에서, 실제적인 의미와 상징적인 의미에서 모두 새로운 시기다. 병사들은 아무도 그리스도의 시신을 훔쳐가지 못하도록 하기 위해 그곳에 배치되었다. 병사들은 도굴꾼을 쫓기 위해 배치된, 말하자면 살아 있는 경보 시스템이다. 하지만 거의 무용지물이다. 그리스도는 그들이 잠이 들어 완전히 방심하고 있는 사이에 부활한다. 무덤의 뚜껑도 아무 문제가 없다. 그리스도는 아직 육신을 갖추고 있지만 — 우리는 그의 상처를 볼 수 있다 — 마치 순수한 정신인 듯하다. 그의 언어는 그의 비범한 생각을 평범한 경험과 연결시킨다. 죽음과 부활, 육체와 영혼, 인간의 새로운 시작이라는 복잡한 이념의 전체가 단 하나의 강렬한 이미지 안에 구현되어 있다. 그 신비가 우리의 눈앞에 펼쳐진다. 피에로는 신앙의 핵심 교의에 거주지를 부여했다. 물론 우리가 보고 있는 것을 이해하기 위해서는 해석이 필요하

피에로 델라 프란체스카, 〈부활(Resurrezione)〉(1450~1463)

다. 그러나 해석이 진행되는 동안 그 장면의 각기 다른 부분들이 서로 맞아떨어지고, 우리는 놀랍고 불가사의한 어떤 것을 보고 있음을 깨닫게 된다. 눈과 마음의 간극이 "예술의 중간 항"에 의해 메워진 결과다.

칸트는 서양 바깥에 있는 예술을 혹 알더라도 거의 모르는 독자들을 위해 글을 쓰고 있었다. 필시 자신의 눈으로 직접 보았을 인류학적 도해들에 기초하여 그는 이 세계의 어떤 지역에서는 사람들이 온몸에 나선의 문신을 새긴다는 것을 알고 있었다. 그는 《판단력 비판》에서, "우리가 만약 인간이 아니라면, 뉴질랜드 사람들이 문신을 새기듯 어떤 형태를 온갖 종류의 나선과 경쾌하면서도 규칙적인 선들로 장식할 수도 있을 것이다"라고 말한다. 이것으로 보아 그는 분명 문신을, 하나님의 형상에 따라 만들어진 인간의 몸이 그 자체로 충분히 아름답지 않다는 듯 그 위에 이것저것을 덧붙이는 일종의 장식으로 생각하고 있었다. 당시에 문신을 예술로 보려면 상당한 재교육이 필요했겠지만 칸트는 문신을 예술의 한 형식으로, 더 나아가 하나의 미적 이념으로 생각하여, 그렇게 장식된 사람을 우주의 보이지 않는 힘들과 연결시켰다. 문신으로서 독수리가 누리는 인기나, 빅토리아시대의 가슴이 큰 여자를 생각해보라.

정신에 관한 칸트의 고도로 응축된 논의가 예술품의 논리적 설득력을 시간, 장소, 문화를 초월하여 다루고, 왜 형식주의가 그토록 궁핍한 예술철학인지를 설명해준다는 점이 나에게는 상당히 인상적이다. 아이러니컬하게도 칸트의 《판단력 비판》은 형식주의적인 분석에 기초적인 텍스트로 자주 인용된다. 오히려 모더니즘적 형식주의의 업적 — 그린버그는 이것을 알아보았다 — 은 빅토리아시대의 사람들이 이를테면 '원시적'이라고 생각했을 법한 수많은 예술에 예술적 지위를 부여한 일이었고, 이는 그것을 만든 예술가들이 방법만 알았다면 19세기의 유럽인들처럼 조각을 하거나 그림을 그렸을 것임을 의미했다. 아프리카 조각은 로저 프라이에 의해, 그리고 블룸즈버리그룹의 엄격한 형식주의자 클라이브 벨의 저서 《아트^Art》에서 그 "표현적인 형식"을 인정받게 되었다. 이는 아프리카 조각이 사실상, 칸트의 어법에 따르자면, 문신처럼 장식의 역할을 한다는 것을 의미했다. 나는 칸트 미학을 찬양하는 사람들이 그 책의 49절까지 책장을 넘겼는지 종종 의문을 품는데, 거기에서 칸트가 예술을 인간적으로 중요하게 만드는 요소가 무엇인지에 대한 자신의 대단히 응축된 견해를 제시하기 때문이다. 버지니아 울프는 로저 프라이가 대단히 열광적으로 이야기한 흑인종 조각 전시회를 방문한 후 언니 바네사에게 다음과 같이 써 보냈다. "이런 생각이 희미하게 들었어. (……) 만일 내가 그 벽난로 선반 위에 그런 걸 놓는다면, 나는 아주 다른 종류의, 덜 사랑스러운, 하지만 언니가 쉽게 잊을 수 없는 어떤 사람일 거라고 말이야." 내가 생각하기에 그녀의 말뜻은 다음과 같다. 만일 그녀가 아프리카 조각에 구현된 미적 이념을 받아들인다면, 그녀는 사람들이 알고 있는 그녀, 즉 여리디 여린 블룸즈버리그룹의 명사가 아니라, 불의 신을 숭배하고 광적인 북 연주자들(월스트리트의 데모대)의 장단에 맞춰 춤을 추거나, 어쨌든 아주 다른 어느 문화의 규범을 따르는 사람일 것이다.

프라이가 생전에 경험한 특별히 불행한 에피소드는 우리에게 대단히 교훈적인 감수성의 충돌을 보여준다. 그는 1920년대에 자기최면 요법으로 어떤 만성적인 통증을 가라앉히기 위해 프랑스로 건너갔다. 그는 조세트 코아트멜렉^Josette Coatmellec이라는 프랑스 여자를 만났고, 그녀와 성적인 관계는 아닌 듯 보이지만 어쨌든 낭만적인 관계를 맺었다. 1924년 봄에 그는 그녀에게 자신이 소유하고 있는 아프리카 가면을 보여주었다. 프라이의 전기 작가 프랜시스 스폴딩Frances Spalding은 《로저 프라이, 예술과 생애Roger Fry, Art and Life》에서, "그녀는 그 야만적인 표현 양식이 신경에 거슬린 나머지 공포와 불안에 사로잡혔다"라고 말한다. 그녀는 그 가면을 써보라는 프라이의 몸짓을 완전히 오해하여, 그가 자신을 조롱한다고 생각했다. 프라이가 오해를 풀어줄 새도 없이 그녀는 영국과 마주한 르아브르의 절벽 위에 서서 방아쇠를 당겼다. 프라이는 그녀의 비석을 디자인했다.

우리 문화의 다원주의에는, 기독교의 핵심 개념들을 구현할 때에는 아주 이상적이었던 르네상스 회화의 수단으로는 쉽게 표현되지 않는 다양한 미적 이념을 구현하기 위해 — 의미를 전달하기 위해 — 이용 가능한 수단을 확대시켜온 경향이 포함된다. '정신'에 힘입어 화가들은 르네상스 전통과 아주 다른 형식과 재료를 찾아내고 이용하는데, 몇 년 전 세간에 물의를 일으켰고 지금도 일반적으로 미술 용품점에서 좀처럼 구하기 어려운 재료인 코끼리 똥이 대표적인 예다. 크리스 오필리Chris Ofili가 그 문제작을 발표한 바로 그 전시회에서 또 다른 화가인 마크 퀸Marc Quinn은 자신의 피를 냉동시켜 조각한 자신의 초상을 전시했다(그 피가 분명 그 자신의 피라는 사실은 화가 본인에게도 중요했다). 수년 전에 요제프 보이스는 온기의 상징으로 펠트 천을 사용한 것처럼, 영양분과 치유의 상징으로 동물의 비계를 거의 자신의 대표적인 재료로 사용하기 시작했다.

오늘날 미술은 어떤 생각이라도 나타낼 수 있고, 이를 위해 어떤 것으로도 제작되거나 조립될 수 있다. 그런 발전은 관람자의 입장에서는 화가의 정신이 화가의 그 중요한 생각을 어떻게 보여주고 있는지를 파악해야 하므로 큰 압박이 될 수 있다. 이념의 구현, 또는 내가 좋아하는 말로,

 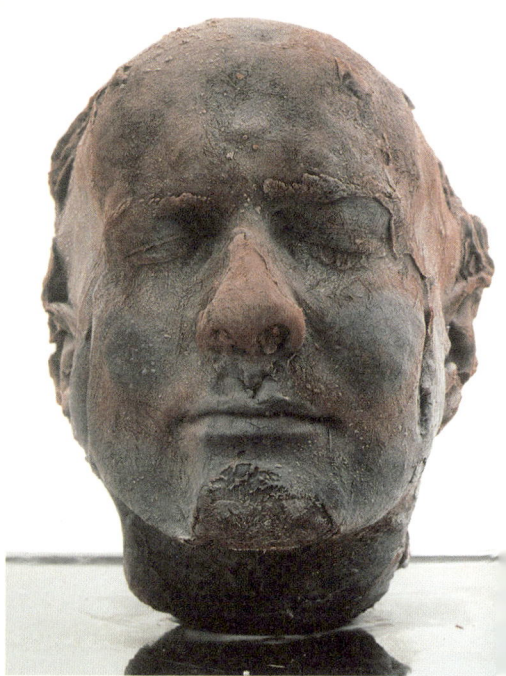

左 크리스 오필리, 〈성모 마리아(The Holy Virgin Mary)〉(1996)
나이지이리아계 미국 화가 크리스 오필리가 코끼리 똥을 사용해 그렸다.

右 마크 퀸, 〈셀프(Self)〉(2001)
ⓒMarc Quinn Studio

의미의 구현만 있으면 예술이란 무엇인가에 대한 철학적 이론을 세우기에 충분하다. 그러나 이념이 어떻게 구현되었는지를 찾아내야 하는 비평은 작품에 따라 달라진다. 커크 바네도^{Kirk Varnedoe}는 멜론대학교 강좌, 〈무의 그림^{Pictures of Nothing}〉에서 다음과 같이 추상미술을 옹호했다. "우리는 단지 이미지를 만드는 존재가 아니라 의미를 만드는 존재다. 우리는 이미지를 인식하는 데에 그치지 않는다. (……) 우리는 대상으로부터 의미를 만들어내도록 지어진 존재고, 타인들을 통해 그 방법을 배운다." 이 관점에서 예술에 대한 칸트의 두 번째 견해를 재해석하면 다음과 같다. 예술은 의미를 만드는 일이며, 이 일은 사물을 단지 보기만 하는 것이 아니라, 가엾은 조세트 코아트멜렉의 경우처럼 때로는 잘못 파악할지라도 보고 있는 것에서 의미를 파악해내는 일반적인 인간의 성향을 전제로 한다.

만일 이것이 칸트의 두 번째 예술론에 대한 적절한 해석이라면, 미적 이념을 예술론의 중심에 놓은 칸트의 생각과 예술작품을 구현된 의미로 보는 나의 정의 사이에 어떤 유사성이 있다고 할 수 있다. 게다가 적어도 그린버그 덕분에 나는 최근의 한 글에서, 칸트에 대한 형식주의자들의 해석이 **모더니즘** 미술과 아무리 가까웠다 해도, 칸트에게는 그 형식주의자들의 해석보다는 현대미술과 더 밀접한 예술철학이 있다고 암시하는 듯한 논조로 칸트의 생각과 나의 정의를 연결시켰다. 사실 형식주의의 열렬한 지지자들 — 미국의 그린버그와 앨프리드 반스^{Alfred Barnes}뿐 아니라 영국의 형식주의자인 클라이브 벨과 로저 프라이까지 — 이 보기에는 형식주의야말로 모더니즘 미술의 모던함을 정확히 포착하고 있는 것 같았다. 확실히 형식주의는 정확히 칸트가 의미했던 것이든 아니든 간에, 포스트모더니즘 미술이나 현대미술의 패러다임적인 사례들보다는 하이모더니즘 —

추상주의, 데스틸,5 앙리 마티스 — 과 더 명백히 관련되어 있는 것처럼 보였다. 그러나 이 시각은 형식주의를 포스트모더니즘과 더불어 하나의 양식으로 취급할 뿐, 엄밀한 의미의 예술철학에는 이르지 못한다. 형식주의는 예술철학의 역사에서 빗겨나 있지 않다. 철학자들은 양식의 변화를 포착한 다음, 더 나아가 그것을 예술의 철학적 특수성을 밝히는 단서 — 사실상 '예술이란 무엇인가'에 대한 철학적 발견 — 로 취급해왔다. 이때 철학적인 수준에서 우리가 원하는 동시에 우리에게 필요한 것은 양식과 무관하게 무엇이 예술의 속성인가, 즉 시간과 공간을 초월하여 무엇이 예술 그 자체의 속성인가이다.

의미와 구현은 예술의 철학적 정의를 제안하는 나의 책《일상적인 것의 변용》에서 어떤 것이 예술작품이기 위해 존재해야 하는 필요조건으로서 도출되었다. 그 책은 존재론 — 이는 예술작품이 되기 위한 것이다 — 을 사유하는 일종의 훈련이다. 그러나 미적 이념이 있다는 것 — 칸트의 표현으로, **정신**이 구현되어 있다는 것 — 은 칸트 자신의 간단한 설명에도 나와 있듯이, 어떤 것이 예술이기 위한 필요조건도 충분조건도 아니다.

그의 말을 기억하자. "저 그림을 어떻게 생각하느냐는 질문에 우리는 취미는 흠잡을 데 없으나 **정신**이 결여되어 있다고 말할 수 있다." 그러므로 그 그림은 취미와 관련해서는 심지어 아름답기까지 할 수 있어도 부족한 정신 때문에 결함이 있을 수 있다. 정신이 결핍된 예술도 많이 있다. 푸르부스의 〈이집트 여자 마리Marie l'Egyptienne〉는 생명력이 부족하다는 의미에서 정신이 결핍되어 있었지만, 앞에서 보았듯이 그것은 칸트의 정신

---

5 De Stijl. 몬드리안, 반데스버그, 리트벨트 등이 모여서 만든 잡지의 이름에서 유래한, 네덜란드에서 생겨난 신조형주의 운동으로 주지주의의 성격이 짙은 추상미술의 한 유파.

개념이 아닐 것이다. 단지 모티프만 보여주고 그 이상은 보여주지 않는 초상화나 풍경화도 얼마든지 있다. 어찌 되었든 우리는 형식 이상의 것, 디자인 이상의 것에 관하여 이야기하고 있다. 제우스가 번개를 쥐고 있다는 사실을 통해 제우스의 힘을 파악하려면 우리는 번개가 무엇인지를 알아야 한다. 그리스도가 왜 어린 양으로 묘사될 수 있는지를 알려면 번제가 무엇인지를 알아야 한다. 그리고 소설을 예술로 간주하려면 인생을 알아야 한다. 소설가 조지 엘리엇[6]은 《사일러스 마너》라는 걸작을 쓴 후로 정확히 5년이 지난 1866년에 친구인 프레더릭 해리슨Frederic Harrison에게 보낸 한 놀라운 편지에 아래와 같이 썼다.

> 그건 어려운 문제예요. 온갖 어려움이 마음을 짓누르는 가운데에서도 나는 이런저런 생각들을 철저히 구체화하기 위해 힘든 노력을 되풀이해왔죠. 마치 그 생각들이 애초에 정신이 아니라 육체에 담겨 내 앞에 나타난 것처럼 보이려고 하는 겁니다. 나는 미학적인 가르침이 모든 가르침 중에서 가장 고차원적이라고 생각합니다. 인생을 가장 복잡한 수준에서 다루기 때문이죠. 하지만 미학적인 가르침이 순전히 미학적이기를 멈추고 조금이라도 그림에서 도표로 넘어간다면, 그것은 모든 가르침 중에서 가장 불쾌한 가르침이 돼버립니다.

나는 이 글을 보물처럼 소중히 여긴다. 나는 칸트가 이 위대한 소설가의 입을 빌어 말을 하고 있다고 느낀다. 그녀는 육화된 이념의 발견을 통해 예술의 위대한 비밀을 알아냈다. 물론 엘리엇은 독일 철학을 알고 있

---

6 본명은 마리 앤 에반스(Mary Ann Evans). 19세기에는 여성이 소설을 쓸 수 없었기 때문에 가명으로 글을 썼다.

었다. 나는 문예학자가 아니지만, 그녀가 분명 이것을 대단히 귀중한 발견으로 여겼으리라고 생각한다.

몇 년 전에 나는 모피 코트에 페인트를 덕지덕지 발라 봉제 마네킹에 걸어놓은 데이비드 해먼스David Hammons의 최근작이 전시된 공간에 우연히 들어갔다. 이 작품은 어떤 이념을 구현하고 있을까? 오쿠이 엔위저Okwui Enwezor는 《아트포럼》에 이렇게 썼다. "패션과 잔인성을 그린 장면"이지만 ― 망가진 코트들이 제각기 스포트라이트를 받고 있다는 점을 가리키면서 ― "이 작품들의 위풍당당한 자태는 (……) 그로부터 발산되고 있는 낯선, 죽음의 아우라와 극명한 대조를 이룬다." 같은 잡지의 전 에디터인 잭 밴코스키Jack Bankowsky는 "모피들을 인위적으로 더럽혀 최고급 전시 공간에 내놓은 것"은 "관람자의 발길을 머뭇거리게" 만드는 일종의 하이재킹 행위라고 보았다. 두 작가 모두 그 작품을 올해의 작품 10선에 포함시켰다.

이 21세기의 작품을 18세기 말의 철학자에게 설명하기란 꽤 어렵겠지만, 그래도 어떻게 하면 가능할지를 상상해보자. 가장 먼저 할 일은 역사적으로 위대한 그 도덕 철학자에게 동물의 권리라는 개념을 설명할 방법을 찾는 것이다. 동물이 고통을 느끼는지, 그리고 우리에게 같은 인간을 고문하고 죽일 권리가 없다면 동물을 고통스럽게 할 권리는 있는지가 문제로 부상한 것은 제러미 벤담[7]이 이를 문제로 제기한 이후였다. 언제부턴가 동물의 권리를 옹호하는 활동가들이 그 이전까지 고급 의류로만 여겨지던 모피 코트를 즐겨 입는 여자들을 공격하기 시작했음을 설명해야 할

---

[7] 칸트(1724~1804)의 사후인 18세기 말에서 19세기 초에 활동했다.

L&M 아트(뉴욕), 〈Hammons〉(2007년 1월 18일~3월 31일) 전시 설치 경관.
ⓒTom Powel Imaging, Courtesy Mnuchin Gallery, New York

것이다. 그들의 주요 전략은 거리에서 옷 잘 입는 여자들의 모피코트에 스프레이로 페인트를 뿌리는 것이었다. 밴코스키는 그 모피들의 성격을 "인위적으로 규정했다"라고 말하는데, 이는 미술가가 모피들을 봉제 마네킹 위에 입혀 화랑에 내놓고 한 벌씩 따로 조명을 비춤으로써 그것을 그림으로 변환시켰다는 뜻이다. 이 설치미술은 응석받이로 자란 여자들의 허영을 위해 동물을 사냥하고 살육해서는 안 된다는 생각을 구현하고 있다. 칸트는 이해가 빠른 사람이었다. 그는 미적 이념이 데이비드 해먼스의 작품에 어떻게 구현되어 있는지를 알아보고, 심지어는 도덕 교육의 수단으로서 훌륭하다고 칭찬할 것이다. 그런데 칸트는 이 작품을 예술로 볼까? 데이비드 해먼스와 칸트가 대화를 나눈다면 어떨지 상상하기는 어렵지만, 내가 보기에 칸트는 잠시 논쟁을 한 후 해먼스를 승자로 인정해줄 듯하다. 그는 헤르 해먼스[8]에게 그가 사실상 영리한 반례 — 미적 이념이면서 예술 작품은 아닌 것 — 를 발견했다고 말할 것이다. 그리고 이렇게 생각할 것이다. 망가진 여성복 몇 벌을 배치해놓은 것이 어떻게 예술작품이 될 수 있겠는가?

문제는 21세기의 예술품을 18세기의 예술계 속에 억지로 밀어 넣은 데서 비롯한다. 18세기는 로코코 시대였다. 해먼스의 작품과 18세기 미술 사이에는 너무 큰 간극이 놓여 있다. 그러나 20세기에도 비슷한 문제들이 있었다. 앤디 워홀은 찰스 리산비Charles Lisanby라는 사람에게 엘리자베스 테일러의 초상화를 주려고 했지만 리산비는 그건 예술이 아니고, "그게 예술이 아니라는 걸 앤디도 내심 알고 있었다"라는 이유로 작품을 거

---

[8] '헤르(Herr)'는 'Mr.'과 같이 남성에게 붙이는 독일어 경칭이다.

절했다. 나는 나의 첫 번째 예술철학서에서 어떤 것을 예술로 보기 위해서는 눈에 보이지 않는 어떤 지식 — 약간의 역사, 약간의 이론 — 이 필요하다고 주장했다. 그렇다면 칸트에게 필요한 것은 현대미술개론 특강일 것이다. 그는 모피코트도 예술이 될 수 있음을 이해할 때까지 강의를 들어야 할 것이다. 미스터 리산비는 더더욱 그렇다. 1962년 리즈[9]가 맨 처음 스테이블화랑에 전시되었을 때 가격은 한 점에 200달러였다. 오늘날 경매에 나온다면 200만~400만 달러를 호가할 것이다.[10]

그러나 철학적 차원에서 이 문제의 기본 요점은, 예술은 항상 예술에 요구되는 몇몇 필요조건 이상이라는 것이다. 간단한 예로, 워홀의 1962년 작품 〈캠벨 수프 통조림〉을 보자. 물론 그 아이디어는 그가 떠올리기 전까지는 전례가 없었다. 그러나 그는 그것을 명암의 배합으로, 중세의 거장처럼 그릴 수도 있었다. 구현의 방법은 무한하다. 그는 32개의 캔을 8×4줄의 행렬로 배치하고, 33번째 캔이 들어갈 공간을 남기지 않는 방식을 선택했다. 그는 그 캔들을 마치 아이들의 색칠 공부 책에 있는 것처럼 완전히 똑같이 그렸다. 선택의 풍부함을 고려하면, 예술을 정의하기는 분명 불가능해 보인다. 어떤 선택이든 예술에 들어올 수 있지만, 어떤 선택도 예술이 되는 데에 반드시 필요한 것은 아니다. 우리가 할 수 있는 최대치는 칸트와 내가 했던 것 — 몇몇 필요조건을 발견하는 것 — 이다. 나는 칸트의 제언과 나의 제언을 놓고 우열을 가릴 생각은 없다. 해먼스는 칸트에게

---

[9] 엘리자베스 테일러의 애칭. 앤디 워홀은 엘리자베스 테일러의 초상화 실크스크린에 "리즈"라는 제목을 붙였다.
[10] 이 글의 원문은 2013년에 집필된 것으로, 〈리즈 #3〉은 2014년 11월 소더비 경매에서 3,150만 달러에 낙찰되었다.

앤디 워홀, 〈캠벨 수프 통조림(Campbell's Soup Cans)〉(1962)

2008년이 되면 그의 설치 작품은 예술이 되어 있을 거라고 말할 수 있다. 로코코 시대에 워홀의 〈캠벨 수프 통조림〉이 예술이 아닌 데에는 이유가 있다. 물론 어떤 사람이 그런 것을 그림으로 그렸을 수 있다. 1961년에는 미국의 모든 사람이 그 수프 통조림을 익히 알고 있었지만, 그가 그린 것은 분명 그들에게 익숙한 물건 — 쾨니히스베르크의 모든 사람이 익히 알 만한 포장된 상품 — 이 아니었을 것이다. 1761년에 그것은 팝아트가 아니었을 테다. 1761년에 그것은 1961년과 같은 의미를 가질 수 없었다. 미술은 본질상 미술사적이다. 칸트 시대에 미술은 특별히 취급되어 미술관에 보존되는 것이 운명이었다. 이제 미술은 성장하여 그 운명을 벗어났을지 모르지만, 이는 다른 이야기다.

6장

미학의 미래

몇 년 전에 미국 미학회는 "논문을 구한다"라는 두 건의 공고를 웹페이지에 올렸다. 각각의 공고는 예술을 다룰 때 소홀히 취급되고 있는 주제인 미학에 관한 학회를 공지했고, 공고를 올린 주체는 대개 같은 관점을 공유하지 않는 두 학과인 예술사학과와 철학과였다. 각 학회의 주최자들은 미학이 두 학과가 최근까지 인식해온 것보다 예술에 더 중심적이라는 데에 동감하는 듯했다. 첫 번째 공고에 따르면, 최근에 예술을 정치적, 사회적 관점에서 다루기 시작한 예술사학자들이 예술에 미학적으로 접근할 때 얻을 수 있는 장점을 발견하기 시작했다고 한다. 또한 오로지 "예술작품을 어떻게 정의하고 그 정의 안에서 예술 제도의 역할을 어떻게 규정할 것인가"에 초점을 맞춘다고 알려진 예술철학자들도 그들이 "예술의 진정한 가치"를 시야에서 놓쳐버린 것은 아닌지를 묻고, 이 문제를 미학과 연관시키고 있다. 나의 관심은 만일 미학이 그 우선적인 역할을 회복한다면 그로부터 어떤 결과가 나올지에 있다.

    내가 말하는 미학이란 사물이 그 자신을 드러내는 방식이며, 다른 모습이 아닌 현재의 모습을 선택한 이유들을 수반한다. 좋은 예가 있다. 1992

년에 미국 미학회는 50돌을 맞았다. 당시에 학회장이던 나는 친구인 솔 스타인버그를 설득해 그 행사의 기념 포스터를 디자인해달라고 제안했다. 솔은 건강에 무리가 되지 않는다면 그 일을 하겠다고 승낙했다. 그는 미학이 무엇인지를 완전히 확신하지는 못했지만, 나는 그 의미를 직접 설명해주기보다는 미학회 직원을 통해 그에게 《미학과 예술비평 저널Journal of Æsthetics and Art Criticism》의 최근 호 몇 부를 우편으로 보내 미학적 사고가 무엇인지를 파악할 수 있게 하는 쪽을 선택했다. 건강에 무리가 될 것을 염려하는 사람에겐 가볍지 않은 요구였지만, 결국 솔은 디자이너답게, 비평 저널의 앞뒤 표지 안에 인쇄되어 있는 내용보다는 — 그가 그 책들을 펼쳐보았다는 전제하에(우정에도 한계가 있는 법) — 표지에 새겨진 이중모음(Æ)에 훨씬 더 큰 매혹을 느꼈다. 어느 날 그가 전화를 걸어 문제를 해결했다고 말했고, 나는 미학자로서 그가 문제의 핵심에 단지 언어만 가지고 연구를 하는 어떤 사람이 다가갈 수 있는 것보다 더 깊이 다가갔다고 인정한다. 그는 화가인 짐 다인Jim Dine을 위해 그렸던 드로잉 한 점을 그에게서 다시 빌려왔다. 집 한 채와 그 옆에 뭉툭한 E — 안과에서 시력 측정을 할 때 사용하는 검사표의 맨 윗줄에 있는 글씨와 비슷하다 — 가 있는 풍경 그림이었다. 그 E는 화장으로 예뻐져서 현재의 서체보다 더 우아한 E가 되기를 꿈꾸고 있었는데, 그 예뻐진 철자는 생각 말풍선에 담겨 뭉툭한 E 위에 배치되어 있었다. 소울은 단지 생각 말칸 속의 우아한 E를 저널의 이중모음으로 바꾸기만 했고, 그 결과 마치 육체미 광고에서 50킬로그램의 약골이 여자들이 기절할 만한 복근과 이두근을 꿈꾸는 것과 아주 비슷하게, 뭉툭한 E는 예쁘고 우아한 이중모음이 되는 꿈을 꾸고 있었다. 간단히 말해 그것이 미학이었다. 물론 정반대로 갈 수도 있었다. 그 이중모음이 마음속으로 뭉툭한 E의 정직하고 현대적인 모습을 바랄 수도 있다. 그 이중모음을 포함한 단어와, A와 E가 분리되어 있는 같은 단어의 발음이 완전히 똑같다는 사실은 지적할 필요가 있다. 그러나 서체의 차이는 논리학자 고틀로프 프레게Gottlob Frege[1]가 본다면 단지 색조에 불과하다고 말하겠지만, 이 경우에는 텍스트의 의미에 기여한다. 한 형태를 다른 형태보다 더 좋아하는 데에는 항상 이유가 있다. 사물의 모습에 시각적 차이가 있는 한, 미학을 피할 순 없다. 나는 3,000장의 포스터를 인쇄하게 하고 학회의 회원들에게 판매용으로 내놓았다. 예상대로 미학자들은 그 포스터를 살 정도로 미술에 관심이 많지 않았고, 내가 알기로 그 포스터 뭉치는 지금 학회의 창고 어딘가에서 먼지를 뒤집어쓰고 있다. 나의 육감으로 볼 때 미술사학자들이라면 스타인버그의 가치를 알기 때문에 재빨리 낚아챘을 것이다. 더구나 그는 1999년에 고인이 되었다.

그 일은 나에게 현재 상황에서 두 학과 사이에 놓인 전반적인 차이를 보게 해준다. 철학은 1970년대 이래로 "대문자 이론(Theory)"이라 불린 활동들(즉, 인류학, 고고학, 문학, 예술사, 영화 연구, 기타 등등 인문학의 거의 모든 분야에 영향을 미쳐온 해체주의 전략들)에 항상 둔감해왔다. 그러나 이 학과들은 모두 1960년대 이후부터 미국의 대학 구조 안에서 여성학과 흑인학에서 출발하여 자체적인 교과서와 교과 과정을 갖추고 각양각색의 성 연구와 인종 연구(동성애 연구, 멕시코계미국인 연구 등등의 세분화된 학과들)로 꽃을 피운 다양한 태도들의 프리즘을 통과하며 굴절과 변화를 겪어왔다. 나는 이 변

---

1 독일의 수학자이자 논리학자. 분석철학적 전통의 초기 단계에서부터 깊은 영향을 끼친 인물로 최근 들어 본격적으로 평가되고 있다. 현대 수리 논리학의 창시자로 인정받는다.

화들이 다양한 행동주의²적 의제들에서 추진력을 얻어왔으며, 그 의제들은 예술학, 예술비평, 예술 현장에서 사회적 태도를 변화시키고 이런저런 집단에 대한 편견과 불의를 제거하기 위해 노력해왔다고 보는 것이 옳다고 생각한다. 결국 해체주의는 사회가 특수한 집단들 — 예를 들어, 백인 남성, 그리고 좌표를 달리하면 서양인이나 북미인 — 의 이익을 어떻게 향상하고 강화해왔는지를 보여주는 방법론으로 자리 잡았다.

이렇게 다양해진 배경에 비추어 미술사에서 미학에 새롭게 초점을 맞추는 흐름이 무엇을 의미하는지를 숙고해보는 일은 가치 있다. 이 경향은 새로운 학문 분야들 — 흑인 미학, 라틴 미학, 동성애 미학 — 에 단지 소소한 이익이 될까? 예를 들어 〈이성애자 남성에게 도움이 되는 동성애자의 안목Queer Eye for the Straight Guy〉³과 같은 프로그램들이 암시하듯이, 미학이 동성애의 기본 속성으로 받아들여지고, 최근에 인정을 받은 범주인 메트로섹슈얼 — 미적인 안목을 가진 이성애 남자 — 같은 새로운 성적 태도들이 수면 위로 부상하는 식으로 말이다. 혹은, 지식을 재조직하려는 해체주의의 노력이 폐기되어 결국 예술이 최근 몇십 년의 행동주의적 관점으로는 더 이상 보이지 않고 그 대신 "예술 자체를 위한" 예술로 다뤄지리라는 것을 의미할까? 즉, 예술은 우리가 특정한 성별의 눈, 인종의 눈, 민족의 눈 등으로 간주할 수 있는 그런 시각들과 무관하게 단지 눈과 귀에 즐거움을 제공하는 어떤 것으로 다뤄질까? 혹은, 미학으로의 선회가 예술을

---

2 Activism. 정치적 성격을 띤 사회 운동을 말한다.
3 2003년부터 5년간 미국 케이블 방송 Bravo에서 방영된 리얼 버라이어티 쇼로, 인테리어 디자이너, 음식·와인 감정가, 뷰티 전문가, 패션 전문가, 문화 분석가로 이루어진 다섯명의 동성애자 남성들이 이성애자 남성들의 삶을 바꿔주며 큰 인기를 끌었다.

사회적, 정치적으로 고찰하는 흐름을 종결시키기보다는 그동안 경시되었지도 모르는 차원들 즉, 여성 미학, 흑인 미학, 동성애 미학 등으로 그 흐름을 연장시킬까? 어느 경우에서 미학으로의 선회는 진정한 방향 전환을 의미하지 않을까?

'대문자 이론'은 1970년대 초에 학계의 시야에 들어왔다. 자크 데리다와 미셸 푸코의 가장 이른 저작은 대략 1961년과, 전 세계의 대학에서 다양한 운동이 일어난 해인 1968년으로 거슬러 올라간다. 미국에서 대문자 이론에 행동주의적 유효성을 부여하는 사건들과 운동들은 주로 1960년대 중반에서 후반 사이로 거슬러 올라간다. 1964년은 미국에서 '자유의 여름'이었고, 급진 페미니즘은 1968년 이후에 하나의 세력으로 부상했으며, 동성애자 자유화 운동을 촉발시킨 스톤월 폭동은 1969년에 일어났고, 반전운동은 1970년대까지 계속되었다. 그 후 대문자 이론은 1980년대에 학계에 들어온 많은 사람들의 태도를 규정했으며, 예술을 대개 형식주의적으로 고찰하는 전통주의자들과 예술에 대한 관심이 주로 정체성 정치학을 통해 규정되었던 행동주의자들을 가르면서, 주로 시대에 기초하여 학과들을 쪼개는 일종의 지렛목이 되었다. 나는 1980년대 중반에 미술비평 분야에서 미학이 정치화되었다는 것을 알고 있다. 보수적인 미술평론가들은 그들의 눈에 좌파 평론가로 보이는 사람들이 미학을 경시하거나 간과하고 있다고 고집스럽게 강조했다. 보수적인 관점에서 볼 때 미학으로의 선회는 전통적인 방법으로의 복귀를 의미할 수 있다. 미술사학과에서 미학 논문을 찾는다는 사실은 보수주의자들에게도 희소식이 될 수 있다. 그것은 사실상 프랑스에서 제1차 세계대전 이후에 일어난 이른바 **질서로의 복귀**rappel à l'ordre를 의미할 수 있다(그때 아방가르드 예술가들은 그들의 실험을 미루고서 전쟁이 할퀴고 지나간 세계의 거주자들을 안심시키는 방향으로 세계를 표현하는 일에 합류했다). 미학이 단지 예술을 대문자 이론의 관점에서 생각하는 또 하나의 방식에 불과하다면, 세계를 보수적으로 보는 사람들에게는 대단히 환멸스러울 것이다. 이와 마찬가지로 강의 요강, 참고문헌, 명성이 예술에 대한 정치적인 접근법에 기초해 있는 예술사학자들이 일시에 그런 것들에 등을 돌리고 완전히 새로운 접근법을 수용한다는 것도 ─ 게다가 마치 성, 인종 등등의 더 이상 중요하지 않은 것처럼 예술을 다룬다는 것도 ─ 거의 생각할 수 없다. 그것은 그들이 마침내 전통주의자들과 운명을 함께하게 되었다는 뜻일 수 있다. 학계와 문화계의 활동이 체계적으로 조직화되어 있는 지금의 상황에서 그것은 너무 큰 변화로, 일어날 가능성이 거의 없다.

철학에서의 상황은 완전히 다르다. 이미 언급했듯이 영미권 대학에서 대문자 이론은 철학이라는 학과에 사실상 거의 충격을 주지 않았다. 철학과 대학원 공부를 시작한 젊은이들도 미술사나 문화 연구에 진입한 학생들과 동일한 역사적 기반에서 출발했지만, 교양학부의 다른 학과들에서는 분파를 만들어낸 관심사들이 어쩐 일인지 철학과에서는 분파들을 만들어내지 않았다. 철학과는 인문과학 les sciences humaines 의 다른 학과들이 나아간 것처럼 양극화되지 않았다. 학계의 나머지 전체를 화해할 수 없는 파벌들로 분열시킨 텍스트들은 영어권 국가의 주류 철학자들에게는 철학으로 진지하게 여겨지지 않았다. 내 생각에 이는 부분적으로 그 텍스트의 언어가 철학 저술이 따라야 하는 명료함과 논리성의 기준에 터무니없이 못 미쳤기 때문이다. 논문이 주요 간행물에 제출되면 편집위원회가 그 기준을 검토했다. "출판되거나 소멸되거나"의 원리는 현기증 나는 새로운 말투로 쓰인 논문들을 도태시켰다. 그리고 더 이상 철학자들 외에는 아무도 철학을 읽지 않았기 때문에, 권위 있는 저널들 외에는 무대가 없었다.

그 외에도 철학은 결코 해체주의의 후보에 걸맞은 모습을 보이지 않았다. 그 이유는 20세기의 철학에서 일어난 주요 운동들 중 대부분이 이미 그 학과의 개혁을 위한 프로그램들로 이루어져 있었기 때문이다. 비트겐슈타인은 다음과 같이 선언했다. "철학적 문제들에 관하여 글로 써진 대부분의 명제들과 질문들은 틀리진 않지만 무의미하다. 그러므로 우리는 이런 종류의 질문들에 전혀 답을 할 수 없고, 단지 그 무의미함만을 진술할 수 있다." 비트겐슈타인의 선언은 전통 철학에 대한 극단적인 회의였다. 이제 문제는 철학자들이 할 수 있는 것을 찾는 것이었다. 현상학은 의식 경험의 논리 구조를 설명하고자 노력했다. 실증주의는 과학적 언어를 논리적으로 명료화하는 일에 전념했다. 실용주의 철학자 존 듀이는 이렇게 썼다. "철학이 철학자들의 문제들을 다루는 장치이기를 멈추고 철학자들의 장려하에 인간의 문제를 다루는 장치가 될 때, 철학은 제 스스로 회복한다." 리처드 로티는 철학자들에게 자신이 무엇을 하고 있는지를 아는 다른 철학자들과 유익한 대화를 시작하라고 제안했다. 따라서 데리다와 푸코가 등장했을 때 철학은 이미 대대적인 비판을 무수히 견디고 살아남아, 좋은지 나쁜지는 모르겠으나 그들의 공격에 거의 면역이 되어 있었다. 남은 것은 혹 누군가가 관심을 두었다면 대문자 이론의 몇몇 중요한 개념 — 데리다의 유명한 명제, "텍스트 바깥에는 아무것도 없다(il n'y a pas de hors-texte)"와, 역사적 시대들을 규정하는 푸코의 주목할 만한 에피스테메(episteme)[4]

---

[4] 푸코의 용법에 의하면, 특정한 시대를 지배하는 인식의 무의식적 체계, 혹은 특정한 방식으로 사물들에 질서를 부여하는 무의식적인 기초를 말한다.

개념 — 에도 흥미롭게 적용할 수 있는, 다소 중립적인 분석 방법이었다. 철학에서 페미니즘은 철학을 용납할 수 없는 남성성의 학문으로 보는 급진적인 도전이 되기보다는 분석 철학의 한 분야가 되었고, 그래서 만일 여성 특유의 앎의 방법이 실제로 존재한다는 입장이 당시에 제기되었다면, 남녀에게 똑같이 민감한 그런 입장을 논의할 방법이 과연 있겠느냐는 의문을 유발하지 않고서도 자연스럽게 철학적으로 논의되었을 것이다. 내가 생각하기에, 오늘날 페미니즘의 입장을 취하고 있는 대부분의 여성 철학자들은 철학과의 성격을 근본적으로 변화시킬 필요가 있다고 보지 않는다. 한편, 권위 있는 저널들에서 주어의 이름이 명시되지 않았을 경우 일반적인 삼인칭 대명사가 "그녀(she/her)"인 것은 인상적이다.

독일 관념론의 위대한 시기를 제외하고 미학은 철학에 속한 다소 주변적인 하위 학문으로 여겨져왔으며, 그 주제들은 전공자를 제외한 철학자들이 큰 관심을 기울일 이유가 있다고 여길 만큼 실제의 철학에 중요성을 충분히 인정받지 못해왔다. 그래서 미학에 대한 재고찰은 예술사에 던질 수 있는 충격과 대조적으로, 현재 상태의 철학에는 거의 영향을 미치지 못할 듯하다. 그러나 런던에서 열린 학회의 전제는 다시 역설적으로 표현하자면, 미학이 미학에서 사라진 듯하다는 것이었다. 다시 말해 그 학회의 주최자들에 따르면, 미학이 예술과 인간 경험에서 예술이 차지하는 위치에 실제로 얼마나 중요한가에 상관없이, 미학자들은 예술 분석을 까맣게 잊거나 아예 인식하지 못하고서 미학을 예술 분석에 대단히 주변적인 것으로 만들었다고 한다. 논문 요청은 이 상황을 교정하기 위해서였다. 그 요청은 미학을 다시 예술철학 안으로 끌어와, 최근까지 인정해주었던 자리보다 더 중심적인 위치에 놓고자 하는 노력이었다.

바로 여기가 내가 나설 지점이다. 나는 마르셀 뒤샹과 함께 현재까지의 상황에 적어도 부분적으로 책임이 있다고 지목되었기 때문이다. 뒤샹은 실제로 "심미적 즐거움은 피해야 할 위험이다"라고 말했고, 1913년에서 1917년까지 제작된 유명한 레디메이드들에 담긴 그의 의도 중 하나는 작품과의 관계 속에서 심미적 고찰이 발생하지 않는 작품들을 만드는 것이었다. 뒤샹은 내가 이미 인용한 1961년 뉴욕 현대미술관의 좌담회에서 다음과 같이 명시했다. "내가 진심으로 밝히고 싶은 요점은, 이 레디메이드들의 선택이 결코 심미적 즐거움의 명령에 따르지 않았다는 점이다. 나는 좋은 취미나 나쁜 취미가 완전히 부재한 상태에서 (……) 사실 완전히 마취된 상태에서, 시각적으로 무관심한 반응에 기초하여 그것들을 선택했다."

만일 모든 예술이 레디메이드라면, 달리가 발생할 수 있다고 상상했던 것처럼 미학이 설 공간은 완전히 — 혹은 적어도 거의 — 사라질 것이다. 그러나 뒤샹은 〈레디메이드에 대하여〉에서 "화가가 사용하는 튜브에 담긴 유화물감은 이미 제작된 레디메이드 상품이기 때문에 세상의 모든 그림은 보조를 받은 레디메이드이자 아상블라주[5] 작품이다"라고 다소 장난스럽게 말했지만, 예술작품에서 심미적 관심을 완전히 배제시키기는 분명 얼마간 특별한 노력이 필요한 일이었다. 심미적 관심의 부재가 작품의 가장 흥미로운 측면이 될 수 있는 예술적 가능성을 인정하는 것과, 미학은 예술에서 아무 역할도 하지 않는다고 주장하는 것은 완전히 별개다. 뒤샹은 미술평론가 피에르 카반Pierre Cabanne과 대화하던 중에, 그의 전체적

---

5   Assemblage. 물건의 단편(斷片)이나 폐품을 모은 예술과 그 작품.

인 목표는 그가 "망막적인 것"이라 칭한 것에 과도하게 부여된 중요성을 조정하는 것이라고 분명히 밝혔다. 어떤 면에서 뒤샹과 런던 학회의 주최자들은 상호 대칭적인 존재였다. 뒤샹이 너무 많은 관심을 받고 있다고 느꼈던 것에, 그들은 너무 적은 관심이 가고 있다고 주장하고 있었다. 뒤샹은 그림에는 심미적 만족을 주는 것 외에도 다른 기능들 ―"그것은 종교적일 수도 있고, 철학적일 수도 있고, 도덕적일 수도 있다"― 이 있다고 말하고 있었다. 런던 학회의 주최자들은 그가 너무 멀리 갔다고 말하고 있었다. 사실은 큰 불일치가 아니었다.

내가 보기에 뒤샹이 발견한 철학적 통찰은 예술은 존재할 수 있다는 것, 그리고 심미적 즐거움이 예술의 모든 것이라는 믿음이 널리 퍼져 있던 시대에, 예술의 중요성은 예술에는 이렇다 할 심미적 특성이 없다는 사실에 있을 수 있다는 것이었다. 나의 입장에서는 그것이 레디메이드의 가치였다. 미적이지 않은 예술도 존재할 수 있기 때문에 예술은 철학적으로 미적 가치와 무관하다는 인식은 철학의 분위기를 일신시켰다. 그런 발견은 예술의 철학적 정의, 다시 말해, 어떤 것이 예술작품이 되기 위한 필요충분조건은 무엇인가에 관심이 있는 사람에게만 중요한 의미가 있다. 당시에 내가 그랬다. 여러분도 알아볼 테지만, 그것이 이 책의 주제다.

내가 당시에 보았고 지금도 여전히 보고 있는 그 문제는 워홀과 그의 〈브릴로 상자〉를 만났을 때 처음 고개를 내밀었다. 〈브릴로 상자〉는 브릴로 수세미를 담아 공장에서 창고를 거쳐 슈퍼마켓으로 운반하는 평범한 포장 상자와 지각적으로 아주 똑같아서 그 둘을 무엇으로 구별하는가가 심각한 문제로 부상했고, 나는 그것을 예술과 현실을 구별하는 문제로 받아들였다. 내 말은 그 둘을 인식론적으로가 아니라 존재론적으로 구별한다는 뜻이다. 하나는 합판[6]으로 만들어졌고 다른 하나는 그렇지 않다는 것은 조만간 누구나 알게 될 사실이었다. 문제는 예술과 현실의 차이가 그런 발견 가능한 차이들에 있느냐 하는 것이었다. 나는 그렇지 않다고 생각했고, 처음부터 나의 전략은 지각되지 않는 차이들이 어떻게 존재할 수 있는지를 밝히는 것이었다. 나는 그 차이를 설명할 수 있는 예술 이론이 있어야 한다고 생각했다. 1960년대에 소수의 철학자들이 그 길을 밟고 있었다. 리처드 월하임은 "최소 기준minimal criteria이란 말로 그 차이를 표현했고, 그 방법은 비트겐슈타인의 접근법과 유사했다. 월하임의 최소 기준은 비예술에서 예술을 골라내는 방법이었으므로, 그 기준이 지각적인 한에서 그의 방법은 논점을 겉돌 뿐 사실상 그 질문에는 답을 하지 못했다. 비트겐슈타인의 제자들과 그 밖의 철학자들이 예술에서의 정의를 불가능하고 불필요하다고 보던 시대에, 조지 디키는 예술을 명확히 정의했다. 나는 그의 용기에 경의를 표하지만 그의 정의는 틀렸다고 생각한다. 그의 예술 제도론에서는 예술계가 어떤 것을 예술품으로 선포하면 그것은 예술품이 된다. 하지만 예술계는 어떤 근거로 일관되게 〈브릴로 상자〉를 예술로 선포하고 브릴로가 담긴 포장 상자는 아니라고 할 수 있는가? 내가 느끼기에, 〈브릴로 상자〉를 예술이라 부르는 데에는 이유들이 있어야 했고, 그래서 어떤 것이 예술이 되는 기초에 이유들이 있다면, 그것은 선포의 문제일 수 없거나, 단지 선포의 문제가 아니었다.

　이상이 주요한 입장들이었으며, 논문을 공고한 사람들이 지금까지의 예술 논의에서 미학적 특질들이 이렇다 할 역할을 하지 않았다고 본 것

---

[6] 〈브릴로 상자〉의 재질이 합판이었다.

은 분명히 옳다고 나는 생각한다. 디키는 자신의 정의에 예술작품이 "감상의 후보"라는 조건을 끼워 넣었고, 이는 충분히 심미적 감상을 의미할 수 있지만 디키는 결코 과도하게 명료한 설명을 하려 하지 않았다.

나는 때때로 만일 분간할 수 없는 물체들 — 〈브릴로 상자〉와 브릴로 포장 상자 — 이 지각적으로 똑같다면 미학적으로도 똑같아야 한다고 말했지만, 이제는 더 이상 그렇다고 믿지 않는다. 그 이유는 대체로 그 문제를 다룰 보다 나은 철학에 이르렀기 때문이다. 그러나 뒤에서 밝히겠지만, 그 결과 미적 특질의 문제는 그 어느 때보다 더 무관해진다.

예술품과 물체 — 예를 들어 〈브릴로 상자〉와, 그 작품의 모든 징표가 존재하는, 스텐실 인쇄가 된 구체적인 합판 상자[7] — 를 구분해보자. 1964년에 300개의 그런 징표들이 만들어졌고, 1970년에 100여 개가 만들어졌다. 워홀이 사망한 후 1990년에 큐레이터 폰투스 훌텐은 대략 100개의 이른바 스톡홀름타입의 브릴로 상자를 만들었지만, 그가 위조한 보증서들처럼 이 상자들은 위조품이기 때문에 그 예술적 지위는 논란의 여지가 크다. 이 문제는 예술로서의 그 징표들과, 다른 예술품, 즉 상업 예술품의 우연한 징표들로 존재하는 일상의 브릴로 포장 상자들 사이의 분간 불가능성이라는 관계를 다소 복잡하게 만든다. 워홀의 상자들은 맨해튼 이스트 47번가 231번지에 있는 팩토리에서 제작했고, 제라드 말랑가와 빌리 리니치Billy Linich가 리퀴텍스로 도장을 한 다음, 잡화 상자와 똑같아 보이도록 사진 실크스크린 기법을 이용해 스텐실 인쇄를 했다. 말랑가는 워홀의 잡화 상자들 — 스테이블 전시회에 약 여섯 종이 있었다 — 을 "삼차원 사

---

[7] 워홀의 〈브릴로 상자〉를 모방 또는 복제한 것을 말한다.

진"이라 불렀다. 한편 수천 개의 골판지 브릴로 상자들은 한 시기에 걸쳐 (아마도) 미국에 있는 여러 박스 공장에서 만들어지고 인쇄되었다. 두 종류의 상자, 즉 순수미술 상자와 상업미술 상자는 둘 다 시각 문화의 일부지만, 그렇다고 해서 순수미술과 상업미술의 경계선이 조금이라도 흐려지진 않는다. 상자를 디자인한 사람 — 제임스 하비 — 이 추상표현주의 양식으로 그림을 그리는 순수미술가이고 단지 생계를 위해 프리랜서로 포장지를 디자인했다는 사실이 그의 정체를 복잡하게 만들긴 하지만, 우리는 누가 상업미술가인지를 안다. 어느 날 워홀이, 1964년 스테이블화랑 전시회에 있던 다른 상자 디자이너들의 작품들 — 켈로그의 콘플레이크 상자, 델몬트 피치해프 상자, 하인츠 토마토주스 상자 등 — 과 함께 하비의 그 작품을 차용했다. 일반적으로 널리 기억되는 상자는 그 전시회의 스타이자 캠벨 수프만큼이나 유명한 워홀의 상징인 〈브릴로 상자〉 하나다. 그 상자가 미적으로 탁월했기 때문이다. 빨간색, 흰색, 파란색의 디자인은 굉장했다. 시각적 수사의 모범으로서 그것은 내용물인 브릴로가 알루미늄을 반짝거리게 만드는 훌륭한 주방용품이라고 세상에 알리고 있었다. 그 상자는 브릴로에 관한 것이었고,[8] 그 상자의 미학은 보는 이들로 하여금 브릴로에 호감을 느끼도록 계산되었다. 하지만 워홀은 하비에게서 나온 그 미학의 덕을 조금도 보지 않는다. 그 미학은 하비의 상자에 속해 있으며, 그 미학이 워홀의 작품의 일부인지 아닌지는 완전히 다른 문제다. 워홀이 〈브릴로 상자〉를 위해 브릴로 포장 상자를 선택한 것은 사실이다. 그러나 그는 그 전시회를 위해 다섯 가지 포장 상자를 더 선택했으며, 그 상

---

8 1장의 주 38을 보라.

자들은 미학적으로 차이가 없다. 나는 이것이 모든 것을 똑같이 취급해야 한다는 그의 뿌리 깊은 인류평등주의에서 나왔다고 생각한다. 하지만 구체적으로 나는 워홀의 〈브릴로 상자〉 자체에, 혹 있다면, 어떤 미학적 특질이 있는지를 알지 못한다. 그의 상자는, 1964년에는 이런 용어가 없었지만, 개념미술의 작품이었다. 그것은 또한 1980년대에 생겨난 용어를 사용하자면, 차용미술의 작품이었다. 워홀의 상자는 대중문화에 관한 것이었기 때문에 이른바 팝아트 작품이었다. 하비의 상자는 대중문화의 일부분이었음에도, 대중문화에 관한 것이 전혀 아니었기 때문에 팝아트 작품이 아니었다. 하비는 누가 봐도 대중적 감수성에 호소하는 디자인을 창조했다. 워홀은 그 감수성을 의식의 영역으로 가져왔다. 워홀의 인기가 대단히 높았던 이유는 사람들이 그의 미술이 그들에 관한 것이라고 느꼈기 때문이다. 그러나 하비의 상자는 그들에 관한 것이 아니었다. 그것은 브릴로에 관한 것이었다. 브릴로는 알루미늄의 광을 내는 일이 일상적인 가정생활의 미학에 들어오고부터 그들의 세계에 속한 물건이 되었다.

- 뛰어난 젊은 패션 저술가 에이미 스핀들러$^{Amy\ Spindler}$의 부고 기사는 그녀가 "패션이 음악이나 미술만큼 중요한 문화의 척도"임을 알아보았다고 공로를 인정했다. 그렇다면 우리에게 남겨지는 문제는 패션과 미술 사이에, 혹 차이가 있다면 어떤 것인가이다. 옷은 문화적 지표일 뿐 아니라 예술작품이 될 수도 있지만 모든 옷이 예술작품은 아니니, 그 차이는 어디에 있는가? 헤겔은 자신이 정신이라 명명한 것을 두 종류, 즉 객관적 정신과 절대정신으로 구분했다. 객관적 정신은 우리가 한 문화의 객관화된 마음을 발견할 수 있는 모든 사물들과 행위들 — 그 언어, 그 건축, 그 책과 의복과 요리, 그 의례와 법률 — 로 이루어져 있고, 이 모두는 인문과학 또

는 헤겔의 추종자들이 정신과학Geisteswissenschaften이라 부른 영역에 속한다. 절대정신은 우리에 관한 것이고, 우리의 정신은 우리의 객관적 정신을 이루는 것들 속에 존재한다. 하비의 상자는 1960년경 미국의 객관적 정신에 속한다. 어떤 면에서는 워홀의 상자도 마찬가지다. 그러나 워홀의 상자는 객관적 정신에 관한 것이므로, 절대정신에 속한다. 워홀의 상자는 객관적 정신이 그 자신을 의식하게 만든다. 자의식은 절대정신의 위대한 속성이고, 헤겔이 생각하기에 미술, 철학, 종교는 주요하고 어쩌면 유일하다 할 수 있는 절대정신의 요소들이다. 브릴로 포장 상자의 미학은 그것이 속한 객관적 정신에 관하여 많은 것을 말해준다. 그러나 절대정신에 관해서는 과연 무엇을 말해주는가?

형이상학은 이쯤에서 마무리하자. 내가 형이상학을 불러들인 것은 《미의 남용The Abuse of Beauty》을 쓰기 전까지 내가 왜 미학을 거의 다루지 않았는지를 설명하기 위해서다. 그 이유는 나의 주요한 철학적 관심이 1960년대 예술계의 환경 속에서 형성된 탓에, 예술의 정의에 집중되었기 때문이라는 데에 있다. 거칠게 말하자면 나의 정의는 두 개의 주된 요소로 이루어져 있었다. 어떤 것이 예술작품일 때 그것은 의미를 지니고 있으며(즉, 다른 어떤 것에 관한 것이고), 이 의미는 대개 예술작품을 물질적으로 구성하는 오브제 속에 구현되어 있다. 나의 이론은, 간단히 말하자면, 예술작품은 구현된 의미라는 것이다. 워홀의 〈브릴로 상자〉 같은 작품들 때문에 나는 미적 가치가 예술의 정의에 속한다고 주장할 수 없었다. 그러나 이는 미적 가치가 예술의 일부임을 부인하는 것이 아니다! 그것은 분명 상업 미술의 작품으로서 브릴로 포장 상자가 갖고 있는 특질이다. 팝아트 미술가가 대중적인 이미지들 — 상업적 로고, 만화, 키치 스타일의 예술품 —

에 그토록 매혹된 것은 대중적인 예술의 미적 가치 때문이었다. 그러나 비록 나는 대중적 이미지를 사랑하지만, 이는 대중적인 예술만이 미적이라는 말이 아니다. 그런 말은 어처구니없고, 옳지도 않다. 그러나 또한 미적 가치가 시각예술의 요점이라는 말도 옳지 않다. 미적 가치는 결코 〈브릴로 상자〉의 요점이 아니다! 또한 미적 가치는 이 세상에 존재하는 대부분의 예술의 요점도 아니다. 바로 이것이 피에르 카반과의 대화에서 뒤샹이 어느 정도 말했던 바다. 미적 가치는 르네상스와 함께 예술의 요점에 포함되었고, 그런 뒤 18세기에 미학이 등장한 후부터 미적 가치를 다룬 주요 철학자들은 예술의 요점은 쾌의 제공이라고 주장할 수 있었다. 예술은 모방으로 여겨졌기 때문에, 예술의 목적은 이 세상의 심미적으로 즐거운 것 — 예쁘장한 사람들, 장면들, 사물들 — 을 관람자의 눈앞에 놓는 것이었다. 한스 벨팅은 그의 명저《성상과 숭배》에서 초기 기독교부터 르네상스 시대까지 만들어진 성상들의 "요점"에 대해 논의했지만, 여기에서도 미학은 이렇다 할 역할을 하지 않았다. 독일 바로크 양식의 14 구난성인救難聖人, Vierzehn Heiligen9 같은 성상들에 사람들은 기적을 위해 기도를 하고 예배를 올렸다. 그러나 14 구난성인 앞에서 예배를 올린 사람들이 그들을 사랑한 것은 난산, 질병, 불행 속에서 도움을 얻기 위해서였다. 성상의 명백한 아름다움은 단지 18세기의 어느 조상彫像에게나 기대할 수 있는 것이었을 뿐, 그 조상이 나타내려 하는 것은 아니었다. 하지만 미학이 예술의 요점이 아

---

9 기독교 신자들이 재난으로 인해 곤궁에 처했을 때 그 이름을 부르며 기도하는 순교 성자들. 특히 질병에 대해 힘이 있는 것으로 간주되어 14세기 독일에서 흑사병이 창궐하면서 유럽 전역에 이들에 대한 섬김이 퍼져나갔다. 각 성인들은 두통, 난산, 가축의 건강, 급사 등에 대항한다.

니라면, 미학의 요점은 무엇일까?

    이는 너무 성급한 질문이다. 나는 미적 가치에 요점을 둔 예술도 있음을 부인하고 싶지 않다. 나는 내가 그런 예들을 제시해야 하는지 확신할 수는 없지만, 오늘날 만들어지고 있는 예술의 대부분은 미적 경험의 제공을 주된 목표로 삼지 않는다고 말할 수 있다. 또한 나는 심미적 경험의 제공이 예술사의 과정에서 만들어진 대부분의 예술의 주된 목표였다고 생각하지도 않는다. 그러나 많은 전통적인 예술과 일부 현대예술에는 명백히 미적 요소가 있다. 오늘날 예술가들이 예술을 만들 때 심미적 경험을 작품의 요점과 목적으로 삼고 창작을 한다면 이는 큰 변화일 것이다. 이는 정말로 혁명일 것이다. 철학자들이 미적 가치에 주의를 기울일 때, 지금 자신이 경시되고 있던 예술의 주된 요점에 주의를 기울이고 있다고 믿는다면 착각일 것이다. 하지만 나는, 예술에 어떤 의도된 미적 요소가 있다면, 그 예술의 요점이 무엇이든 간에 그 의도된 미적 요소는 예술의 요점을 위한 수단임이 분명하다고 생각한다. 그리고 설령 미적 가치가 예술의 정의의 일부가 아니더라도 이 문제는 분명 철학적으로 주의를 기울일 가치가 있을 것이다. 그리고 다시 말하지만, 만일 미적 가치가 정말로 예술의 수단이라면, 예술사는 미학에 주의를 기울일 때 예술이 정치적인 면, 경제적인 면, 사회적인 면, 혹은 다른 어떤 면에서 어떻게 그 목표를 달성하는지에 주의를 기울이게 될 것이다. 요컨대, 철학에서든 미학에서든 미적 가치에 대한 재고는, 우리가 어떻게 접근하든 간에, 사회적 세계 즉 객관적 정신으로서의 세계에 관해서뿐 아니라 예술에 관한 앎에 가치 있는 많은 것을 말해줄 수 있다.

    나는 이제 조금 더 깊은 차원으로, 예술에 대한 철학적 사유 방식에도 거의 틀림없이 약간의 영향을 미치지만, 철학 자체의 몇몇 핵심 쟁점들을 사유하는 방식에 훨씬 더 중요한 영향을 미칠 수 있는 미학의 개념으로 들어가고자 한다. 이 미학에 대한 접근법은 근대 철학에서 가장 존경받는 이름들 중 하나와 연관이 있기 때문에, 장식적이고 부차적인 것 때문에 선입견을 갖고 미학을 사소한 학과로 경멸하는 경향이 있는 철학자들에게 흥미가 있을 법도 하다. 1903년, 윌리엄 제임스는 철학의 천재인 찰스 샌더스 퍼스가 하버드에서 실용주의의 의미에 관한 강의 시리즈를 할 수 있도록 자리를 마련했다. 그 강의에서 퍼스는 세 규범학과 ─ 논리학, 윤리학, 미학(각각 사고, 행동, 감각에 있어 무엇이 옳은지) ─ 를 명시했는데, 그중 미학이 가장 근본적이었다. 논리학은 윤리학 위에 세워져 있고, 윤리학은 논리학의 발전 형태다. 그런 뒤 놀랍게도 그는 1902년 11월 제임스에게 보낸 편지에서, "그와 마찬가지로 윤리학은 미학에 의존한다. 물론 이 용어는 뻔하고, 진부하고, 김빠진 의미를 가리키지 않는다"라고 말했다. 덧붙여 말하자면 그는 '미학'이라는 용어가 못마땅했고, 그 대신 "예찬학 axiagastics[10]"이라는 심미적인 성격이 드러나지 않는 단어를 제안했는데, 예찬할 가치가 있는 것을 연구하는 학문이란 뜻이다. 다섯 번째 강의에서 퍼스는 이렇게 말했다.

> 나는 미적으로 좋은 것을 정의하는 과제가 나에게 부과되었다고 생각한다. (……) 나는 어떤 객체가 미적으로 좋으려면 그 총체성에 양성적이고positive, 단순하고, 직접적인 특질을 부여할 수 있도록 상호 관련되어 있는 다수의 부분

---

[10] '예찬'을 뜻하는 그리스어 'axiagastos'에서 파생된 말이다.

들이 있어야 한다고 생각한다. 또한 그 총체의 구체적 성질이 어떻든 간에 그런 특질을 갖고 있다면 무엇이든지 미적으로 좋다고 생각한다. 만일 그 특질이 우리를 메스껍게 하거나, 겁나게 하거나, 아니면 미적 향유의 분위기, 즉 그 특질의 구현을 단지 관조하는 분위기를 망가뜨릴 정도로 — 예를 들어, 문명의 상태가 아직 낮아 거대한 자연력의 인상이 생생한 불안 및 공포와 떨어질 수 없이 연관되어 있던 시절에 알프스 산맥이 사람들에게 위협감을 준 것처럼 — 우리의 마음을 어지럽힌다면, 비록 그런 상태에 처한 사람들은 그것을 차분히 미적으로 관조할 수 없겠지만, 그래도 그 객체는 여전히 미학적으로는 좋은 것으로 남는다.

퍼스는 "양성의 미적 나쁨 같은 것은 없다. (……) 존재하는 것은 단지 다양한 미학적 특질들"이라는 결론을 도출한다. 그는 제임스에게 익살맞게 다음과 같이 썼다. "나는 나의 미적 판단을, 켄터키 토박이가 위스키를 대하듯이[11] 생각하고 싶은 마음이 든다. 어떤 것이 다른 것들보다 나을 수는 있지만, 모든 것이 미적으로 좋다."

나는 퍼스를 연구하는 학자가 아니어서, 이 생각들이 그의 방대한 저작 중 다른 어디에서 얼마나 더 자세히 전개되었는지 알지 못한다. 그러나 나는 퍼스가 미적 특질이라고 말할 때 염두에 두었던 것은 분명 하이데거가 《존재와 시간$^{Sein\ und\ Zeit}$》에서 기분^{Stimmung}이라고 말한 것과 유사하다고 생각한다. 하이데거는 이렇게 썼다. "기분은 '내가 어떻게 존재하는가, 내가 어떻게 살아가고 있는가'를 명확히 해준다." 그가 말하는 현존재^{Dasein}

---

[11] 좋고 나쁨을 가리지 않는다는 뜻이다. 버번위스키는 원산지인 버번이 속해 있는 주의 이름을 따 켄터키위스키라고도 불린다.

— "이곳에 있음being there" — 로서 존재함은 항상 어떤 기분에 잠겨 있음과 동일하다. "종종 고집스럽게 지속되고, 나쁜 기분과 혼동되지 않는, 무덤덤하고 맥빠진 기분 결핍의 상태는 결코 하찮은 문제가 아니다." 하이데거가 탐구한 유명한 기분들 중 하나는 1929년의 평론, 〈형이상학이란 무엇인가Was ist Metaphysik〉에 서술되어 있는 "지루함"이다. 《존재와 시간》의 40절에서 그는 불안Angst을 다룬다. 사르트르가 탐구한 메스꺼움(구토)이라는 심리 상태도 그런 예다. 나는 공포도 국토안보부가 선전용으로 사용하는 방식대로라면, 하나의 기분 — 모든 것이 위협적으로 느껴지는 기분 — 이라고 생각한다. 나는 칸트가 "별이 총총한 머리 위의 하늘" 앞에서 경탄과 경외Bewunderung und Ehrfurcht라 명명한 것도 숭고함을 느끼고 있는 기분이라고 생각한다. 비트겐슈타인이 《논리철학논고》 6장 43절에서 "행복한 자들의 세계는 불행한 자들의 세계와 아주 별개다"라고 했을 때, 비록 그 세계를 이루는 객관적 사실들은 완전히 똑같을지라도, 이것 역시 기분들에 관한 말이라고 나는 생각한다.

어떤 예술작품들은 때때로 아주 강한 기분을 포함하여 이런저런 기분들을 불러일으키려는 의도로 제작되는 것이 거의 분명하다. 나치의 뉘른베르크 집회들은 기분을 조작해낸 예다. 음악에 심취할 때, 어떤 건축물 앞에서, 많은 영화에서, 우리는 기분에 빠져든다. 하이데거에 따르면 "언급할 가치가 있는 진척이 지금까지 거의 한 걸음도 이루어지지 않았다"라고 하는 아리스토텔레스의 《수사학》 제2권은 이 정서들을 체계적으로 다룬다. 내가 퍼스와 하이데거의 글에서 감탄하는 점은 그들이 미에 전념하는 미학의 전통, 그리고 미를 차분한 무관심으로 제한하는 오랜 경향에서 미학을 해방시키려 — 그와 동시에 미를 인간에 관한 존재론의 일부로 놓으려 — 했다는 것이다. 그러나 이 미는 아름다운 날씨나 아름다운 경치 같은 부류에도 적용될 수 있다. 또한 이 미는 꽃에서 그랜드캐니언에 이르는 자연물들과 관련되는 반면, 헤겔이 "정신에서 태어나고, 다시 태어난다"라고 말한 것[12]은 아니다. 그것은 예술적 창조성을 건너뛴다.

나는 예술에 의미와 구현이라는 이중의 기준을 끌어들일 때, 예술에 인식cognizance과의 관련성을 끌어들이게 된다고 생각한다. 즉, 예술은 가능한 것, 충실한 것, 사실적인 것을 인식할 수 있게 한다. 그레고리우스 1세는 로마네스크 성당 안에 조각된 기둥머리들을 문맹자들의 성경이라 불렀다. 그 기둥머리들은 성경에 쓰인 일들이 실제로 일어났음을 보여주고, 문맹자들에게도 그들이 알아야 할 것들을 말해준다. 다시 말해, 그들이 사실이라고 믿어야 하는 것들을 말해준다. 유능한 조각가는 시바의 여왕을 대단한 미인으로 표현했지만, 그럼에도 그 조각은 미와는 아무 관계가 없다. 그녀는 아름답게 보였을 것이다. 그러나 그 조각은 전혀 아름답지 않아도 예술일 수 있다. 미는 18세기의 가치였다.

"추상표현주의 회화를 심리적 사건으로 정의함으로써 그것은[13] 회화의 미적 가치의 효력을 부인했으며, 진정한 예술적 경험을 할 수 있는 유일한 영역, 즉 미적인 영역에서 예술을 멀리하고자 했다." 힐튼 크레이머가 2004년에 미국 국립인문학재단으로부터 상을 받을 때 한 말이다. "그것은 예술 오브제(art object)를 심리적 정보의 지위로 격하시켰다." 만일 미학이 정말 그런 것이라면, 마르셀 뒤샹의 작품에서 시작하는 막대한 양의 포스트모더니즘 예술에는 미학적 차원이 전혀 없게 된다. 필라델피아미

---

12 예술미를 말한다. 176쪽을 보라.
13 포스트모더니즘 또는 어떤 새로운 예술적 관점을 가리키는 것으로 추측할 수 있다.

술관에 전시된 뒤샹의 설치미술 작품, 〈주어진 것: 1) 폭포, 2) 가스등〉 — 관람자는 열쇠 구멍을 통해 작품을 볼 수 있다 — 은 미학으로는 저급하고 에로티시즘으로는 고급이다. 현대미술의 많은 부분은 전혀 심미적이지 않고, 그 대신 의미의 힘과 진리의 가능성을 갖고 있으며, 그 힘과 가능성을 가동시키는 해석에 의존한다.

나는 25년 동안 《네이션》에서 미술평론가로 활동하면서, 대부분의 뉴욕 평론가들이 갖고 있는 보수적인 취미와 다르게 설명하고자 노력했다. 나의 관점에서 미학은 거의 예술계의 일부가 아니었다. 다시 말해, 평론가로서의 나의 역할은 이 작품이 무엇에 관한 것인가 — 무엇을 의미하는가 — 를 말하고 그런 다음 그 의미를 나의 독자들에게 설명하는 것이 얼마나 가치가 있는지를 말하는 것이었다. 한마디 덧붙이자면, 나는 이것을 예술의 종말을 다룬 헤겔의 논의에서 배웠다.

참 고 문 헌

Alberti, Leon Battista. *On Painting*. Translated with introduction and notes by John R. Spencer. Westport, CT: Greenwood, 1976 (레온 바티스타 알베르티, 《회화론》, 김보경 옮김, 기파랑, 2011).
Balzac, Honoré de. *The Unknown Masterpiece*. Translated by Richard Howard. New York: New York Review Books, 2001(오노레 드 발자크, 〈미지의 걸작〉, 《사라진느》, 문학과지성사, 1997).
Cauman, John. Matisse and America, 1905–1933. New York: City University of New York, 2000.
Condivi, Ascanio. *The Life of Michel-Angelo*, 51. Translated by Alice Sedgwick Wohl, edited by Hellmut Wohl. University Park, PA: Pennsylvania State University Press, 1999.
Cropper, Elizabeth. *The Domenichino Affair: Novelty, Situation, and Theft in Seventeenth Century Rome*. New Haven: Yale University Press, 2005.
Danto, Arthur. *Andy Warhol*. New Haven: Yale University Press, 2009 (아서 단토, 《앤디 워홀 이야기》, 박선령·이혜경 옮김, 명진출판, 2010).
———. *The Transfiguration of the Commonplace: A Philosophy of Art*. Cambridge, MA: Harvard University Press, 1981(《일상적인 것의 변용》, 김혜련 옮김, 한길사, 2008).
Dewey, John. "The Need for a Recovery of Philosophy." In Dewey et al., *Creative Intelligence: Essays in the Pragmatic Attitude*. New York: Octagon, 1970.
Diamonstein, Barbaralee. "An Interview with Robert Motherwell," esp. 228. In *Robert Motherwell*, 2d ed., text by H. H. Arnason. New York: Abrams, 1982.
Duchamp, Marcel. "Apropos of 'Readymades.'" Lecture at Museum of Modern Art, New York, October 19, 1961, published in *Art and Artists* 1, no. 4 (July 1966). http://members.peak.org/~dadaist/English/Graphics/readymades.html.
Fry, Roger. "Madonna and Child by Andrea Mantegna." *Burlington Magazine* 62, no. 359 (February 1933): 52–65.
Gombrich, E. H. *Art and Illusion: A Study in the Psychology of Pictorial Representation*, 8. A. W. Mellon Lectures in the Fine Arts, 1956, Bollingen Series 35/5. Princeton, NJ: Princeton University Press, 2000(에른스트 곰브리치, 《예술과 환영》, 차미례 옮김, 열화당, 2003).
Greenberg, Clement. "Affirmation and Refusals," 190. In *The Collected Essays and Criticism: Clement*

Greenberg, vol. 3. Edited by John O'Brian. Chicago: University of Chicago Press, 1986-1993.

Hegel, G. W. F. *Aesthetics: Lectures on Fine Arts*, translated by T. M. Knox. 2 vols. New York: Oxford University Press, 1998(게오르그 빌헬름 프리드리히 헤겔, 《헤겔의 미학 강의 3》, 두행숙 옮김, 은행나무, 2010).

Heidegger, Martin. *Being and Time*. Translated by John MacQuarrie and Edward Robinson. New York: Harper, 1962(마르틴 하이데거, 《존재와 시간》).

———. "What Is Metaphysics?" In *Pathmarks*, edited by William McNeill. Cambridge: Cambridge University Press, 1998(《형이상학이란 무엇인가》).

Hibbard, Howard. *Michelangelo*. New York: Harper and Row, 1974.

House, John. *Nature into Art*, 75. New Haven: Yale University Press, 1986.

Kant, Immanuel. *Critique of Judgment*, translated by J. H. Bernard. New York: Barnes and Noble Books, 2005(임마누엘 칸트, 《판단력 비판》).

Kuenzli, Rudolf E., and Francis M. Naumann, eds. *Marcel Duchamp: Artist of the Century*, 81. Cambridge, MA: MIT Press, 1989.

Nicolson, Nigel, and Joanne Trautmann, eds. *The Letters of Virginia Woolf*, 2:420. New York: Harcourt Brace Jovanovich, 1977-82.

Peirce, Charles Sanders. "Lectures on Pragmatism." In *Pragmatism and Pragmaticism*. Vol. 5 of Collected Papers, edited by Charles Hartshorne, Paul Weiss, and Arthur W. Burks. Cambridge, MA: Belknap, 1935.

Pietrangeli, Carlo. *The Sistine Chapel: The Art, History, and the Restoration*. New York: Harmony, 1986.

Plato. *The Republic*, translated by Benjamin Jowett. http://classics.mit.edu/Plato/republic.html(플라톤, 《국가》).

Schapiro, Meyer. *Words, Script, and Pictures: Semiotics of Visual Language*, 148. New York: G. Braziller, 1996.

Vasari, Giorgio. "Michelangelo." In *Lives of the Most Eminent Painters, Sculptors, and Architects*, translated by Gaston du C. de Vere. New York: Abrams, 1979.

Wittgenstein, Ludwig. *Tractatus Logico-Philosophicus*, 4.003. New York: Routledge, 2001.

Wollheim, Richard. *Painting as an Art*, 348-49. A. W. Mellon Lectures on Fine Art, 1984, Bollingen Series 35/33. Princeton, NJ: Princeton University Press, 1987.

감사의 말

이 책에 앞서 출간된 유일한 장인 〈미학의 미래〉는 코크대학에서 열린 미학에 관한 국제 학회의 기조연설로 쓰였다. 1장 〈깨어 있는 꿈〉은 강의 형태로 발표된 적이 없는 유일한 장이다. 2장 〈복원과 의미〉는 미켈란젤로의 시스티나성당 천장화의 논란 많은 클리닝에 대한 분석으로, 1996년 사이 톰블리와 니콜라 델 로시오에게 경의를 표하는 의미로 워싱턴앤리대학교에서 강의했던 내용인데 다른 장들과 마찬가지로 수정을 해서 실었다. 나는 톰블리의 조각품에 관한 글을 쓰기 위해 가에타에 머물고 있는 동안 아내와 함께 그의 집에 초대를 받았는데, 그날 톰블리는 복원을 비난하는 사람들의 생각이 옳지 않다고 주장했다. 나는 미술사학자가 아니고 나의 주장은 기본적으로 철학적이어서, 복원 논쟁에 대한 나의 기여는 이것이 전부이다. 이 책에서 2장의 목적은 예술의 정의는 보편적이라는 나의 주장을 뒷받침하는 데에 있다. 만일 내가 클리닝에 대한 어떤 주장을 내놓을 정도로 쇼베 동굴을 잘 알고 있었다면, 그 장의 주장도 미켈란젤로의 눈부신 업적에 관한 논문과 기본적으로 비슷했을 것이다. 혹은 그 문제에 관해서라면 앤디 워홀의 〈브릴로 상자〉에 대한 나의 오랜 고찰과 비슷했을 것이다.

나는 1992년에 처음으로 컴퓨터를 구입했는데, 이는 나의 글이 끝도 없이 수정됐음을 의미한다. 3장 〈과학과 예술에서의 몸〉은 "몸/몸 문제"라는 제목으로 컬럼비아 대학교의 대학강연에서 발표되었고, 여러 번 소개된 뒤 미니애폴리스의 미네소타대학교에서 미술학과의 톰 로즈가 주최한 종교와 철학에 관한 학회 ─ '신성한 광기Divine Madness'라는 이름의 학회 ─ 에서도 같은 제목으로 강연되었다. 톰과 나는, 메리 제인 제이콥Mary Jane Jacob이 기획한 전시회의 제목을 빌리자면, 주로 "과거가 있는 장소들"에 많은 관심을 공통으로 갖고 있었다. 공통의 관심은 그의 몇몇 미술서 기획을 위해 내가 논문들을 썼다는 의미에서, 일종의 공동 연구로 이어졌다. 나는 톰에게 이 책의 원고를 읽고 평해달라고 부탁했다.

4장 〈논쟁의 끝: 그림과 사진의 파라고네〉는 뉴욕 메트로폴리탄박물관에서 리디아 고어Lydia Goehr가 주최한 강연에서 발표되었다. 그 내용은 모더니즘에 관한 피터 게이Peter Gay의 책에 사진술에 빠진 것에 대해 내가 컬럼비아대학에서 언급한 몇몇 비판들에 기초했다. 이 책을 리디아에게 헌정한다. 우리가 공유한 철학적 관심사 ─ 예술철학과 역사철학 ─ 와 우리의 오랜 우정, 그녀의 기지와 관대함 때문이고, 어쩌면 우리 둘 다 염소자리라는 사실도 한 이유가 될 수 있다.

훌륭한 솜씨로 이 철학 원고를 명료하게 다듬어준 나의 편집자 제프리 시어Jeffrey Schier에게 깊이 감사한다. 사실 나는 1964년에 〈브릴로 상자〉를 처음 봤을 때부터 독자들에게 그 작품에 대해 숙고하라고 재촉했지만 정작 나 자신은 때때로 명료성을 거부했다. 나에게 〈브릴로 상자〉는 예술의 비밀을 간직하고 있는 작품이었다.

나는 5장인 〈칸트와 예술작품〉을 어떤 특별한 상황을 위해 썼는지가 기억나지 않지만, 그 내용을 메릴랜드대학교에서 발표했고, 후에 아칸소 주 벤톤빌에 있는 크리스탈브리지스미술관에서도 발표했다. 칸트에 대한 강의를 듣는 사람은 대개 자신이 그 내용을 이해했다며 우쭐해한다는 것이 나의 견해이지만, 칸트와 나 사이에 얼마나 큰 공통점이 있는지, 특히 비평에 관한 나의 견해들이 칸트의 "미적 이념"과 얼마나 유사한지를 보여줌으로써 나의 편협함을 일깨워준 워윅대학교의 디어뮈드 코스텔로Diarmuid Costello에게 깊이 감사한다.

이 책은 나의 에이전트인 조지스 보차트Georges Borchardt와 예일대학교 출판국장인 존 도나티치John Donatich가 제안했는데, 아마 예일대학교 출판부에서 간행된 나의 책《앤디 워홀 이야기》와 짝을 이루는 철학서가 될 수 있다고 보아서였을 것이다. 어쨌든 그 제안 덕분에 나는 지난 반세기 동안 나의 철학과 비평을 지배해온 예술 개념에 관한 견해들을 제시할 수 있었다.

랜디 옥시어Randy Auxier에게 감사드린다. 그는 살아 있는 철학자들의 도서관Library of Living Philosophers에 포함된 나의 책에 판화가로서의 나의 경력을 보여줄 수 있는 어떤 것이 있으면 좋겠다고 제안했다. 나는 미술가와 철학자는 아무 공통점이 없다고 말하며 거절했다. 그러나 이와 보거즈 볼턱Ewa Bogusz-Boltuc은 한 판화 화랑의 광고에서 나의 작품을 발견하고서, 목각 예술을 주제로 활기 넘치는 에세이를 썼을 뿐 아니라 스프링필드에 있는 일리노이대학교 박물관을 설득해 1960년 이후로 최초가 된 나의 전시회를 열게 해주었다. 게다가 그녀의 에세이는 나의 책에 담긴 예술에 관한 구절들이 항상 철학적이라는 사실을 일깨워주었고, 그래서 나는 예술과 역사가 철학과 분리될 수 없음을 인정해야 했다. 더 나아가 나는 샌드라 셔먼스키Sandra Shemansky의 예술적 취미에 감사를 표해야 한다. 그녀는 자신이 담당하고 있는 컬렉션에 나의 판화 작품 하나를 포함시켰고, 수십 년 동안 옷장 선반 위에 놓여 있던 나의 목판화들을 나의 모교인 웨인 주립대학교에 기증하라고 제안했다.

마지막으로 내가 누린 행복의 큰 부분은 화가이자 지난 30여 년 동안 나의 곁을 지켜준 아내, 바버라 웨스트먼에게서 왔다. 그녀의 쾌활함, 재능, 사랑은 나의 인생을 정말로 가치 있게 만들어준 소중한 선물이다.

추천의 말

뒤샹과 워홀 이후의 예술

이현우(서평가 · 인문학자)

'예술이란 무엇인가'는 흔한 질문이고, 이에 대한 답, 곧 예술에 대한 정의도 드물지 않다. 하지만 예술사가 보여주는 것은 예술에 대한 다양한 정의인데, 그것은 거꾸로 말하자면 예술에 대한 만족할 만한 정의, 단일한 정의가 부재하다는 뜻이다. 특히나 현대미술에 이르러 마르셀 뒤샹과 앤디 워홀의 작업 이후에는 이들의 작품들까지 포함한 예술의 정의를 마련하는 것이 더욱 어렵게 되었다. 미국의 철학자 아서 단토가 미술비평가로서도 활동하면서 부닥치게 된 상황이다.

현대의 주요한 미학자들은 모든 예술을 포괄할 수 있는 정의는 가능하지 않다고 보며 그것은 기껏해야 열린 개념에 불과하다고 생각한다. 예술이 열린 개념이라는 말은 예술에 대한 특정한 정의가 모든 예술작품이 아닌 일부에만 적용된다는 것을 의미한다. 더불어 미래에 등장할 어떤 작품이 예술인지 아닌지 판별할 수 있는 능력도 그 정의는 갖지 못한다. 그런 상황에서 한때 강력한 영향력을 행사했던 제도론적 정의에 따르면 예술이란 전문가들로 구성된 '예술사회'의 합의에 불과할 따름이다. '그들'이 예술이라고 규정한 작품이 곧 예술이라는 뜻이다.

하지만 예술에 관해서 '본질주의자'를 자임하는 단토는 예술에 대한 닫힌 개념을 주장한다. 그것은 모든 예술작품에 적용할 수 있는 단일한 보편적 정의가 가능하다고 보는 입장이다. 단토가 모든 예술작품이라는 말로 염두에 두는 것은 무엇보다도 1915년의 뒤샹과 1964년의 워홀이다. 이들에 의해서 예술 개념은 획기적인 변화를 겪었기 때문이다. 다시 말해서 뒤샹과 워홀의 이후의 예술은 결코 그 이전의 예술과 동일할 수 없다.

다다이스트로서 뒤샹은 예술을 아름다움(미)이라는 가치로부터 분리시켰다. 뒤샹은 그가 '망막의 미술'이라고 부른 것, 곧 '눈을 만족시키는 예술'을 혐오했다. 그의 가장 유명한 레디메이드 〈샘〉만 하더라도 "R. Mutt 1917"이라는 가짜 서명이 쓰인 소변기를 전시회에 제출했다가 거부당했는데, 결과적으로는 예술 개념을 전폭적으로 확장시켰다. 어떤 것이 아름답지 않아도 예술이 될 수 있다는 발상은 뒤샹에게 빚지고 있다. 한편 팝아티스트 워홀은 〈브릴로 상자〉라는 작품을 통해서 예술 개념에 대해 한 번 더 고찰하도록 만들었다. 그는 골판지로 만들어진 세제 상자, 브릴로 상자와 똑같은 디자인의 상자를 나무로 제작하여 작품으로 전시했다. 시각적으로는 실제 브릴로 상자와 워홀의 브릴로 상자를 식별하는 것이 불가능했다. 그렇게 눈으로는 구별할 수 없다면, 워홀의 〈브릴로 상자〉는 어떤 근거에서 예술작품이라고 간주될 수 있는가. 〈브릴로 상자〉가 예술작품이라면 왜 실제 브릴로 상자는 예술작품이 될 수 없는가.

예술에 대한 단토의 정의는 이 두 대표적 사례를 철저하게 염두에 두고 제출된다. 그는 두 가지 요건을 제시하는데, 먼저 예술작품이 되기 위해서는 그것이 '어떤 것에 관한 것'이어야 한다. 워홀의 〈브릴로 상자〉는 실제 브릴로 상자에 '관한 것'이기에 이 요건을 충족시키지만, 실제 브릴로 상자는 어떤 것에 관한 것이 아니라 그 자체이기에 예술에 해당하지 않는다. 다음으로, 단토는 예술작품을 어떤 의미를 구현하고 있는 사물로 정의한다. 즉 예술작품은 '구현된 의미'이다. 이 의미는 물론 눈에 보이는 특성이 아니다. 흔히 예술작품은 감각에 호소하는 것으로 생각하기 쉽지만, 워홀의 〈브릴로 상자〉 사례처럼 때로 감각은 우리에게 아무것도 식별해주지 못한다. 따라서 예술을 정의할 때 감각은 필수적이지 않다. 핵심은 감각이 아니라 의미이기에 그렇다.

단토의 정의를 그대로 수용한다면, 예술은 더 이상 미학의 테두리 안에 가둬질 수 없다. 희랍어 '아이스테시스'를 어원으로 하는 미학은 의미상 '감각학' 혹은 '감성학'을 뜻한다. 하지만 예술이 감각이나 감성에 의해서 정의될 수 없다면 미학은 예술에 대해 말할 수 있는 지분을 더 이상 갖지 못한다. 미학의 종언이다. 더불어, 예술이 시각(눈)의 문제에서 사고(머리)의 문제로 전환되기에 예술은 더 이상 외관의 문제가 아니라 철학의 문제가 된다. 따라서 필요한 것은 미학이 아니라 예술철학이다.

단토가 보기에 이러한 전환은 미적 취미에 있어서는 현대예술과 거의 무관해 보이는 칸트에게서도 찾을 수 있다. 미적 취미와 판단을 주로 다루지만 《판단력 비판》에서 칸트는 동시에 '정신'이라는 개념도 도입한다. 진정으로 중요한 것은 '예술 속의 정신'이라는 관점은 예술이 단지 좋은 취미의 차원을 넘어선다는 뜻을 함축하며 동시에 단토가 말하는 '구현된 의미'와 통한다. 칸트에게 정신이란 "생기를 불어넣는 마음의 원리"로서 이 원리의 특징은 "미적 이념을 주는 능력"에 있다. 감각을 통해서 얻어지는 이념, 감각에 매개되는 이념을 뜻하는 미적 이념이야말로 단토가 말하는 '구현된 의미'의 원조라 할 만하다.

《무엇이 예술인가》는 서양미술사에 대한 단토식의 개관이자 그 귀결로 얻게 되는 새로운 예술 개념에 대한 성찰이다. 압축해서 말하면, 그것은 예술 개념에 대한 뒤샹과 워홀의 도전에 맞서는 철학적 응전이다. 미학의 가두리에서 벗어난 예술을 단토는 '구현된 의미'라는 정의를 통해서 다시 포획하려고 한다. 새로운 예술작품이 갖는 의미와 의미를 철학적으로 해명하려고 하는 것이다. 보기 드문 강력한 그의 해명과 함께 예술에 대한 우리의 이해 급수도 한 단계 올라선 느낌이다.

옮긴이의 말

번역을 마치고 오랜만에 대문을 나선다. 꼬박 한 달 동안 두문불출했다. 그사이 가을이 무르익어 초로에 들어서 있다. 동네 풍경이 왠지 낯설어 보인다. 멀리 고된 여행을 마치고 돌아온 기분이다. 하긴 내가 사는 이 동네와는 완전히 다른 예술과 미학의 세계로 들어가서 단토를 만나고 오지 않았는가. 행복하면서도 고된, 아니 호된 시간이었다.

책을 받아들기 전부터 갈등이 고개를 들었다. art를 어떻게 번역할 것인가? 경험으로나 상식으로나 중요한 용어는 책 전체에서 하나의 역어로 통일하는 것이 원칙이다. 하지만 일반적인 용례, 문맥의 흐름, 가독성을 고려하면 통일이 불가능할 때가 종종 있다. 그러나 막상 번역을 시작하자 다행히 대부분의 문장에서 '미술'은 자연스럽게 '예술'로 확장되고 예술을 대유했으며, 두 범주를 의도적으로 구분하거나 대조하는 경우는 거의 없었다. 다만 2쇄에서는 《미학과 미술비평 저널Journal of AEsthetics and Art Criticism》을 《미학과 예술비평 저널》로 바로잡았다.

aesthetics는 매우 곤란한 용어다. aesthetics는 몇몇 영어사전을 참조하면 1) 학문으로서의 미학, 2) 무엇이 아름답거나, 예술적으로 유효한가에 대한 개념 또는 이해, 그리고 3) 미 또는 미적 특질들을 가리킨다(내가 아는 한, 이 책에서는 다행히 '성형'이나 '미용'으로 쓰인 곳은 없다). 이 단어를 만날 때마다 머릿속의 렉시콘에 등재된 서너 하위 항을 동시에 클릭한 다음, 문맥에 따라(세 항은 서로 인접해 있다) 인지의 초점을 이동시킬 수 있는 사람이라면, 미학적 사고 훈련이 대단히 잘되어 있는 사람일 것이다. 하지만 20여 년의 간극 탓에 나에게는 그 말이 항상 조심스러웠다. 결국 aesthetics는 매번 신중하게 문맥에 맞춰 '미', '미학', '미적 특질', '미적 개념', '미적 가치' 등으로 옮겼다. 아마 한 단어로 통일했다면 많은 문장이 어색해졌을 것이다.

미술계에서 통용되는 용어들도 쉽지 옮겨지지 않았다. '플럭서스', '파라고네', '레디메이드' 같은 말에서는 좋은 우리말로 옮기고 싶은 마음이 굴뚝같았으나, 이렇게 특수한 용어는 해당 분야의 용례를 따르는 것이 바람직하다고 생각한다. '원근법'이야 워낙 잘 알려진 용어지만, '단축법', '인상학', '명암법' 등의 말들은 미술계에서 자연스럽게 통용된 사례와 인터넷 공간에 있는 복수의 사전과 기사에 의존했다. (인터넷에는 부실한 자료와 잘못된 용어가 난무한다고 알려져 있지만, 정보의 누적과 함께 이제는 '전문성'을 갖춘 자료도 넉넉하게 찾아볼 수 있다.) object가 문맥 속에서 '사물', '대상', '물체', '목표', '객체' 혹은 '오브제!' 중 어느 하위 항에 해당하는지를 판단하는 것은 매번 많은 시간과 숙고를 요구했다. 결국 단 한 번 등장하는 art object를 '실물 예술'에서 '예술 오브제'로 수정해야만 했으며, 이런 용어 교정은 칸트와 단토에 정통한 임성훈 교수의 조언 덕분이었다(그는 또한 지난 20년 사이에 '미적 취향'이 '미적 취미'로 바뀌었고, 칸트의 idea가 '이념'이라는 점을 지적해주었다).

정작 문제는 본문이었다. 역자가 미학을 공부하던 1980년대에 아서 단토는 예술계에서 생소하고 미미한 이름이었다. 더구나 그는 불명료하고 난해한 글로 유명하다. 50년 전 앤디 워홀의 〈브릴로 상자〉에서 시작된 저자의 철학적 사유는 오랜 세월의 숙성을 거쳐 풍미가 극에 달한 듯하다. 그가 예시하는 유명한 작품들을 눈으로 보면서 그의 발언과 묵언을 되새기다보면, 어느새 나의 마음은 작품 속으로 깊이 스며들거나 창작자와 나란히 구름 속을 걷는 듯한 착각에 빠졌다. 그건 좋지만, 저자는 반세기 동안 미술의 세계적인 중심지인 뉴욕에서 세계적인 미술평론가이자 예술철학자로 활동한 인물인 만큼, 그의 사유와 이론은 오늘날 수많은 연구의 주제가 될 만큼 철학적으로 깊이가 있다. 당연히 이 책에 검은색 잉크로 인쇄된 거의 모든 문장에는 저자의 풍부한 경험과 깊이 있는 철학적 사유가 고색古色처럼 깊이 배어 있다. 뿐만 아니라 이제 고인이 된 노철학자의 문체는 읽는 이의 부족함을 채워주기보다는 여백을 통해 사유를 자극하기 위해서인지, 종종 믿을 수 없을 만큼 우회적이고, 함축적이고, 은유적이고, 호흡이 길다. 저자는 수많은 작품을 해석할 때 '자네도 이 작품을 무수히 보지 않았는가'라고 전제하고서는 그 심오한 설명을 아주 간결하고 애매한 문장으로 마감한다. 인류 역사상 가장 위대한 철학자들과 현대의 미학자들을 다룰 때에도 마찬가지다. 그 배경과 의미와 은유를 파악하는 것은 늘 답이 묘연한 수수께끼 같았다. 저자 본인도 〈감사의 말〉에서 〈브릴로 상자〉를 처음 본 후로 지금까지 명료함을 거부해왔다고 말한다. 그 자신도 예술과 현실의 '존재론적 차이'에 대해 계속 탐구하고 있었기 때문이라 한다. 그 불명료함 속에서 명료함을 이끌어내기 위해, 미력한 지식과 인터넷 검색을 최대한 활용하고 문장을 되새김질한 뒤 조심스럽게 본문에 최소한의 살을 붙이거나 주석을 달았다. 만일 그렇지 않았다면 이 책은 식자연하는 소수의 전유물로만 남을 테고, 그들의 지적 자만에 기여했을 것이다. (나는 최근에, 심각한 오역이 없다는 전제하에 영어 사용자가 원서를 자연스럽게 읽듯이 우리나라 독자 대중이 번역서를 자연스럽게 읽도록 하는 것이 번역의 핵심이라는 결론에 도달했다.) 불충분한 몇몇 주석을 2쇄에서 수정하거나 보충할 수 있었던 것도 임성훈 교수의 덕분이다. 바쁜 와중에 원고를 일독해준 그에게 깊이 감사한다. 이 책이 만족스럽게 나온 데에는 편집자의 세심한 교정도 한 몫 했다. 은행나무 윤이든 님에게 감사드리며, 도판을 넣자는 쉽지 않은 제안을 받아들여준 은행나무 출판사에도 감사드린다.

그 모든 어려움에도 이 책을 번역한 대가로 소중한 지식을 얻었다. 단토는 워홀의 〈브릴로 상자〉를 본 후에 예술이 지각적으로 현실과 구분되지 않는다면 예술은 종말을 맞이할 것이라고 선언했다. 많은 사람들이 그 선언의 진정한 의미를 파악하기 위해 노력했지만 그는 명료한 답을 내놓지 않았고, 자신의 사유가 무르익을 즈음에야 '명료한' 설명을 내놓았다(《감사의 말》에서 그렇게 밝힌다). 즉, 그 선언을 한 이후로 그는 그렇다면 눈에 보이지 않은 어떤 특징이 있을 수 있는가를 오랫동안 탐구했다고 한다. 결국 그는 자신이 본질주의자임을 밝힌 후, 예술에는 예술만의 본질이 있으며, 설령 예술을 외적으로 정의한다 해도(가령 예술 제도론) 그 정의의 근저에 보다 근본적인 이유가 분명히 있어야 한다고 말한다. 결국 단토에 따르면 예술은 의미의 구현이고, 그 의미의 힘과 진리의 가능성을 가동하는 것은 해석이라는 것이다. 그렇다면 미술은 보이는 대로가 아니라 해석하는 대로 보고, 눈이 아니라 머리로 보는 대상이 된다. 그림 앞에서 헤겔의 절대정신이 구현되는 듯하다. 단토의 이 핵심은 서로 독립되어 보이는 몇몇 장들을 일관되게 관통한다. 예를 들어 시스티나 성당의 복원을 미학적으로 평가한 2장에서도 그는 물감의 상태에만 집중한 복원자의 실증주의적이고 객관적인 태도를 비판하고, 저자(미켈란젤로)의 의도와 작품의 내적 의미를 옹호한다. 또한 처음으로 이 책에 소개된 칸트 미학에 관한 사유에서 저자는 칸트의 두 가지 미적 개념을 소개하면서, 앞의 것은 그린버그가 의존한 개념으로 우리 시대의 미술에는 맞지 않으며 후자의 개념이야말로 그의 이론과 밀접하고 이 시대의 미술을 관통한다고 강조한다. 미학의 미래에서는 자신의 정의에 기초하여 예술과 미학의 미래를 전망하는데, 특히 예찬학에 대한 설명이 눈길을 끈다. 그는 마지막으로 이 모든 것은 고대 그리스 예술과 고전 예술의 종말을 선언한 헤겔 덕분이라고 말한다. 결국 예술의 종말은 새로운 예술의 시작을 가리켰다. 인생은 짧고 예술은 영원하다.

김한영

찾아보기

ㄱ

감식안 23
개념미술 12, 46, 64, 171, 174, 216
객관적 정신 214~215, 217
거울상 11, 81, 155
〈검은 사각형(Black Square)〉 34~35
게르치노(Guercino) 155~156
게임 61~62
〈계단을 내려오는 누드 No. 2(Nude Descending a Staircase, No. 2)〉(뒤샹) 43~44, 52~53
계몽주의 177, 180~181
고갱, 폴(Gauguin, Paul) 167
고르키, 아실(Gorky Arshile) 41~43, 45
고색(古色) 96
고야, 프란시스코(Goya, Francisco) 164~165
고흐, 빈센트 반(Gogh, Vincent van) 168
곰브리치, 에른스트(Gombrich, Ernst) 17
공산주의 47
과학기술 138, 142
관념론 208
괴테, 요한 볼프강 폰(Goethe, Johann Wolfgang von) 109
구겐하임미술관 47

구르스키, 안드레아스(Gursky Andreas) 151
〈99센트 Ⅱ, 딥티콘(99 cent Ⅱ, Diptychon)〉(구르스키) 151
구타이그룹(미술 운동) 46
구현된 의미 68, 71, 83, 108, 190, 215
《국가》(플라톤) 10, 60, 82
국립디자인아카데미 157
국립미술관(워싱턴, 미국) 22
그레고리우스 1세(Gregory the Great, 교황) 221
〈그리스도의 변용(Trasfigurazione)〉(라파엘로) 178
《그리스도의 성(The Sexuality of Christ)》(스타인버그) 127
그리스 예술 65
그린버그, 클레멘트(Greenberg, Clement) 34, 160, 175
　칸트에 대한 경탄 175~176, 190
《근대 화가론(Modern Painters)》(러스킨) 178
기계 52, 138, 140~142, 145
기하추상주의 46
기하학적 도형화 38
꿈 9, 38, 79~80, 82~83, 87

ㄴ
나다르(Nadar, 나비파) 18, 165~166
나폴레옹 3세(Napoléon III, 프랑스 황제) 29, 160
낙선전 29, 150
《논리철학논고》(비트겐슈타인) 68, 220
뉴먼, 바넷(Newman, Barnett) 64
뉴욕화파 34, 43, 49
뉴턴, 아이작(Newton, Isaac) 69
니체, 프리드리히(Nietzsche, Friedrich) 10

ㄷ
다게르, 루이(Daguerre, Louis) 151, 157, 169
다다이즘 45, 51~52, 53
다문화주의 50
다비드, 자크 루이(David, Jacques-Louis) 13, 69~70
다이애몬스타인, 바버랠리(Diamonstein, Barbaralee) 42
다인, 짐(Dine, Jim) 202
《단자론》(라이프니츠) 141~142
단축법 105~106, 110~111, 133
달리, 살바도르(Dalí Salvador) 40, 41, 209
대문자 이론 203, 205~207

데 쿠닝, 빌럼(de Kooning, Willem) 36~37, 129~132
데리다, 자크(Derrida, Jacques) 207
데무스, 찰스(Demuth, Charles) 55
데스틸 191
데카르트, 르네(Descartes, René) 83, 110, 134, 136~141, 143~145
  마음/몸 문제에 대한 생각 138~141, 143~145
  색에 대한 생각 110
델 로시오, 니콜라(Del Roscio, Nicola) 91
도나텔로(Donatello) 28~29
도메니키노(Domenichino) 177~179
도미에, 오노레(Daumier, Honoré) 91, 163~164
도브, 아서(Dove, Arthur) 34
독립미술가협회 55, 57, 150
동물 20, 144, 193
《동물의 운동(Animal Locomotion)》(머이브리지) 20, 158
동성애자 자유화 운동 205
동판화 110
두들링 40, 41~42
두스뷔르흐, 테오 반(Doesburg, Theo van)

37~39
뒤샹, 마르셀(Duchamp, Marcel) 12, 13,
  43~45, 51~58, 63, 150, 170, 172,
  209~210, 216, 221
  다다이즘 52, 54
  레디메이드 52~55
  망막의 미술 경멸 53, 209
  에로티시즘적 경향 57
  입체파 화풍의 변형 45
듀이, 존(Dewey, John) 10, 207
드가, 에드가(Degas, Edgar) 158~159
드니, 모리스(Denis, Maurice) 102, 103,
  106, 109
드랭, 앙드레(Derain, André) 29
들라로슈, 폴(Delaroche, Paul) 29, 151~154,
  157, 168~169
디오라마 157
디키, 조지(Dickie, George) 63, 211

ㄹ

라우센버그, 로버트(Rauchenberg, Robert) 48,
  49
라이프니츠, 고트프리트 빌헬름(Leibniz,
  Gottfried Wilhelm) 141~143, 146
라파엘로(Raphael) 178
라파엘전파 76, 157, 168
란치, 루이지(Lanzi, Luigi) 179
란프란코, 조반니(Lanfranco, Giovanni)
  178~179
랑케, 레오폴트 폰(Ranke, Leopold von) 151
러스킨, 존(Ruskin John) 157, 178
레디메이드 52~55, 60~63, 64, 209~210
레오나르도 다빈치(Leonardo da Vinci) 149
〈레이디 제인 그레이의 처형(Le Supplice de
Jane Grey)〉(들라로슈) 28~29, 152~154, 168
레제, 페르낭(Léger, Fernand) 52
렘브란트 판 레인(Rembrandt van Rijn) 176
로마네스크 예술 65

《로저 프라이, 예술과 생애(Roger Fry, Art and
Life)》(스폴딩) 188
로젠버그, 해럴드(Rosenberg, Harold) 34, 37
로즈, 톰(Rose, Tom) 10, 226
로코코 195~196, 198
로크, 존(Locke, John) 131
로티, 리처드(Rorty, Richard) 207
루벤스, 피터 폴(Rubens, Peter Paul) 181
뤼미에르 형제(Lumière brothers) 20~22
르윗, 솔(LeWitt, Sol) 65
리니치, 빌리(Linich, Billy) 212
리산비, 찰스(Lisanby, Charles) 195~196
리히텐슈타인, 로이(Lichtenstein, Roy) 76,
  78~79

ㅁ

마네, 에두아르(Manet, Edouard) 29~31, 62,
  106, 160~165, 167, 168
마더웰, 로버트(Motherwell, Robert) 40~43
〈마드무아젤 포가니(Mademoiselle Pogany)〉(브
랑쿠시) 45
마든, 브라이스(Marden, Brice) 167~168
〈마라의 죽음(Marat assassiné)〉(다비드) 69~71
《마르셀 뒤샹: 세기의 예술가(Marcel Duchamp:
Artist of the Century)》(노이만) 52
마리아 데 메디치(Maria de Medici, 프랑스 왕비)
  181
마린, 존(Marin, John) 55
마음/몸 문제 124, 141, 142
마타, 로베르토(Matta, Roberto) 41~43
마타 클락, 고든(Matta-Clark, Gordon) 65
마티스, 앙리(Matisse, Henri) 29, 30, 32~33,
  191
〈막시밀리안 황제의 처형(L'Exécution de
Maximilien)〉(마네) 160~162, 165, 167
만테냐, 안드레아(Mantegna, Andrea)
  127~128, 131
말랑가, 제라드(Malanga, Gerard) 67, 170, 212

말레비치, 카지미르(Malevich, Kazimir) 34~35
매그루더, 애그니스(Magruder, Agnes) 43
매너리즘 95, 99, 111
맥다라, 프레드(McDarrah, Fred) 67
머이브리지, 이드위어드(Muybridge, Eadweard) 18~20, 158~159
메를로 퐁티, 모리스(Merlau-Ponty, Maurice) 10
메이플소프, 로버트(Mapplethorpe, Robert) 125
메트로폴리탄박물관 22
명암법(명암 배합) 18, 181, 196
모네, 클로드(Monet, Claude) 30, 99, 106, 178
모더니즘 11, 33~34, 41~43, 45, 106, 162~163, 165, 167~169, 175, 186, 190
 거울상의 회피 11
 그린버그의 견해 162~163, 165, 167, 168
 금전적 가치 33
 마더웰의 견해 41~43
 미국 상륙 45
 추상주의와의 관계 34
모리스, 윌리엄(Morris, William) 76~78
〈모자를 쓴 여인(La Femme au Chapeau)〉(마티스) 30, 32
모방 9~12, 60~61, 65, 81~82, 87
목각 227
목판화 168
《몸/몸 문제(The Body/Body Problem)》(단토) 124~126, 139, 145
뫼랑, 빅토린(Meurant, Victorine) 29
무용(춤) 49, 86~88
무의식계 38
문신 186~187
미국 미학회 201~202
미니멀리즘 50, 64, 171, 175
미래파 43, 45, 52, 158

미메시스 60
《미의 남용(Abuse of Beauty)》(단토) 215
《미지의 걸작》(발자크) 181~182
미켈란젤로(Michelangelo) 13, 88, 92~120
 굴곡의 활용 102~103
 매너리즘이 미친 영향 95, 99, 111
 의도한 바 91, 94, 95~97, 98
 조각에 대한 시각 96
《미학 강의》(헤겔) 177, 182
〈미학에서의 이론의 역할(The Role of Theory in Aesthetics)〉(와이츠) 62

ㅂ
바네도, 커크(Varnedoe, Kirk) 190
바니, 매튜(Barney, Mathew) 126
바리시니코프, 미하일(Baryshnikov, Mikhail) 87
바사리, 조르조(Vasari, Giorgio) 105, 109~110
반 고흐, 빈센트(van Gogh, Vincent) 168
반본질주의 65
발자크, 오노레 드(Balzac, Honoré de) 181
《방법서설》(데카르트) 79
배경 167
뱅코스키, 잭(Bankowsky, Jack) 193, 195
벌린, 이사야(Berlin, Isaiah) 159
벡, 제임스(Beck, James) 91
벤담, 제러미(Bentham, Jeremy) 193
벨, 클라이브(Bell, Clive) 187, 190
벨팅, 한스(Belting, Hans) 154, 216
보셀, 루이(Vauxcelles, Louis) 28
보이스, 요제프(Beuys, Joseph) 47, 188
복원 91~120
볼로냐 화파 178~179
〈부활(Resurrection)〉(프란체스카) 13, 107, 184~185
브라운, 윌리엄 메이슨(Brown, William Mason) 157
브라크, 조르주(Braque, Georges) 28

브랑쿠시, 콘스탄틴(Brancusi, Constantin) 45, 52
브르통, 앙드레(Breton, André) 40
〈브릴로 상자(Brillo Box)〉(워홀) 58, 66~67, 75~76, 80, 84, 171, 210~214, 215
《블라인드 맨(The Blind Man)》(잡지) 58
블랙마운틴 칼리지 49
비극 11
비들로, 마이크(Bidlo, Mike) 83~85
비트겐슈타인, 루드비히(Wittgenstein, Ludwig) 13, 58~59, 61, 66, 68, 131, 207, 211, 220
  공격한 정의들 58~59, 61
  그림으로서의 문장 68
  회의적으로 본 철학 207
비트코버, 루돌프(Wittkower, Rudolf) 178
빅토리아시대 17, 22, 159, 169, 186

ㅅ

사르트르, 장 폴(Sartre, Jean-Paul) 220
사실주의 24
〈4분 33초〉(케이지) 48
《사일러스 마너》(엘리엇) 192
사진술 11, 12, 55, 82, 148~151, 154~162, 163, 165, 168~170
  모더니즘 촉진 163, 165
  발명 18
  여성의 참여 148
  인상주의가 미친 영향 169
  초상화와의 관계 159
  항공사진술 165
  회화와의 비교 150, 159~160, 162
사회주의적 사실주의 45
살롱도톤(가을 살롱전, 1905) 28
상업미술 76, 78, 213
색
  데카르트의 견해 110
  마티스의 구현 30

미켈란젤로의 구현 99, 109
매너리즘 95
바사리의 무시 110
콘디비의 무시 105
색면 회화 45
〈샘(Fountain)〉(뒤샹) 54~58, 150
〈생라자르역(Gare Saint Lazare)〉(마네) 164~165
샤피로, 메이어(Schapiro, Meyer) 117
석판화 46
설치미술 47, 150
성(gender) 125~126, 149, 206
〈성가족(Sainte Famille)〉(푸생) 134~135, 139
《성상과 숭배(Bild und Kult)》(벨팅) 154~155, 216
성 아우구스티누스(Augustine of Hippo) 118
《성찰》(데카르트) 79~80, 134, 140
〈성 히에로니무스의 마지막 성찬식(The Last Communion of Saint Jerome)〉(도메니키노) 178
세라, 리처드(Serra, Richard) 65
세잔, 폴(Cézanne, Paul) 30, 167
셔먼, 신디(Sherman, Cindy) 18
소크라테스(Socrates) 10~11, 59~61, 64, 81~83
《수사학》(아리스토텔레스) 139, 220
수채화 46
스미스, 리언 포크(Smith, Leon Polk) 75
스미스슨, 로버트(Smithson, Robert) 64~65
스타이컨, 에드워드(Steichen, Edward) 150
스타인, 리오(Stein, Leo) 30
스타인버그, 레오(Steinberg, Leo) 127
스타인버그, 솔(Steinberg, Saul) 80, 179, 202~203
스터지스, 러셀(Sturgis, Russell) 157
스테이블화랑 58, 66, 75, 170, 212~213
스텔라, 프랭크(Stella, Frank) 171
스티글리츠, 알프레드(Stieglitz, Alfred) 54~56, 150, 169

스티븐스, 월러스(Stevens, Wallace) 33
스폴딩, 프랜시스(Spalding, Frances) 188
스핀들러, 에이미(Spindler, Amy) 214
시몬즈, 찰스(Simonds, Charles) 65
시스티나성당 천장 벽화 13, 91~120
　건축학적 환영 102~105, 111
　그림의 순서 99, 113, 114, 117
　노아 이야기 114~117
　누드 119~120
　비율 102
　요나 이야기 103~105, 106~107, 109
　이브 이야기 112~114, 116~119
　전쟁 중의 손상 93
　클리닝 91~92, 94~98
시에나 화파 22
시카고, 주디(Chicago, Judy) 126
실버팩토리 58, 170
실용주의 207, 218
실증주의 108, 207
실크스크린 170, 212

ㅇ
아렌스버그, 월터(Arensberg, Walter) 53, 57~58, 63
아리스토텔레스(Aristotle) 11, 120, 138~140, 220
아머리 쇼 43
〈아비뇽의 아가씨들(Les Demoiselles d'Avignon)〉(피카소) 24~27, 62
아크릴 46
《아트(Art)》(클라이브 벨) 187
아프리카 예술 22, 133, 187~188
알베르티, 레온 바티스타(Alberti, Leon Battista) 16, 22~23, 45~46, 159
애버던, 리처드(Avedon, Richard) 159
야수파 11, 26, 29, 45
IRWIN그룹(미술가 집단) 46
에우리피데스(Euripides) 139

《에우튀프론》(플라톤) 64
에이킨스, 토머스(Eakins, Thomas) 158
에페우스(Epeus) 83
엔위저, 오쿠이(Enwezor, Okwui) 193
엘더필드, 존(Elderfield, John) 160
엘리엇, 조지(Eliot, George) 192
〈여인(Woman)〉 연작(데 쿠닝) 34, 36
역광 169
연재만화 79
영화 촬영 20
《예술과 환영》(곰브리치) 17
《예술로서의 회화(Painting as an Art)》(월하임) 128~129
예술 운동 12, 45~46, 50~51, 175
예술 제도론 63~64, 211
예술의 종말 83~84, 175, 184
《오디세이》(호메로스) 139
오키프, 조지아(O'Keeffe, Georgia) 55
오필리, 크리스(Ofili, Chris) 188~189
〈올랭피아(Olympia)〉(마네) 29, 31
올브라이트녹스미술관 150
와이츠, 모리스(Weitz, Morris) 62~63, 64~65
울프, 버지니아(Woolf, Virginia) 187
워홀, 앤디(Warhol, Andy) 12, 13, 51, 58, 65~67, 75~76, 78~79, 81, 84, 86, 92, 170~172, 195~198, 210, 212~215
〈브릴로 상자(Brillo Box)〉 58, 66~67, 75~76, 80, 84, 171, 210~214, 215
실크스크린에 대한 견해 170
〈전과 후(Before and After)〉 92
〈캠벨 수프 통조림(Campbell's Soup Cans)〉 76, 196~198
원근법 18, 22, 105, 111, 133, 181
월, 제프(Wall, Jeff) 169
월하임, 리처드(Wolheim, Richard) 129~132, 134, 211
웨스트먼, 바버라(Westman, Barbara) 86, 228
위조 86, 212

유화 46, 48, 82, 209
《율리시스(Ulysses)》(조이스) 133
율리우스 2세(Julius Ⅱ, 교황) 94, 103
은판사진 150~151, 154
의미론 68~69
291화랑 54~55
이슬람 137
〈이집트 여자 마리(Marie l'Egyptienne)〉(푸르부스) 181, 191
《이탈리아의 시간들(Italian Hours)》(헨리 제임스) 177
《인간에 대한 논의(Traité de l'homme)》(데카르트) 138, 141, 144, 145
인공지능 145
인물 사진 18, 24, 159
인본주의 120
인상주의 171
인상학 18, 139, 159
인식론 23, 139, 159
《일리아스》(호메로스) 10, 139
일본 미술 22, 45, 168
《일상적인 것의 변용》(단토) 58, 191
입체-미래주의 45
입체파 11, 24, 28, 37, 43, 45, 167
    콜라주 167
    운동 표현 거부 43

ㅈ

자동기술법 40, 41, 42
자유미 175~176
자카니치, 로버트 로웨이(Zakanitch, Robert Rahway) 50
자코메티, 알베르토(Giacometti, Alberto) 167
저드, 도널드(Judd, Donald) 72~73, 81
저드슨 무용단 87
전경 165, 167
〈전과 후(Before and After)〉(워홀) 92
절대정신 214~215

절대주의 34, 45
점토 46
정물화 18
《정신현상학》(헤겔) 51
정체성 정치학 205
《정치가》(플라톤) 82
제거론 120, 145~146
제임스, 윌리엄(James, William) 218
제임스, 헨리(James, Henry) 177
조각 10, 12, 22, 46, 58, 60, 64~65, 149
    앤디 워홀 58
    여성의 참여 149
    1970년대 64~65
조이스, 제임스(Joyce, James) 62, 133
조토(Giotto) 17, 22, 25, 60, 162~163
존스, 재스퍼(Johns, Jasper) 49, 167
존재론 23, 171, 191, 210, 220
《존재와 시간》(하이데거) 219~220
졸라, 에밀(Zola, Émile) 105
종교개혁 178
〈주어진 것(Étant Donnés)〉(뒤샹) 222
중국 미술 23

ㅊ

차용미술 47, 84, 214
〈1808년 5월 3일(El tres de mayo de 1808 en Madrid)〉(고야) 164~165
《철학적 탐구》(비트겐슈타인) 58
청동 46
초현실주의 38, 40~41, 45
《초현실주의 선언》(브르통) 40
최소 기준 211
〈추상과 재현(Abstract and Representational)〉(그린버그) 162
추상주의 34~37, 60, 191
    형식주의와의 관계 191
    유형들 36~37
추상표현주의 34, 41, 45, 64, 75~76, 78, 149,

221
최고조 64
회화의 지배적 위치 149
팝아트와의 관계 75~76, 78
치마부에(Cimaboe) 17, 60
〈침대(Bed)〉(라우셴버그) 49

ㅋ

카라치가(the Carracci) 178
카메라 옵스큐라 163
카반, 피에르(Cabanne, Pierre) 209, 216
《카이에 다르(Cahiers d'art)》(잡지) 42
칸트, 임마누엘(Kant, Immanuel) 10, 54, 103, 144, 175~177, 179~180, 182~183, 186~187, 190~192, 195~196, 220
  낭만주의 180, 182
  두 예술 개념 175~177, 179~180, 190
  예술과 경험에 대한 견해 183
  이성적 존재 144
  하늘에 대한 감상 103, 220
  형식주의의 지지 186~187, 190~191
칼리포비아 175
〈캠벨 수프 통조림(Campbell's Soup Cans)〉(워홀) 76, 196~198
커닝햄, 머스(Cunningham, Merce) 49
케닉, 윌리엄(Kennick, William) 151
케이지, 존(Cage, John) 48~49, 87
켈리, 엘스워스(Kelly, Ellsworth) 75, 104
코르데, 샤를로트(Charlotte, Corday) 69
코먼, 존(Cauman, John) 30
코아트멜렉, 조세트(Coatmellec, Josette) 187~188, 190
콕토, 장(Cocteau, Jean) 91
콘디비, 아스카니오(Condivi, Ascanio) 105, 106, 109
콜라루치, 잔루이지(Colalucci, Gianluigi) 98~99, 102, 108, 114, 116, 120
콜라주 151, 167

쿠르베, 귀스타브(Courbet, Gustave) 53, 162~163
퀸, 마크(Quinn, Marc) 188~189
크레이머, 힐튼(Kramer, Hilton) 178, 221
〈키스(The Kiss)〉(리히텐슈타인) 79

ㅌ

탤벗, 윌리엄 헨리 폭스(Talbot, William Henry Fox) 18, 154
《테아이테토스》(플라톤) 59~60, 72
토리노의 수의 155
톰블리, 사이(Twombly, Cy) 49, 91
통속 심리학 146
통증 140, 142~144
트렌트 공의회 178
트로이의 목마 83
트롱프뢰유 167
파라고네 149~150, 151, 154, 168, 171
파스텔 46
파시즘 45
《판단력 비판》(칸트) 10, 123, 175, 176, 180, 186
판화 46, 109, 110, 168
팝아트 12, 45, 51, 64, 79, 171, 175, 198, 214, 215
패턴과 장식(P&D) 50
퍼스, 찰스 샌더스(Peirce, Charles Sanders) 218~220
퍼포먼스 146, 150
페리, 릴라 캐벗(Perry, Lila Cabot) 106
페미니즘 50, 112, 125~126, 205, 208
평면성 163, 165, 167, 168
포스트모더니즘 169, 190~191, 221
포티, 베로니크(Foti, Veronique) 110
폴락, 잭슨(Pollock, Jackson) 34, 36, 38, 41, 84
푸르부스, 프란스(Pourbus, Frans) 181, 191
〈푸른 기타를 든 남자(The Man with the Blue Guitar)〉(스티븐스) 33

푸생, 니콜라(Poussin, Nicolas) 134~135,
　　138~139, 144, 178, 181
푸코, 미셸(Foucault, Michel) 205, 207
풍경화 18, 133, 178, 192
프라이, 로저(Fry, Roger) 126~127, 187~188,
　　190
프레게, 고틀로프(Frege, Gottlob) 203
프레스코화 97, 99, 178
프로이트, 지그문트(Freud, Sigmund) 25, 38,
　　41
프로테치, 맥스(Protetch, Max) 139~140
플라톤(Plato) 9~11, 54, 59, 64, 82, 83, 94~95
　　동굴의 비유 94~95
플라톤주의 120
플럭서스 12, 171, 175
피렌체 문화 120
피슐리와 바이스(Fischli and Weiss) 45
피에로 델라 프란체스카(Piero della Francesca)
　　13, 184~185
피에트란젤리, 카를로(Pietrangeli, Carlo) 92
피치 로빈슨, 헨리(Peach Robinson, Henry) 169
피카소, 파블로(Picasso, Pablo) 22, 24~29, 43,
　　45, 62, 91, 139
　　고르키의 추종 43
　　장밋빛 시대 45

ㅎ

하비, 제임스(Harvey, James) 67, 74~76, 78,
　　171, 213~215
하위헌스, 크리스티안(Huygens, Christian) 149
하이데거, 마르틴(Heidegger, Martin) 10,
　　219~220
하트, 프레데릭(Hart, Frederick) 119
하틀리, 마스던(Hartley, Marsden) 55
항공사진 165
해리슨, 프레더릭(Harrison, Frederic) 192
해먼스, 데이비드(Hammons, David)
　　193~195, 196

해체주의 203~204, 207
《행동에 관한 분석 철학(Analytical Philosophy
　　of Action)》(단토) 124
행동의 철학 123~124
헤겔(Hegel, G. W. F.) 10, 51, 177, 182, 184,
　　214~215, 221
헤닝, 에드워드(Henning, Edward) 41, 42
헤세, 에바(Hesse, Eva) 64
현대미술관(뉴욕, 미국) 47, 53, 57, 145, 150,
　　160, 167, 209
현상학 26, 131, 207
형식주의 186, 190~191, 205
호메로스(Homer) 139
호퍼, 에드워드(Hopper, Edward) 45
활동사진 20~22
《회화론》(알베르티) 17
회화
　　매체 46
　　사진과의 비교 148~149, 157~160,
　　　　168~169
　　역사화 18, 151~154, 168~169
　　중국과 일본의 회화 22
　　장르 18
　　지배적 위치 148
　　활동사진과의 비교 20~22
홀텐, 폰투스(Hultén, Pontus) 84, 212
휘트니미술관 45, 58
흄, 데이비드(Hume, David) 10, 54
희극 11
히바드, 하워드(Hibbard, Howard) 114, 113
힐, 존 윌리엄(Hill, John William) 157

© 2017 The Andy Warhol Foundation for the Visual Arts, Inc. / Licenced by SACK, Seoul
© 2017 - Succession Pablo Picasso - SACK (Korea)
© The Willem de Kooning Foundation, New York / SACK, Seoul, 2017
© Succession Marcel Duchamp / ADAGP, Paris, 2015
© Chris Ofili. Courtesy David Zwirner, New York/London
© Marc Quinn. Courtesy Marc Quinn studio

이 서적 내에 사용된 일부 작품은 SACK를 통해 ADAGP, ARS, Succession Picasso와 저작권 계약을 맺은 것입니다.
저작권법에 의하여 한국 내에서 보호를 받는 저작물이므로 무단 전재 및 복제를 금합니다.

무엇이 예술인가

1판 1쇄 발행 2015년 6월 17일
1판 6쇄 발행 2023년 8월 21일

지은이 · 아서 단토
옮긴이 · 김한영
펴낸이 · 주연선

총괄이사 · 이진희
편집 · 심하은 백다흠 하선정 최민유 김서해 이우정 박연빈 허유민
디자인 · 권예진 이다은 김지수
마케팅 · 장병수 최수현 김다은 이한솔 강원모
관리 · 김두만 유효정 박초희

(주)은행나무
04035 서울특별시 마포구 양화로11길 54
전화 · 02)3143-0651~3 | 팩스 · 02)3143-0654
신고번호 · 제 1997-000168호(1997. 12. 12)
www.ehbook.co.kr
ehbook@ehbook.co.kr

ISBN 978-89-5660-875-4 03600

• 이 책의 판권은 지은이와 은행나무에 있습니다. 이 책 내용의 일부 또는 전부를 재사용하려면 반드시 양측의 서면 동의를 받아야 합니다.

• 잘못된 책은 구입처에서 바꿔드립니다.